U0902803

经济管理学术新视角丛书

RESEARCH ON ULTIMATE SHAREHOLDER AND CORPORATE POLICY

终极股东特征与公司决策研究

陈胜蓝◎著

感谢教育部人文社会科学研究西部和边疆地区项目“终极股东特征、社会责任活动与公司绩效研究”（批准号：10XJC630003）、国家自然科学基金项目“资本市场治理功能对矿产行业整合及其经济后果的影响研究”（批准号：71263034）、内蒙古大学高层次人才引进科研启动项目“公司研发投入会计确认与投资者保护研究”（批准号：Z20100103）和教育部“创新团队发展计划”项目“资源型产业与资源富集地区经济可持续发展”（批准号：IRT1258）的资助，感谢全国会计领军（后备）人才培养项目。

经济管理出版社
ECONOMY & MANAGEMENT PUBLISHING HOUSE

图书在版编目（CIP）数据

终极股东特征与公司决策研究/陈胜蓝著．—北京：经济管理出版社，2014.10
ISBN 978－7－5096－3365－6

Ⅰ．①终… Ⅱ．①陈… Ⅲ．①上市公司—股权管理—研究—中国②上市公司—企业管理—研究—中国 Ⅳ．①F279.246

中国版本图书馆 CIP 数据核字（2014）第 211188 号

组稿编辑：赵喜勤
责任编辑：张　艳　赵喜勤
责任印制：司东翔
责任校对：晓　白

出版发行：经济管理出版社
（北京市海淀区北蜂窝 8 号中雅大厦 A 座 11 层　100038）
网　　址：www. E－mp. com. cn
电　　话：（010）51915602
印　　刷：大恒数码印刷（北京）有限公司
经　　销：新华书店
开　　本：720mm×1000mm/16
印　　张：15.75
字　　数：241 千字
版　　次：2014 年 10 月第 1 版　2014 年 10 月第 1 次印刷
书　　号：ISBN 978－7－5096－3365－6
定　　价：49.00 元

前 言

20世纪90年代后期，公司治理问题的研究重心从“公司股东与经理之间的代理冲突”转向“控股股东与中小股东之间的利益冲突”。国际公司治理研究重心的转移在很大程度上刺激了中国上市公司终极股东问题的研究。在中国资本市场上，由于产权安排的历史遗留问题等原因，终极股东对于上市公司的重要决策往往具有不可忽视的影响。本书以上市公司为研究样本，通过收集上市公司的终极股东性质、控制权比例、现金流权比例、股权结构层级等数据详细刻画了终极股东的特征。在此基础上，本书使用实证研究方法考察了终极股东对公司关联交易、融资约束、投资效率、盈余管理、高管薪酬、慈善捐赠等主要决策的影响。研究成果对上市公司形成重要决策、投资者对公司进行定价、监管部门制定调控政策具有一定意义。

本书第一章和第二章结合公司外部的产品市场竞争环境考察终极股东对公司决策的影响。第一章把企业集团控制下的公司关联交易作为研究对象。中国资本市场上市公司的关联交易金额巨大，交易频繁。之前的相关研究主要关注“非正常”关联交易，认为终极股东出于对自身利益的考虑会通过非正常关联交易“掏空”或者“支持”上市公司，而“正常”关联交易反而受到研究者的忽视。从理论上讲，正常的关联交易可以降低公司的交易成本，提升成员公司或集团公司的价值。当外部竞争加剧时，公司为了避免破产或者提高竞争力，通过正常关联交易降低交易成本的需求就会更加迫切。公司治理的最新研究表明，由于降低治理成本的需要，公司内部治理与外部治理往往表现出替代关系。因此，第一章使用终极股东现金流权衡量终极股东与上市公司的利益协同度，考察内部治理机制与产品市场竞争这一外部治理机制对公司正常关联交易的作用是否表现出替代效应。

第二章结合产品市场竞争环境考察终极股东性质对公司融资约束的影响。之前的研究发现国有控股的上市公司更容易从银行获取贷款，而非国有控股的上市公司相比之下融资约束的程度更高。然而，随着市场竞争的加剧，公司的盈利能力和现金流的波动性会受到较大的影响，那么，公司的融资约束程度是否会随之受到影响？这构成了本章的第一个研究问题。本章的第二个研究问题是，面对外部竞争对公司融资约束的影响，终极股东性质不同的上市公司是否会有不同的反应？

第三章把研究视角转移到公司的多元化战略。公司缓解融资约束的一种主要方式是通过内部资本市场配置资金，而公司的多元化战略可以促进公司形成有效的内部资本市场。但值得注意的是，考察公司多元化对融资约束的影响还需要结合公司日益复杂的股权结构特征。随着中国实体经济和资本市场的快速发展，终极股东对上市公司的控制权与现金流权的分离度越来越大，控制链层级也越来越多。因此，第四章结合终极股东的股权性质、控制权与现金流权分离程度和控制链层级特征，考察公司多元化战略对融资约束的影响。

第四章结合终极股东特征考察集团资金往来对上市公司投资效率的影响。集团内部资本市场效率研究的一个难点是如何衡量内部资金配置的效率。如果集团内部资本市场是有效的，那么集团应该根据每个投资项目的具体信息对备选投资项目进行筛选，把内部闲置资金优先投到最有价值的项目上。由于研究者往往难以获取集团内部不同项目的具体信息，因此无法直接评价集团在内部资金配置的过程中是否把资金分配给最优的投资项目。笔者尝试从一个新的研究视角解决这一难题。在配置内部资金的过程中，集团不仅可以掌握备选投资项目的相关信息，用以对备选项目的优劣进行排序，还掌握了在投项目的相关信息，用以评价该项目的投资效率。一旦发现成员公司存在过度投资现象，集团就会把该成员公司的闲置资金转移出来，这不仅可以抑制该成员公司的过度投资，还可以为其他高质量投资项目提供可分配的资金。这意味着如果集团内部资金的转移能够有效缓解成员公司的过度投资行为，就可为集团内部资本市场配置资源的效率提供证据。接下来，我们引入终极股东特征进行分析，考察终极股东现金流权对关联资金流出缓解过度投资带来的影响。

第五章关注集团公司向上市公司提供担保的行为。集团模式的股权关系使关联担保成为成员公司获取银行资金的一种主要途径。现有的关联担保研究侧重于验证控股股东“掏空”假说，以上市公司为集团母公司或其他成员公司提供担保为研究对象，研究发现关联担保是控股股东掏空上市公司的一种手段。然而，这些研究往往忽视了上市公司接受集团母公司或其他成员公司关联担保的经济后果，没有全面地评价关联担保的作用。根据 1999 ~ 2010 年上市公司关联担保数据，笔者发现接受关联担保的样本占发生关联担保样本的 72.58%，这表明上市公司接受关联担保比提供关联担保的现象更为普遍。中国资本市场中上市公司大量接受关联担保的现象为我们考察企业集团缓解成员公司融资约束的显性担保机制提供了很好的研究机会。这对于从集团层面理解终极股东对上市公司融资约束的影响具有意义。

第六章关注中国资本市场一个独特的外部事件——股权分置改革。2005 年 4 月 29 日，中国证监会发布《关于上市公司股权分置改革试点有关问题的通知》，正式推行股权分置改革，截至 2006 年底中国资本市场的股权分置改革基本完成。股权分置改革的实质是大股东向中小股东赎买流通权，旨在使大股东与中小股东形成共同的利益基础。股权分置改革的实施为中国资本市场优化资源配置奠定了市场化基础，为上市公司完善公司治理创造了条件。本章研究的问题是：首先，如果股权分置改革加强了终极股东改善上市公司治理机制的动机，那么，公司的高管薪酬业绩敏感性是否会得以提高？其次，如果股权分置改革能够提高公司的高管薪酬业绩敏感性，那么，这种影响是否会同时引发公司高管出于机会主义动机进行盈余管理的行为？最后，一旦剔除高管对公司业绩的操纵，股权分置改革对公司高管薪酬业绩敏感性的影响有多大？笔者在这一章中结合终极股东的股权性质对以上研究问题进行了考察。

第七章、第八章和第九章把关注点转向终极股东影响上市公司决策的一个重要渠道：股东委派董事。为了有效地实施对上市公司的控制与监督，一种常见的方式是股东直接委派人员到公司董事会担任董事职务。第七章考察股东委派董事对公司薪酬差距的影响。近年来公司薪酬差距持续扩大，这很可能是因为公司高管运用自己的权力影响薪酬制度的制定过程，使自己获取的薪酬超过最优薪酬水平。高管权力理论认为，高管通过自身权力获取了过度薪酬，并带来了一系列负面的经济后果，如薪酬激励机制失效、公司业绩下滑等。因此，本章考察股东委派董事是否能够有效监督高管获取超额薪酬的机会主义行为。

第八章考察控股股东委派董事对公司盈余管理的影响。公司盈余既可能被高管向上操纵，也可能被高管向下操纵。由于公司高管的薪酬往往和公司业绩挂钩，高管向上操纵盈余的一个动机就是获取超额薪酬。控股股东委派董事可以通过制约高管向上操纵盈余来降低高管获取的超额薪酬，从而减少公司的代理成本。如果公司高管没有向上操纵盈余，控股股东委派董事应该加强高管薪酬与业绩的敏感性，以激励高管更加努力地工作。因此，这构成了第八章的主要研究问题。

最后，第九章关注控股股东委派董事在公司慈善捐赠活动中能否有效监督高管，降低公司代理成本。慈善捐赠是公司履行社会责任的一种主要方式。然而，如果公司治理较弱，慈善捐赠很可能作为公司高管谋取私人收益的手段，从而产生高昂的代理成本。例如，一些高管通过提高公司的慈善捐赠以提高自身的声誉或者获得某些俱乐部、社交圈的会员资格。本章首先考察公司高管是否运用自身的权力提高公司慈善捐赠以获取私人收益。然后分析控股股东委派董事能否有效监督高管，从而减少高管过度慈善捐赠的行为。

目　录

第一章　终极股东特征、产品市场竞争与关联交易

第一节　引言

产品市场竞争对公司经营决策和内部治理机制都有重要影响。Shleifer 和 Vishny（1997）指出，产品市场竞争是提高经济效率最有效的手段。当产品市场竞争比较激烈时，高成本公司破产的概率会增加（Schmidt，1997），公司管理者因此具有更强烈的动机通过努力工作来避免公司破产（Hart，1983）。进一步的研究表明，产品市场竞争作为内部治理的一种替代机制，能够有效降低公司的代理成本（Karuna，2010；Giroud、Mueller，2011）。

企业集团控制下的公司关联交易行为是公司经营战略和财务战略所关注的重点之一。一些研究基于交易成本理论的“效率促进观”，以真实发生的关联交易为研究对象，认为新兴市场的不完善增加了公司获取必要生产要素的成本，企业集团控制下公司的关联交易可以在很大程度上降低公司的交易成本（Khanna、Palepu，1997；2000）。另一些研究认为中国资本市场上存在很多异常的关联交易，控股股东通过操纵关联交易“掏空”上市公司以实现自身利益（Chang、Hong，2000），或者“支持”上市公司提升业绩（柳建华、魏明海、郑国坚，2008；Jian、Wong，2010）。

因此，在考察公司关联交易时，首先要区分公司与关联方之间为了降低交易成本而进行的正常交易和为了满足盈余操纵或者控股股东掏空而进行的

非正常交易（Jian、Wong，2010）。“效率促进”理论针对正常关联交易，提出这类交易的主要目的是降低公司交易成本、提升成员公司或集团的价值。当公司外部竞争加剧时，为了避免公司破产、增加公司利润或者提高公司竞争力，公司通过关联交易降低交易成本的需求更加迫切。这意味着公司外部竞争越激烈，公司正常的关联交易就越大。此外，终极股东会对公司的经营决策产生重要影响，当终极股东与公司利益趋同时，终极股东更有动机推动集团内部的正常关联交易来降低交易成本。进一步的研究指出，产品市场竞争与公司内部治理之间存在替代作用（Karuna，2010；Giround、Mueller，2011）。这些研究表明，产品市场竞争水平较低时，公司的行为更加依赖于内部治理机制，公司治理机制对公司绩效的正向作用更加显著。相反，产品市场竞争水平较高时，外部市场机制替代了公司内部治理的作用，从而降低内部治理机制对公司所产生的正向影响。

基于以上分析，本章考察产品市场竞争和终极股东特征对中国 A 股上市公司关联交易行为的影响。首先，我们借鉴 Jian 和 Wong（2010）提出的方法从上市公司关联交易的总额中区分出正常关联交易的部分。基于交易成本理论，我们认为随着产品市场竞争的加剧，公司会通过增加正常关联交易来降低交易成本。其次，我们提出产品市场竞争与公司内部治理机制之间存在的替代效应，预期产品市场竞争会降低终极股东现金流权与正常关联交易之间的关系。笔者对中国上市公司 2004 ~ 2009 年数据进行考察的研究结果表明：第一，产品市场竞争对公司正常关联交易具有显著正向的影响，即产品市场竞争越激烈，公司越倾向于通过关联交易降低交易成本。第二，产品市场竞争显著降低了终极股东现金流权与公司正常关联交易的正相关关系，表明在产品市场竞争不够激烈的行业，终极股东与其他股东的利益越趋同（终极股东现金流权越高），公司正常关联交易越多，但在产品市场竞争比较激烈的行业，公司正常关联交易受终极股东股权影响则较小。这与 Karuna（2010）、Giround 和 Mueller（2011）等的研究结论一致，表明产品市场竞争与公司内部治理之间存在替代效应。

本章的研究贡献主要表现在以下三个方面：第一，贡献于产品市场竞争与公司经营决策的相关研究。Aghion、Griffith 和 Howitt（2006）基于交易成本理论考察了产品市场竞争与公司垂直一体化决策的关系，笔者扩展了他们的研究，直接考察产品市场竞争与公司关联交易的关系。第二，贡献于终极股东的相关研究。已有研究主要依赖于代理理论考察终极股东的利益输送行为，而忽视了终极股东降低交易成本的动机。第三，贡献于外部治理与公司内部治理相互作用的研究。Karuna（2010）考察了产品市场竞争与董事会规模、独董比例、公司章程条款指数和公司治理指数之间的关系，研究表明产品市场竞争与公司内部治理存在替代效应。笔者基于中国上市公司的数据，利用手工收集的终极股东现金流权作为特征变量，考察终极股东现金流权与产品市场竞争的交互作用对正常关联交易的影响，结果表明终极股东与产品市场竞争在影响公司正常关联交易的效果上表现出替代效应。

第二节　文献综述与研究假设

一、产品市场竞争与关联交易

经济学的大量研究使用各种模型分析了产品市场竞争对公司经营决策的影响。Hart（1983）认为，产品市场竞争使管理者为达到既定的利润目标而努力工作，减少管理冗余。很多经济学家围绕产品市场竞争进行了诸多研究，Schmidt（1997）分析，指出产品市场竞争越激烈，高成本公司的破产风险越大。Raith（2003）的模型表明，产品市场竞争越激烈，公司高管越有动机降低成本。

企业集团控制下的公司关联交易行为是公司经营战略和财务战略所关注的重点之一。中国资本市场具有新兴和转轨的双重特征，新兴市场的不发达和不完善增加了上市公司通过关联交易降低交易成本的需求。而且中国的上市公司大多是由国有企业改制而成，上市公司一般与改组前的母公司及其母公司所属非上市公司之间存在着千丝万缕的联系。这种集团化经营模式为上市公司通过与关联方之间的交易降低成本提供了有利的条件。

基于交易成本理论的"效率促进观"认为，新兴市场的不完善增加了公司获取必要生产要素的成本，企业集团控制下的公司关联交易可以在很大程度上降低公司的交易成本（Khanna、Palepu，1997；2000）。一些研究以上市公司与关联方之间发生的总体交易为研究对象，研究发现关联交易可以同时提高控股股东与上市公司两者的收益。郑国坚、魏明海和孔东民（2007）以关联交易发生比例为研究视角，结果发现内部交易比例小于20%或大于50%时，效率促进占主导地位，公司价值得以提高。例如，马金城和王磊（2009）以复兴集团为例，研究发现集团控制人往往通过关联交易支持另一个公司的方式来实现资源在企业集团内的调配。

与此同时，还有一些研究发现大股东倾向于利用关联交易来满足某种特定的目的。相关的研究主要提出两种观点："掏空"观和"支持"观。基于"掏空"观的研究发现关联交易是公司大股东牟取私人收益的一种渠道（Chang、Hong，2000；Cheung、Rau、Stouraitis，2006）。针对中国资本市场的上市公司，陈晓和王琨（2005）认为恶意关联交易是大股东进行掏空、利润操纵等的手段，股权制衡能够降低关联交易发生的可能性和金额。吕长江和肖成民（2006）以阳光集团为例分析表明，江苏阳光的最终控制人存在大量转移上市公司资源的"掏空"行为。基于"支持"观的研究表明大股东会在特定的背景下通过关联交易提高上市公司的业绩（原红旗，1998；柳建华、魏明海、郑国坚，2008；郑国坚，2009；Jian、Wong，2010）。这些研究发现当上市公司业绩低于一定水平时（例如再融资需要达到的业绩水平），控股股东会利用关联交易来提升上市公司绩效。

汇总而言，笔者所观察到的上市公司关联交易既包含公司用于降低交易成本的正常部分，也包含了控股股东为获取私利而产生的非正常部分。以往研究产品市场竞争的文献表明，产品市场竞争对公司正常关联交易的水平产生影响，因此本章只针对这部分关联交易进行研究分析。后面的实证研究部分详细解释了我们采用 Jian 和 Wong（2010）模型剔除了由控股股东利益而导致的非正常关联交易部分。

交易成本理论认为，当公司与供应商交易频繁、依赖性较强时，随着产品市场竞争的增加，公司越倾向于实施垂直一体化以降低交易成本（Williamsom，1975；1985）。Aghion、Griffith 和 Howitt（2006）认为产品市场竞争比较激烈时，公司倾向于实施垂直一体化以分享创新收益。对于集团公司而言，成员公司之间以及成员公司与集团公司之间的关联交易相对频繁、依赖性较强。当产品市场竞争比较激烈时，集团公司加大内部关联交易可以带来至少两个方面的收益：第一，产品市场竞争越激烈，公司面临的竞争压力越大，公司的破产风险越高，集团公司更需要通过大量的关联交易降低交易成本，以提高公司利润或者减小公司破产风险。第二，根据 Aghion、Griffith 和 Howitt（2006）的分析，激烈的产品市场竞争能够促进公司加大研发力度、提高创新能力，对于集体公司而言，关联交易的增加可以使成员公司分享公司创新带来的收益。综上所述，产品市场竞争越激烈，公司越倾向于增加关联交易以降低交易成本。因此，笔者提出如下的研究假设：

H1：其他条件不变，产品市场竞争越激烈，公司正常关联交易水平越高。

二、产品市场竞争、终极股东特征与关联交易

控股股东股权的集中度越高，与其他投资者之间的代理问题减少，控股股东越有动机提升上市公司的价值（Shleifer、Vishny，1986）。后续研究考察了终极股东的现金流权与公司定价之间的关系（La Porta 等，2002；Lins，2003）。例如，Lin 等（2011）将 22 个国家 1996～2008 年 3468 个公司作为研究样本，考察发现，随着终极股东现金流权的增加，公司的贷款成本相应减小。这说明当终极股东与上市公司的利益趋同时，债权人认为终极股东侵占上市公司利益的可能性较小，因此要求更低水平的资产回报。Bertrand、Mehta 和 Mullainathan（2002）发现随着终极股东的现金流权增加，终极股东转移资源的行为逐渐减少。与这些研究结论相符，针对中国上市公司股权结构对关联交易影响的研究发现，随着控股股东持股集中度的增加，控股股东与其他投资者之间的代理问题减少，从而有助于公司增加正常关联交易以提升公司业绩。例如，佟岩和王化成（2007）指出，当控股股东持股比例达到 50% 及以上时，控股股东倾向于利用关联交易降低交易成本，提高控制权的

共享收益。

最近的研究发现产品市场竞争与公司内部治理之间具有相互替代的作用。例如，Karuna（2010）认为，产品市场竞争能够替代公司内部治理，降低公司代理成本。当公司外部竞争较激烈时，公司可以利用外部竞争发挥治理作用，从而节省公司因加强内部治理而要付出的监督成本。具体而言，他们发现随着产品市场竞争的加剧，样本公司董事会的独立性相应降低。Giroud 和 Mueller（2011）考察了产品市场竞争与公司治理对公司股票收益率的交互影响。他们发现相对于高竞争的行业，如果低竞争行业的公司提高治理水平，公司的股票收益率会显著提升。Chhaochharia 等（2012）考察了 SOX 法案实施后，在产品市场竞争程度不同的行业，公司的生产效率是否发生了不同的改变。结果表明竞争程度较低的行业，公司的生产效率提升幅度更大。

根据上述文献提出的产品市场竞争与公司内部治理机制之间的替代效应，笔者进一步检验产品市场竞争与终极控股结构在影响公司正常关联交易的时候是否也存在替代效果。也就是说，在产品市场竞争不够激烈的行业，公司正常关联交易的选择主要受内部治理机制的影响，而且内部治理机制的影响会随着产品市场竞争程度的提高而逐渐减弱。参考股权结构与关联交易的研究成果，笔者以终极股东现金流权来表征公司的内部治理机制。具体而言，终极股东持有的现金流权越高，获取私有利益的成本越大，促使终极股东与其他投资者之间的利益越趋同。因此，笔者预期终极股东的现金流权与公司正常关联交易水平呈正相关关系，且这种关系在产品市场竞争不够激烈的行业更加显著。当产品市场竞争程度增加时，由于产品市场竞争本身对关联交易所产生的正向影响，现金流权对关联交易的影响会相应降低。综上，我们提出如下的研究假设：

H2：其他条件不变，终极股东现金流权对正常关联交易的影响会随着产品市场竞争水平的提高而降低。

第三节　研究设计

一、研究样本

中国证监会2004年12月13日颁布了《公开发行证券的公司信息披露内容与格式准则第2号（2004年修订）》，要求上市公司以方框图形式披露公司与实际控制人之间的产权和控制关系。为了有效考察上市公司的股权结构，我们选择2004~2009年作为研究期间，A股市场上所有非金融、保险业上市公司作为初始研究样本。剔除数据不全的观察值后，最后得到观察值为5954个。样本公司的终极股东现金流权数据是根据年报手工整理得到，财务数据来源于国泰安CSMAR研究数据库。

二、研究变量

1. 产品市场竞争变量

产品市场竞争的衡量方式主要包括公司所属行业的公司总数、行业前四大公司销售收入集中度和行业内所有公司销售收入赫芬达尔指数（Herfindahl - Hirschman Index）这3个变量（Curry、George，1983；Haushalter等，2007；Karuna，2007；Li，2010）。变量定义如下：①行业公司总数变量Num，表示该公司所属行业的公司总数。该变量取值越大表示该行业的公司个数越多，产品市场竞争越激烈。②行业前四大公司销售收入集中度变量CR4，为了更好地解释回归结果，该变量的计算公式为：$CR4 = 1 - \Sigma P_i$。该变量取值越大表示前四大公司销售收入集中度越小，产品市场竞争越激烈。③行业内所有公司销售收入赫芬达尔指数变量HHI，计算公式为：$HHI = 1 - \Sigma P_i^2$。该变量取值越大表示该行业集中度越小，产品市场竞争越激烈。

2. 终极股东现金流权变量

笔者手工收集的股权结构变量主要包括上市公司终极股东的现金流权比例和投票权、前 10 大股东中其他大股东的投票权。La Porta、Lopez - de - Silanes 和 Shleifer（1999）的研究表明，终极股东现金流权为各级控制人之间投票权比例的乘积。值得注意的是，我们在根据上市公司年报信息收集终极股东数据时，同时考虑了实际控制人与公司之间的产权和控制关系方框图以及公司前十大股东关联关系和一致行动说明。如果公司年报披露的方框图包含了具有关联关系或一致行动关系的股东，我们按照方框图计算终极股东的现金流权；如果方框图没有包含具有关联关系或一致行动关系的股东，我们将对方框图进行修正，按照修正后的方框图计算终极股东的现金流权。

基于以上分析，本文使用的终极股东现金流权变量定义如下：终极股东现金流权变量 CashR，使用终极股东与上市公司之间各级控制人投票权比例的乘积表示。该变量取值越大，表示终极股东与上市公司的利益越趋同。

3. 公司正常关联交易变量

笔者首先使用 CSMAR 公司的“关联交易研究数据库”定义公司真实关联交易变量。集团公司与上市公司的关联交易包含很多种类型，如商品交易、提供或接受劳务、资产交换、抵押或担保、租赁、托管等，其中交易最为频繁、交易金额最大的是商品交易以及提供或接受劳务。相关研究一般采用商品交易以及提供或接受劳务这两个类型的关联交易来衡量总关联交易（刘建民、刘星，2007；洪剑峭、薛皓，2008）。在此基础之上，我们进一步细分了关联交易的方向，其中，关联采购包括买进商品和接受劳务，关联销售包括销售商品和提供劳务。因此，本章的关联交易变量定义如下：①总关联交易变量 RPT，使用关联采购与关联销售之和与销售收入的比率表示；②关联采购变量 RPT_ Purc，使用买进商品与接受劳务之和与销售收入的比率表示；③关联销售变量 RPT_ Sale，使用销售商品和提供劳务之和与销售收入的比率表示。

基于本章的研究目的，我们需要从公司真实关联交易中剔除非正常关联交易的影响，得到公司的正常关联交易。Jian 和 Wong（2010）在区分公司正常与非正常的关联交易时，控制了代表公司特征的公司规模、公司资产负债率、市场价值与账面价值比率这 3 个变量和行业特征变量，并分年度对真实的关联交易进行 OLS 回归，将得到的关联交易预测值作为正常的关联交易，残差项作为非正常的关联交易。这一方法在最近考察关联交易的经验研究中得到了广泛应用（Yeh、Shu、Su，2012）。该研究模型如下：

$$RPT = \beta_0 + \beta_1 Lev + \beta_2 Size + \beta_3 MTB + Industry\ Fixed\ Effect + \varepsilon \quad (1)$$

本文利用上述模型分年度回归估计公司正常的关联交易水平，回归的残差项表示非正常的关联交易，预测值表示正常的关联交易。附录 1 报告了我们分年度回归估计公司正常关联交易的结果。

为了进一步验证模型的有效性，我们将根据 Jian 和 Wong（2010）模型计算的正常、非正常关联交易分别与业绩变量进行相关性分析，发现正常的关联交易对 ROA、ROE、ROS 显著为正，而非正常的关联交易对 ROA、ROE、ROS 显著为负。说明正常的关联交易可以通过降低交易成本，提升上市公司业绩，而基于特殊目的的非正常的关联交易会降低公司业绩（见附录 2）。

4. 控制变量

根据已有文献，我们的控制变量如下（Jian、Wong，2010）：①资产负债率变量 Lev，用公司期末总负债与期末总资产的比率表示；②公司规模变量 Size，用期末总资产的自然对数表示；③公司成长性变量 MTB，用权益的市值与账面价值的比表示；④上一年的销售净利率变量 PROS，用公司上一年的净利润除以上一年的销售额表示。

三、研究模型

为了检验研究假设 H1，我们将计算出的正常关联交易作为被解释变量，考察产品市场竞争的影响。参考 Jian 和 Wong（2010）的方法，建立研究模型如下：

$$NRPT = \beta_0 + \beta_1 PMC + \beta_2 PROS + Industry\ Fixed\ Effect + \varepsilon \quad (2)$$

其中，PMC 代表产品市场竞争程度，分别使用 Num、CR4 和 HHI 这 3 个变量来衡量。为了控制产品市场竞争与关联交易之间可能存在的非线性关系，我们还将 PMC 分成 5 组，取其中最高和最低两组分别建立 PMC_ H 和 PMC_

L 的虚拟变量，进行检验。具体而言，PMC_ H（PMC_ L）的定义是当 PMC 处于最高（最低）的 1/5 取值时等于 1，否则为 0。

为了检验研究假设 H2，我们将终极股东现金流权（CashR）与产品市场竞争（分别采用 PMC，或者 PMC_ H 和 PMC_ L）的交互项加入模型（2）当中。如果产品市场竞争与终极控股结构之间存在替代效应，那么交互性的系数应该为负。研究模型如下：

$$NRPT = \beta_0 + \beta_1 CashR + \beta_2 PMC + \beta_3 CashR \times PMC + \beta_4 PROS + Industry\ Fixed\ Effect + \varepsilon \tag{3}$$

由于样本是由不同公司在不同的年度组成的混合数据（Pool Data），给定公司的年度观察值不满足独立性要求，这会导致回归结果的统计显著性被高估。为了纠正这个统计问题，我们用对每个公司进行“聚类（Cluster）”的方法来调整系数估计值的标准误（Petersen，2009）。本章研究变量的定义说明见表 1－1。

表 1－1　变量定义说明

变量名称	变量符号	定义说明
总关联交易	RPT	关联采购与关联销售之和除以销售收入
关联采购	RPT_ Purc	关联采购商品和接受劳务之和除以销售收入
关联销售	RPT_ Sale	关联销售商品和提供劳务之和除以销售收入
正常总关联交易	NRPT	根据 Jian 和 Wong（2010）模型计算的总关联交易预测值
正常关联采购	NRPT_ Purc	根据 Jian 和 Wong（2010）模型计算的关联采购预测值
正常关联销售	NRPT_ Sale	根据 Jian 和 Wong（2010）模型计算的关联销售预测值
产品市场竞争	PMC	分别使用 Num、CR4 和 HHI 三个变量衡量公司所在行业的产品市场竞争程度
高产品市场竞争	PMC_ H	虚拟变量，当 PMC 指标处于总样本最高的 1/5 时，取值为 1，否则为 0
低产品市场竞争	PMC_ L	虚拟变量，当 PMC 指标处于总样本最低的 1/5 时，取值为 1，否则为 0
行业公司总数	Num	公司所属行业的公司总数，回归时取自然对数形式
行业四大集中度	CR4	$1-\Sigma P_i$，P_i 为所属行业前四大公司在行业中所占销售份额

续表

变量名称	变量符号	定义说明
赫芬达尔指数	HHI	$1-\Sigma P_i^2$，P_i 为公司在所属行业中所占销售份额
终极股东现金流权	CashR	终极股东与上市公司之间各级控制人投票权比例的乘积
杠杆率	Lev	期末总负债除以期末总资产
规模	Size	期末总资产的自然对数
成长性	MTB	期末权益市场价值除以权益的账面价值
上一年的销售收益率	PROS	上一期末的净利润除以上一期末的销售收入

第四节　实证结果与分析

一、产品市场竞争的描述性统计

为了控制极端值对检验结果带来的偏误和影响，对所有连续的解释变量都在1%和99%分位数上实施了缩尾处理（Winsorize）。表1－2给出了样本的描述性统计结果。2004～2009年样本量分别为861个、950个、935个、1007个、1104个和1097个，合计为5954个。机械、设备、仪表行业（C7）的公司样本个数最多，共有1073个，其次是石油、化学、塑胶、塑料行业（C4），样本个数为719个，再次是金属、非金属行业（C6），样本个数为673个。

我们分别使用了3个产品市场竞争变量衡量不同行业的竞争程度。不同行业的竞争程度具有明显差异。根据产品市场竞争变量Num，竞争最强的3个行业分别是机械、设备、仪表行业（C7），石油、化学、塑胶、塑料行业（C4），以及金属、非金属行业（C6）。根据产品市场竞争变量CR4，竞争最强的3个行业分别是机械、设备、仪表行业（C7），医药、生物制品行业（C8），纺织、服装、皮毛行业（C1）。根据产品市场竞争变量HHI，竞争最强的3个行业分别是机械、设备、仪表行业（C7），医药、生物制品行业

（C8），纺织、服装、皮毛行业（C1）。这表明 3 个产品市场竞争变量对竞争程度的衡量有所不同，但区别不大。

表 1－2 描述性统计

行业	2004	2005	2006	2007	2008	2009	合计	比重（%）	Num	CR4	HHI
农、林、牧、渔业（A）	20	23	25	22	24	23	137	2.30	38	0.49	0.90
采掘业（B）	17	21	19	21	30	32	140	2.35	28	0.08	0.61
食品、饮料（C0）	41	42	42	43	46	45	259	4.35	59	0.59	0.94
纺织、服装、皮毛（C1）	43	47	47	54	52	48	291	4.89	66	0.74	0.97
造纸、印刷（C3）	17	20	22	26	27	26	138	2.32	31	0.48	0.90
石油、化学、塑胶、塑料（C4）	111	118	111	122	132	125	719	12.08	162	0.72	0.96
电子（C5）	33	37	37	40	52	51	250	4.20	62	0.42	0.88
金属、非金属（C6）	103	104	109	116	123	118	673	11.30	137	0.72	0.96
机械、设备、仪表（C7）	157	175	176	179	189	197	1073	18.02	233	0.78	0.98
医药、生物制品（C8）	49	60	63	67	65	63	367	6.16	97	0.74	0.97
其他制造业（C9）	11	14	13	16	16	17	87	1.46	23	0.39	0.88
电力、煤气及水的生产和供应业（D）	33	45	43	46	50	47	264	4.43	63	0.54	0.92
建筑业（E）	18	21	21	20	25	27	132	2.22	32	0.31	0.81

续表

行业	2004	2005	2006	2007	2008	2009	合计	比重（%）	Num	CR4	HHI
交通运输、仓储业（F）	36	41	39	46	46	49	257	4.32	63	0.46	0.90
信息技术业（G）	53	60	57	58	68	63	359	6.03	94	0.40	0.83
批发和零售贸易（H）	43	44	41	46	46	51	271	4.55	92	0.61	0.94
房地产业（J）	25	22	19	23	39	39	167	2.80	67	0.60	0.93
社会服务业（K）	18	19	18	23	28	28	134	2.25	45	0.60	0.92
传播与文化产业（L）	5	5	4	4	7	8	33	0.55	20	0.27	0.82
综合类（M）	28	32	29	35	39	40	203	3.41	72	0.72	0.96
合计	861	950	935	1007	1104	1097	5954	—	—	—	—

二、公司正常关联交易的描述性统计

根据 Jian 和 Wong（2010）的模型，我们估计正常总关联交易、正常关联采购、正常关联销售的回归结果见附录 1。回归的原理类似估计操控性应计的回归。通过去除回归的残差项，即公司的非正常关联交易，回归的预测值可以反映公司正常的关联交易水平。分年度（2004～2009）回归估计公司的正常关联交易水平，回归中引入行业虚拟变量以控制行业固定效应。对于估计正常总关联交易的回归结果而言，分年度回归模型的调整的 R^2 变动幅度为 0.041～0.079。估计正常关联采购分年度回归模型的调整的 R^2 变动幅度为 0.029～0.069。估计正常关联销售分年度回归模型的调整的 R^2 变动幅度为 0.026～0.080。

表1-3给出了各主要变量的描述性统计结果。样本公司发生的正常关联采购和销售总额占销售收入的比例平均（中位数）为0.170（0.176）。进一步区分关联交易发生的方向，其中正常关联采购的比例平均（中位数）为0.098（0.098），正常关联销售的比例平均（中位数）为0.098（0.100）。在产品市场竞争指标方面，Num表示公司所属行业的公司总数，样本中行业公司总数最少为63，最多为269，均值（中位数）为115.524（68.336）；CR4和HHI的均值（中位数）为0.623（0.694）和0.929（0.957）。终极股东拥有的现金流权平均（中位数）为0.353（0.338）。在控制变量方面，前一年销售收益率变量PROS均值（中位数）为0.050（0.048）。

表1-3　描述性统计

变量	样本数	均值	中位数	标准差	最小值	25%	75%	最大值
NRPT	5954	0.170	0.176	0.071	0.029	0.110	0.223	0.350
NPRT_ Purc	5207	0.098	0.098	0.039	0.021	0.068	0.124	0.198
NRPT_ Sale	5013	0.098	0.100	0.042	0.010	0.067	0.125	0.237
Num	5954	115.524	68.336	20.000	63.000	94.000	154.000	269.000
CR4	5954	0.623	0.694	0.167	0.060	0.509	0.753	0.817
HHI	5954	0.929	0.957	0.070	0.583	0.915	0.969	0.982
CashR	5954	0.353	0.338	0.177	0.031	0.212	0.491	0.750
PROS	5954	0.050	0.048	0.166	-0.897	0.017	0.101	0.521

三、相关性分析

表1-4报告了主要变量的相关系数分析。Panel A结果表明正常的关联交易与产品市场竞争Num、CR4和HHI这3个变量的系数均在1%水平下显著为正，与预测一致。正常关联交易与终极股东现金流权变量的相关系数显著为正，说明终极股东现金流权与正常关联交易呈正相关关系，符合预期。控制变量前一年销售收益率变量PROS与正常关联交易和终极股东现金流权呈正相关关系，与产品市场竞争呈负相关关系。Panel B和Panel C分析正常

的关联采购和正常的关联销售与其余变量的相关系数，结果与 Panel A 一致。

表 1－4　相关系数矩阵

Panel A　NRPT

	NRPT	Num	CR4	HHI	CashR	PROS
NRPT	1.000					
Num	0.447 ***	1.000				
CR4	0.270 ***	0.746 ***	1.000			
HHI	0.170 ***	0.608 ***	0.918 ***	1.000		
CashR	0.131 ***	－0.046 ***	－0.069 ***	－0.070 ***	1.000	
PROS	0.076 ***	－0.073 ***	－0.081 ***	－0.069 ***	0.113 ***	1.000

Panel B　NPRT_ Purc

	NPRT_ Purc	Num	CR4	HHI	CashR	PROS
NPRT_ Purc	1.000					
Num	0.327 ***	1.000				
CR4	0.239 ***	0.758 ***	1.000			
HHI	0.099 ***	0.544 ***	0.804 ***	1.000		
CashR	0.185 ***	－0.057 ***	－0.077 ***	－0.076 ***	1.000	
PROS	0.117 ***	－0.082 ***	－0.092 ***	－0.064 ***	0.111 ***	1.000

Panel C　NRPT_ Sale

	NRPT_ Sale	Num	CR4	HHI	CashR	PROS
NRPT_ Sale	1.000					
Num	0.343 ***	1.000				
CR4	0.127 ***	0.749 ***	1.000			
HHI	0.019 *	0.543 ***	0.809 ***	1.000		
CashR	0.080 ***	－0.025 *	－0.060 ***	－0.077 ***	1.000	
PROS	0.074 ***	－0.075 ***	－0.077 ***	－0.064 ***	0.112 ***	1.000

注：*、**、***分别表示在 10%、5%、1% 的显著性水平下显著（双尾检验）。

四、回归分析

表1－5给出了产品市场竞争对公司正常关联交易的回归结果。首先使用正常总关联交易 NRPT 作为被解释变量。表1－5的（1）、（3）和（5）列分别使用 Num、CR4 和 HHI 变量衡量产品市场竞争程度。变量 Num、CR4 和 HHI 的系数（t 值）分别为 0.050（25.37）、0.119（11.41）和 0.180（6.51），均在1%的水平下显著为正，表明产品市场竞争越激烈，公司越倾向于通过关联交易降低交易成本。表1－5的（2）、（4）和（6）列分别采用衡量产品市场竞争程度高低的虚拟变量，结果一致。以第（2）列的结果为例，相比产品市场竞争程度适中的地区，在产品市场竞争低的地区，公司正常关联交易会显著下降1.4%，而产品市场竞争度高的地区，公司正常关联交易水平上升5.7%，都在1%的水平下显著。

表1－5　产品市场竞争和正常关联交易的回归结果

	被解释变量：NRPT					
	（1）	（2）	（3）	（4）	（5）	（6）
Num	0.050***					
	(25.37)					
Num_ L		-0.014***				
		(-3.86)				
Num_ H		0.057***				
		(18.98)				
CR4			0.119***			
			(11.41)			
CR4_ L				-0.042***		
				(-12.29)		
CR4_ H				0.025***		
				(9.17)		
HHI					0.180***	

续表

	被解释变量：NRPT					
	(1)	(2)	(3)	(4)	(5)	(6)
					(6.51)	
HHI_ L						-0.035 ***
						(-11.06)
HHI_ H						0.025 ***
						(7.66)
PROS	0.051 ***	0.038 ***	0.046 ***	0.044 ***	0.042 ***	0.032 ***
	(6.34)	(4.89)	(5.53)	(5.97)	(4.83)	(4.28)
截距	-0.062 ***	0.161 ***	0.094 ***	0.173 ***	0.000	0.152 ***
	(-6.36)	(63.06)	(13.87)	(70.19)	(0.01)	(32.29)
N	5954	5954	5954	5954	5954	5954
Adj. R - sq	0.203	0.119	0.081	0.098	0.036	0.091
F	362.388	215.464	83.814	158.730	33.334	57.597

注：所有回归都使用异方差调整和公司聚类（Cluster）调整得到稳健性标准误，括号内给出调整后的 t 值。*、**、***分别表示在 10%、5%、1% 的显著性水平下显著（双尾检验）。

表 1 -6 将被解释变量进一步区分为正常关联采购（NRPT_ Purc）和正常关联销售（NRPT_ Sale）进行回归。结果与表 1 -5 一致，都说明产品市场竞争程度的提高，同时导致了上市公司向关联方采购和销售交易的提高。例如，表 1 -6 的第（1）、（2）和（3）列对关联方采购的回归结果显示，Num、CR4 和 HHI 的系数（t 值）分别为 0.021（17.55）、0.059（9.25）和 0.042（3.29），均在 1% 的水平下显著为正。总体而言，回归结果为研究假设 H1 提供了支持的证据，表明产品市场竞争越激烈，公司正常关联交易水平越高。

表 1 -6　产品市场竞争和正常关联采购、正常关联销售的回归结果

	被解释变量：NRPT_ Purc			被解释变量：NRPT_ Sale		
	(1)	(2)	(3)	(4)	(5)	(6)
Num	0.021 ***			0.023 ***		

续表

	被解释变量：NRPT_ Purc			被解释变量：NRPT_ Sale		
	(1)	(2)	(3)	(4)	(5)	(6)
	(17.55)			(15.93)		
CR4		0.059***			0.032***	
		(9.25)			(5.72)	
HHI			0.042***			0.010
			(3.29)			(1.23)
PROS	0.040***	0.039***	0.034***	0.029***	0.025***	0.023***
	(8.51)	(8.22)	(7.02)	(4.80)	(4.03)	(3.63)
截距	0.001	0.059***	0.057***	-0.007	0.077***	0.088***
	(0.17)	(14.52)	(4.87)	(-0.96)	(20.12)	(12.08)
N	5207	5207	5207	5013	5013	5013
Adj. R-sq	0.127	0.078	0.027	0.11	0.021	0.006
F	190.449	75.048	29.33	149.313	25.986	7.272

注：所有回归都使用异方差调整和公司聚类（Cluster）调整得到稳健性标准误，括号内给出调整后的 t 值。*、**、***分别表示在 10%、5%、1% 的显著性水平下显著（双尾检验）。

接下来我们考察产品市场竞争与终极股东现金流权对公司正常关联交易的综合效应。表 1-7 以正常总关联交易 NRPT 作为被解释变量，加入终极股东的现金流权以及现金流权与产品市场竞争度的交互项。其中，Panel A 中分别使用 Num、CR4 和 HHI 变量衡量产品市场竞争程度。Panel B 采用产品市场竞争的虚拟变量进行回归。

Panel A 的回归结果显示，终极股东现金流权（CashR）系数分别为 0.131、0.121、0.311，都在 1% 的水平下显著为正，表明终极股东利益越趋同，正常的关联交易越多，这与现有股权结构对关联交易的研究一致。与表 1-5 的结果相似，产品市场竞争程度变量的系数分别为 0.057、0.160、0.335，并在 1% 的水平下显著为正。交互项 Num × CashR、CR4 × CashR、HHI × CashR 的系数和 t 值分别为 -0.017（-1.59）、-0.104（-1.89）、-0.279（-5.96）。交互项的符号均为负，与假设 H2 的预期一致，即终极股东现金流权对正常关联交易的正向影响随着产品市场竞争的提高而下降。

Panel B 的回归结果也支持假设 H2，同时还进一步表明产品市场竞争对控股股权和关联交易之间关系的影响并非呈线性。产品市场竞争程度虚拟变量与 CashR 的交互项中，只有 PMC_ H × CashR 的系数显著为负。这说明 Panel A 的发现主要是产品市场竞争激烈的样本引起。

表 1－7　产品市场竞争、终极控股结构和正常关联交易的回归结果

Panel A　产品市场竞争使用连续变量

	被解释变量：NRPT		
	(1)	(2)	(3)
CashR	0.131***	0.121***	0.311***
	(2.62)	(3.44)	(7.19)
Num	0.057***		
	(14.02)		
Num × CashR	－0.017		
	(－1.59)		
CR4		0.160***	
		(7.65)	
CR4 × CashR		－0.104*	
		(－1.89)	
HHI			0.335***
			(8.52)
HHI × CashR			－0.279***
			(－5.96)
PROS	0.039***	0.035***	0.031***
	(5.57)	(4.59)	(3.96)
截距	－0.111***	0.048***	－0.162***
	(－5.65)	(3.58)	(－4.43)
N	5954	5954	5954
Adj. R－sq	0.231	0.103	0.064
F	200.332	58.061	31.714

Panel B　产品市场竞争使用虚拟变量

	被解释变量：NRPT		
	(1)	(2)	(3)
CashR	0.065 ***	0.063 ***	0.057 ***
	(4.85)	(4.98)	(4.59)
Num_ L	-0.010		
	(-1.42)		
Num_ H	0.075 ***		
	(12.70)		
CashR × Num_ L	-0.015		
	(-0.79)		
CashR × Num_ H	-0.055 ***		
	(-3.26)		
CR4_ L		-0.033 ***	
		(-4.78)	
CR4_ H		0.038 ***	
		(6.67)	
CashR × CR4_ L		-0.027	
		(-1.46)	
CashR × CR4_ H		-0.037 **	
		(-2.29)	
HHI_ L			-0.029 ***
			(-4.50)
HHI_ H			0.033 ***
			(4.86)
CashR × HHI_ L			-0.016
			(-0.94)
CashR × HHI_ H			-0.023
			(-1.24)
PROS	0.032 ***	0.038 ***	0.032 ***
	(4.11)	(5.27)	(4.28)
截距	0.139 ***	0.151 ***	0.152 ***
	(28.65)	(32.00)	(32.29)

续表

	被解释变量：NRPT		
	(1)	(2)	(3)
N	5954	5954	5954
Adj. R - sq	0.138	0.115	0.091
F	120.492	89.916	57.597

注：所有回归都使用异方差调整和公司聚类（Cluster）调整得到稳健性标准误，括号内给出调整后的 t 值。*、**、***分别表示在10%、5%、1%的显著性水平下显著（双尾检验）。

表1－8给出了进一步区分正常关联采购和正常关联销售的回归结果。与表1－7的结果相一致，终极股东现金流权与产品市场竞争对正常的关联采购系数均显著为正，交互项 Num × CashR、CR4 × CashR、HHI × CashR 的系数显著为负。

表1－8　产品市场竞争和正常关联采购、正常关联销售的回归结果

	被解释变量：NRPT_ Purc			被解释变量：NRPT_ Sale		
	(1)	(2)	(3)	(4)	(5)	(6)
CashR	0.067 **	0.081 ***	0.188 ***	0.117 ***	0.045 **	0.110 ***
	(2.24)	(3.93)	(3.14)	(3.42)	(2.50)	(3.31)
Num	0.023 ***			0.031 ***		
	(9.39)			(11.06)		
Num × CashR	-0.006			-0.022 ***		
	(-0.87)			(-3.12)		
CR4		0.084 ***			0.050 ***	
		(6.81)			(4.33)	
CR4 × CashR		-0.063 *			-0.042	
		(-1.92)			(-1.54)	
HHI			0.114 ***			0.056 ***
			(3.44)			(2.85)
HHI × CashR			-0.161 **			-0.100 ***
			(-2.50)			(-2.73)
PROS	0.031 ***	0.030 ***	0.026 ***	0.023 ***	0.020 ***	0.018 ***

续表

	被解释变量：NRPT_ Purc			被解释变量：NRPT_ Sale		
	(1)	(2)	(3)	(4)	(5)	(6)
	(7.58)	(7.01)	(5.82)	(4.37)	(3.53)	(3.12)
截距	-0.024**	0.028***	-0.024	-0.052***	0.059***	0.039**
	(-2.12)	(3.65)	(-0.76)	(-3.76)	(7.70)	(2.16)
N	5207	5207	5207	5013	5013	5013
Adj. R - sq	0.163	0.115	0.063	0.137	0.030	0.013
F	116.729	63.219	26.592	85.194	16.642	7.745

注：所有回归都使用异方差调整和公司聚类（Cluster）调整得到稳健性标准误，括号内给出调整后的 t 值。*、**、***分别表示在 10%、5%、1% 的显著性水平下显著（双尾检验）。

总体而言，终极股东现金流权与产品市场竞争具有交互作用，在产品市场竞争不激烈的条件下，终极股东现金流权提高公司正常关联交易的作用越明显，这意味着终极股东与产品市场竞争在影响公司正常关联交易效果上表现出替代效应。这与 Karuna（2010）、Giroud 和 Mueller（2011）基于其他国际市场的发现一致，即产品市场竞争与公司内部治理之间存在一定的替代效应。

第五节　本章小结

本章使用中国资本市场上市公司 2004 ~ 2009 年数据，综合考察了产品市场竞争与终极股东现金流权对公司正常关联交易的影响。产品市场竞争是影响公司经营决策的一个重要外部治理机制，并且与公司内部治理机制发生相互作用。

笔者借鉴 Jian 和 Wong（2010）的模型估计出公司正常的关联交易水平，首先考察了产品市场竞争对公司正常关联交易的影响，结果表明产品市场竞争越激烈，公司越倾向于通过正常的关联交易降低交易成本。然后，综合考察产品市场竞争和终极股东现金流权的综合效应，结果发现产品市场竞争与终极股东现金流权对正常关联交易具有交互作用：在产品市场竞争不激烈的条件下，终极股东现金流权的提高有利于提高公司正常关联交易，终极股东与产品市场竞争在影响公司正常关联交易效果上表现出替代效应。

附录1：正常关联交易的回归结果

Panel A　估计正常总关联交易

	2004	2005	2006	2007	2008	2009
Lev	-0.231***	-0.146***	-0.129***	-0.116**	-0.121***	-0.031
	(-4.24)	(-2.93)	(-2.71)	(-2.38)	(-2.85)	(-0.75)
Size	0.053***	0.026***	0.024***	0.024***	0.022***	0.011
	(5.11)	(2.73)	(2.95)	(3.08)	(3.09)	(1.57)
MTB	0.032***	0.001	-0.004	0.003	0.008	0.007**
	(2.81)	(0.12)	(-0.59)	(0.88)	(1.22)	(2.17)
截距	-0.908***	-0.344*	-0.321*	-0.340**	-0.320**	-0.152
	(-4.11)	(-1.68)	(-1.81)	(-2.03)	(-2.13)	(-0.99)
行业	控制	控制	控制	控制	控制	控制
N	950	978	999	1078	1148	1154
Adj. R-sq	0.079	0.068	0.057	0.041	0.064	0.055
F	6.400	5.762	5.051	4.043	5.603	4.508

Panel B　估计正常关联采购

	2004	2005	2006	2007	2008	2009
Lev	-0.147***	-0.070**	-0.098***	-0.061*	-0.045	-0.007
	(-4.36)	(-2.11)	(-3.05)	(-1.91)	(-1.57)	(-0.27)
Size	0.031***	0.013**	0.020***	0.016***	0.013***	0.009*
	(4.79)	(2.10)	(3.53)	(3.13)	(2.72)	(1.85)
MTB	0.014**	-0.005	-0.002	0.001	0.004	0.003
	(1.96)	(-0.57)	(-0.33)	(0.56)	(0.83)	(1.42)
截距	-0.504***	-0.145	-0.272**	-0.235**	-0.202**	-0.143
	(-3.67)	(-1.08)	(-2.28)	(-2.12)	(-2.00)	(-1.40)
行业	控制	控制	控制	控制	控制	控制
N	829	852	866	944	1010	1003

续表

	2004	2005	2006	2007	2008	2009
Adj. R - sq	0.069	0.043	0.043	0.029	0.046	0.037
F	5.745	3.698	3.808	3.042	4.009	3.156

Panel C 估计正常关联销售

	2004	2005	2006	2007	2008	2009
Lev	-0.151***	-0.123***	-0.059*	-0.095***	-0.086***	-0.041
	(-3.48)	(-3.31)	(-1.69)	(-2.67)	(-2.67)	(-1.29)
Size	0.025***	0.009	-0.001	0.007	0.001	-0.003
	(3.14)	(1.35)	(-0.21)	(1.30)	(0.10)	(-0.56)
MTB	0.020*	0.007	-0.003	0.005*	0.005	0.006**
	(1.91)	(0.87)	(-0.51)	(1.75)	(1.07)	(2.20)
截距	-0.347**	-0.069	0.138	-0.037	0.079	0.117
	(-2.04)	(-0.46)	(1.07)	(-0.31)	(0.70)	(1.02)
行业	控制	控制	控制	控制	控制	控制
N	782	808	836	915	979	977
Adj. R - sq	0.029	0.080	0.057	0.026	0.035	0.050
F	2.813	5.990	4.616	2.769	3.241	3.878

注：所有回归都使用异方差调整和公司聚类（Cluster）调整得到稳健性标准误，括号内给出调整后的t值。*、**、***分别表示在10%、5%、1%的显著性水平下显著（双尾检验）。

附录2：关联交易与业绩的相关性分析

Panel A 正常总关联交易与业绩的相关系数矩阵

	NRPT	ROA	ROE	ROS
NRPT	1.000			
ROA	0.142***	1.000		
ROE	0.068***	0.367***	1.000	
ROS	0.030***	0.408***	0.154***	1.000

Panel B　非正常总关联交易与业绩的相关系数矩阵

	AbRPT	ROA	ROE	ROS
AbRPT	1.000			
ROA	-0.046***	1.000		
ROE	-0.075***	0.367***	1.000	
ROS	-0.061***	0.408***	0.154***	1.000

注：*、**、***分别表示在10%、5%、1%的显著性水平下显著（双尾检验）。

参考文献：

[1] Aghion, P., Griffith, R. and Howitt, P. Vertical Integration and Competition [J]. American Economic Review Papers and Proceedings, 2006 (96): 97-102.

[2] Bertrand, M., Mehta, P. and Mullainathan, S. Ferreting out Tunneling: an Application to Indian Business Groups [J]. Quarterly Journal of Economics, 2002 (117): 121-148.

[3] Chang, S. J. and Hong, J. Economic Performance of Group-affiliated Companies in Korea: Intragroup Resources Sharing and Internal Business Transaction [J]. Academy of Management Journal, 2000 (43): 429-448.

[4] Cheung, Y. L., Rau, P. R. and Stouraitis, A. Tunneling, Propping, and Expropriation: Evidence from Connected Party Transactions in Hong Kong [J]. Journal of Financial Economics, 2006 (82): 287-322.

[5] Chhaochharia, Y., Grinstein, Y., Grullon, G. and Michaely, R. Product Market Competition and Internal Governance: Evidence from the Sarbanes Oxley Act [R]. Working Paper, 2012.

[6] Curry, B. and George, K. D. Industrial Concentration: A Survey [J]. The Journal of Industrial Economics, 1983 (31): 203-256.

[7] Giroud, X. and Mueller, H. Corporate Governance, Product Market Competition, and Equity Prices [J]. Journal of Finance, 2011 (66): 563-600.

[8] Hart, Oliver, D. The Market Mechanism as an Incentive Scheme [J].

Bell Journal of Economics, 1983 (14): 366 -382.

[9] Haushalter, D., Klasa, S. and Maxwell, W. F. The Influence of Product Market Dynamics on a Firm's Cash Holdings and Hedging Behavior [J]. Journal of Financial Economics, 2007 (84): 797 -825.

[10] Jian, M. and Wong, T. J. Propping through Related Party Transactions [J]. Review of Accounting Studies, 2010 (15): 70 -105.

[11] Karuna, C. Industry Product Market Competition and Managerial Incentives [J]. Journal of Accounting and Economics, 2007 (43): 275 -298.

[12] Karuna, C. Industry Product Market Competition and Internal Corporate Governance [R]. Working Paper, 2010.

[13] Khanna, T. and Palepu, K. Why Focused Strategy May be Wrong in Emerging Markets [J]. Harvard Business Review, 1997 (75): 41 -51.

[14] Khanna, T. and Palepu, K. Is Group Affiliation Profitable in Emerging Markets? An Analysis of Diversified Indian Business Groups [J]. Journal of Finance, 2000 (55): 867 -892.

[15] La Porta, R., Lopez - de - Silanes, F. and Shleifer, A. Corporate Ownership Around the World [J]. Journal of Finance, 1999 (54): 471 -517.

[16] La Porta, R., Lopez - de - Silanes, F., Shleifer, A. and Vishny R. Investor Protection and Corporate Valuation [J]. Journal of Finance, 2002 (57): 1147 -1170.

[17] Li, X. The Impacts of Product Market Competition on the Quantity and Quality of Voluntary Disclosures [J]. Review of Accounting Studies, 2010 (15): 663 -711.

[18] Lin, C., Ma, Y., Malatesta, P. and Xuan, Y. Ownership Structure and the Cost of Corporate Borrowing [J]. Journal of Financial Economics, 2011 (100): 1 -23.

[19] Lins, K. Equity Ownership and Firm Value in Emerging Markets [J]. Journal of Financial and Quantitative Analysis, 2003 (38): 84 -159.

[20] Petersen, M. A. Estimating Standard Errors in Finance Panel Data Sets:

Comparing Approaches [J]. Review of Financial Studies, 2009 (22): 435 -480.

[21] Raith, M. Competition, Risk, and Managerial Incentives [J]. American Economic Review, 2003 (93): 1425 -1436.

[22] Schmidt, Klaus M. Managerial Incentives and Product Market Competition [J]. Review of Economic Studies, 1997 (64): 191 -213.

[23] Shleifer, A. and Vishny, R. W. Large Shareholders and Corporate Control [J]. Journal of Political Economy, 1986 (94): 461 -488.

[24] Shleifer, A. and Vishny, R. W. A Survey of Corporate Governance [J]. The Journal of Finance, 1997 (52): 737 -783.

[25] Williamsom, O. Markets and Hierarchies [M]. New York: Free Press, 1975.

[26] Williamsom, O. The Economic Institutions of Capitalism [M]. New York: Free Press, 1985.

[27] Yeh, Y. H., Shu, P. G. and Su, Y. H. Related - party Transactions and Corporate Governance: The Evidence from the Taiwan Stock Market [J]. Pacific - Basin Finance Journal, 2012 (20): 755 -776.

[28] 陈晓，王琨．关联交易、公司治理与国有股改革——来自我国资本市场的实证证据 [J]. 经济研究，2005 (4): 77 -86.

[29] 洪剑峭，薛皓．股权制衡对关联交易规模和关联销售的持续性影响 [J]. 南开管理评论，2008 (1): 24 -30.

[30] 刘建民，刘星．关联交易与公司内部治理机制实证研究——来自沪深股市的经验证据 [J]. 中国软科学，2007 (1): 79 -89.

[31] 柳建华，魏明海，郑国坚．大股东控制下的关联投资："效率促进"抑或"转移资源" [J]. 管理世界，2008 (3): 133 -141.

[32] 吕长江，肖成民．民营上市公司所有权安排与掏空行为——基于阳光集团的案例研究 [J]. 管理世界，2006 (10): 128 -138.

[33] 马金城，王磊．系族控制人掏空与支持上市公司的博弈——基于复星系的案例研究 [J]. 管理世界，2009 (12): 150 -163.

[34] 佟岩，王化成．关联交易、控制权收益与盈余质量 [J]. 会计研

究，2007（4）：75－82.

［35］原红旗．从中期报告看关联交易：现实问题与理性思考［J］．会计研究，1998（4）：1－6.

［36］郑国坚，魏明海，孔东明．大股东内部市场与上市公司价值：基于效率观点和掏空观点的实证检验［J］．中国会计与财务研究，2007（9）：1－41.

［37］郑国坚．基于效率观和掏空观的关联交易与盈余质量关系研究［J］．会计研究，2009（10）：68－76.

第二章　终极股东特征、产品市场竞争与融资约束

第一节　引言

市场竞争是国家或地区间的特定行业在生产、市场、获利等方面的竞争，主要体现于各行业内的公司产品市场竞争。市场竞争在宏观层面会影响国家产业结构、经济发展等问题，在微观层面则会突出影响公司经营决策、资本结构、公司治理等多方面。例如，方军雄（2011）对中国工业企业分行业统计数据进行考察后发现，高额的行业利润率引致更多的竞争者进入，随之加剧的竞争削弱了行业的利润，而行业融资的充裕提高了企业进入行业的能力，从而导致市场竞争的加剧。赖俊平（2012）发现市场竞争的加剧提高了资源在企业间的配置效率。

市场竞争和公司融资约束之间的关系是产业组织理论和公司财务理论研究的热点问题之一，理论研究表明市场竞争和公司融资约束之间有密切联系。已有研究主要侧重于考察公司融资约束对市场竞争能力的影响。公司的融资能力往往是决定公司产品产量和市场份额大小的重要因素（Cestone，1999）。相对于融资能力较强的公司，融资能力较弱的公司的产品产量较少、市场份额较低，这是因为融资能力较弱的公司往往只能依赖于内部资金提高产品产量（Povel，2004）。另外，公司外部的竞争程度会影响公司的融资能力。例如，当市场竞争比较激烈时，公司破产风险加大，很可能导致公司融资困难

(Valta，2009)。债权人（如银行）会合理预期这种“竞争风险”，并相应减少对这种公司提供资金的额度。然而，直接考察市场竞争对公司融资约束影响的研究十分缺乏。

作为全球最大的新兴市场，中国市场的竞争尤为激烈。不同行业的市场竞争程度不同，很可能对公司财务政策带来不同的影响。我们以中国 20 个行业为研究对象，着重考察市场竞争对公司融资约束的影响。一般而言，市场竞争至少可以从两个方面导致公司融资能力下降：第一，行业内大量新竞争者的进入会导致产品的市场价格不断下降，公司盈利能力随之下降；第二，市场竞争的加剧很可能会加大公司现金流的波动性，从而降低公司的偿债能力（Franck 和 Pape，2010)。因此，我们关注的第一个研究问题是市场竞争的加剧是否会导致公司融资约束的现象更加严重。

由于中国上市公司大多由国有企业改制而来，这导致了中国上市公司的股权结构呈现出和世界上其他国家截然不同的特点：上市公司终极股东的股权性质多数为国有性质。国有控股和非国有控股公司在公司战略和经营活动等方面往往存在显著差异。针对公司外部的市场竞争，国有控股公司往往不能够做出迅速反应，而非国有控股公司会迅速调整各项战略和经营活动以适应市场竞争的变化。因此，我们的第二个研究问题是当市场竞争比较激烈时，国有控股公司与非国有控股公司是否会做出不同程度的反应，表现为缓解融资约束的程度显著不同。我们选取了公司所属行业的公司总数、行业前四大公司市场销售份额和行业内公司销售收入赫芬达尔指数这 3 个变量衡量公司市场竞争程度，并使用 Almeida、Campello 和 Weisbach（2004）提出的现金与现金流敏感性模型衡量公司融资约束。基于中国 20 个行业 2004 ~ 2009 年资本市场上 1146 家上市公司平衡面板数据的实证检验，研究结果表明市场竞争越激烈，企业融资约束现象越严重；相对于国有控股公司，非国有控股公司在市场竞争激烈时更能有效缓解公司融资约束。

本章研究贡献主要表现在以下两个方面：第一，本章贡献于公司融资约束的相关研究。已有的相关研究忽略了公司外部竞争程度对融资约束的影响，本章为市场竞争对融资约束的影响提供了直接的经验证据。第二，本章贡献于股权性质对公司经营决策的相关研究。我们发现在市场竞争激烈时，非国有控股公司调整经营决策的反应更加敏感。

第二节　文献综述与研究假设

一、市场竞争与公司融资约束

早期的理论研究主要关注公司融资约束对公司产品竞争能力的影响。公司融资约束的严重程度会影响产品的市场销售策略。当公司融资约束比较严重时，为了降低破产风险，公司更需要采纳激进的产品销售策略来产生稳定的现金流（Hendel，1996）。

另外，市场竞争作为一个重要外部因素，不仅会对公司经营决策产生重要影响（Raith，2003），还显著影响公司的股票收益（Hou、Robinson，2006；Gaspar、Massa，2006）。MacKay 和 Phillips（2005）从风险的角度分析市场竞争对融资约束的影响，指出银行在与公司签订贷款合同时会综合考虑公司所属行业的结构特征和竞争程度，并调整贷款利率的大小。Povel 和 Raith（2004）也认为市场竞争会增加公司的破产风险，这加大了公司未来收益或者持续经营的不确定性，从而使银行或借贷人对公司的偿债能力持消极态度，因此进一步加剧融资约束。Pontuch（2011）结合宏观经济特征扩展了这一领域的研究。当宏观经济处于萧条时期，融资约束的公司只能主要依赖于内部资金从事经营活动，往往会削减经营规模或缩减投资项目。同时，如果外部行业竞争越激烈，这种效应就会越明显。使用美国上市公司 1977 ~ 2009 年的数据进行检验，检验结果为这种观点提供了支持的经验证据。

中国进行改革开放以来，经济迅速崛起，三大产业也蓬勃发展，如制造业近些年来持续高速发展，产业范围不断扩大延伸，产业内公司数量呈“井喷”式增长。然而，中国融资机制不健全、建设资金少、融资渠道不畅等问题在产业内公司数量多、增长快的情况下更加严峻。由于中国资本市场尚不完善，特别是债券市场仍然存在严格的管制，上市公司的债务融资往往存在较大困难（王希、徐慧玲，2008）。王少飞、孙铮和张旭（2009）指出资金供求双方之间信息不对称导致上市公司外部融资成本增大，甚至失去了外部融资能力，造成融资约束整体偏高的问题。然而，基于中国外部市场竞争特征直接考察公司融资约束的研究相对较少。韩忠雪和周婷婷（2011）认为当市场竞争程度较高时，公司通过债务融资储备资金和应对风险的需求加强。她们使用中国制造业上市公司 2001～2007 年的数据进行检验，结果表明市场竞争对公司现金持有量具有显著的正向影响，但并没有检验市场竞争对融资约束的影响。

基于以上分析可见，中国尚处于快速工业化过程中，产业结构、产业集中程度、公司稳定经营环境远不及发达国家。面对市场竞争，中国上市公司融资约束问题很可能更加突出。市场竞争至少可以从两个方面导致公司融资能力下降：第一，行业内大量新竞争者的进入会导致产品的市场价格不断下降，公司盈利能力随之下降；第二，市场竞争的加剧很可能加大公司现金流的波动性，从而降低公司的偿债能力。因此，本章提出以下研究假设：

H1：其他条件不变，市场竞争越激烈，公司融资约束越严重。

二、终极股东股权性质的影响

已有研究表明相对于非国有控股公司，国有控股公司更容易取得债务融资。Faccio（2006）认为国有银行与国有控股公司在产权上具有同一性，国有银行更可能出于政策目的而非盈利目的为国有控股公司提供债务融资。李悦和赵锐（2005）认为中国资本市场上国有控股公司可能会因为某种政策性负担而发生政策性亏损，在这种情况下政府常常会通过减少税收或增加财政补贴等方式为国有控股公司提供融资。而且，国有控股公司中存在的预算软约束很可能扭曲了公司真实的融资约束现象（朱红军、何贤杰、陈信元，2006）。这表明融资约束问题是各产业内非国有控股公司所面临的普遍问题。非国有控股公司在发展过程中更关注如何缓解公司融资约束的难题。一旦公司外部的市场竞争十分激烈，非国有控股公司必须迅速做出反应，努力寻求解决途径，尽量满足公司的资金需求，从而使公司长远发展。

当市场竞争程度较高时，非国有控股公司往往通过内部资本市场或者通过提高公司声誉等方式缓解融资约束，这些方式也常见于西方资本市场的上市公司。Stein（2003）指出公司多元化经营有助于形成一个有效的内部资本市场，使有限的资金在不同的项目中进行分配，从而有效缓解公司面临的融资约束。此外，公司可以通过承担良好的社会责任提升公司声誉，从而降低公司融资约束。同时，商业信用也能对融资约束起到缓解作用。Burkart 和 Ellingsen（2004）指出，在信息不对称的条件下，公司受到银行的信用配给时，常常会转而求助于卖方提供的商业信用，商业信用能显著地缓解融资约束。Goss 和 Roberts（2011）认为公司在环境保护、与员工关系等社会责任上的良好表现可以降低公司的不确定性。银行等金融机构因此会提高该公司信用等级，更愿意向该公司提供资金。何贤杰、肖土盛和陈信元（2011）在对中国上市公司社会责任和融资约束的研究中发现对于没有政治关联的非国有控股公司而言，良好的社会责任表现会对融资约束产生缓解作用。基于以上分析，本章提出以下研究假设：

H2：其他条件不变，相对于国有控股公司，非国有控股公司在市场竞争激烈的条件下缓解融资约束的作用更加明显。

第三节 研究设计

一、研究样本

中国证监会于 2004 年 12 月 13 日颁布了《公开发行证券的公司信息披露内容与格式准则第 2 号（2004 年修订)》，要求上市公司以方框图形式披露公司与实际控制人之间的产权和控制关系。根据该规定，公司终极股东的性质以及与上市公司的产权和控制关系才逐渐展现在投资者面前。2007 年 12 月 24 日，中国证监会颁布了修订后的第 2 号准则，要求实际控制人应披露到自然人、国有资产管理部门或者股东之间达成某种协议或安排的其他机构或自然人，包括以信托方式形成实际控制的情况。根据该规定，公司披露的终极股东性质可靠性得到进一步提高。为了有效考察上市公司的股权性质，本章以终极股东的性质划分上市公司的股权性质，选择2004～2009年作为研究期间，选择A股市场上所有非金融、保险业上市公司作为初始研究样本。剔除数据不全的观察值后，最后我们得到1146家上市公司完整的2004～2009年平衡面板数据，观察值为6876个。样本公司的股权性质数据根据年报手工整理得到，财务数据来源于国泰安CSMAR研究数据库。

二、研究变量

1. 公司市场竞争变量

市场竞争的衡量用产品市场竞争的衡量方式作为替代变量，主要包括公司所属行业的公司总数、行业前四大公司销售收入集中度和行业内所有公司销售收入赫芬达尔指数（Herfindahl－Hirschman Index）这3个变量（Karuna，2007；Li，2010），这是因为市场竞争主要体现于各行业内公司的产品市场竞争。变量定义如下：①行业公司总数变量Num，表示该公司所属行业的公司总个数，回归分析时使用自然对数形式。该变量取值越大表示该行业的公司个数越多，行业竞争越激烈。②行业内前四大公司销售收入集中度变量CR4，为了更好地解释回归结果，该变量的计算公式为：$CR4 = 1 - \Sigma P_i$，P_i为所属行业前四大公司在行业中所占销售份额。该变量取值越大表示前四大公司销售收入集中度越小，行业竞争越激烈。③行业内所有公司销售收入赫芬达尔指数变量HHI，计算公式为：$HHI = 1 - \Sigma P_i^2$，P_i为公司在所属行业中所占销售份额，这意味着HHI取值越大，行业集中度越小，行业竞争越激烈。三个产品市场竞争变量取值越大，表明市场竞争越激烈。

2. 终极股东股权性质变量

根据上市公司年报披露的方框图形式，笔者手工收集了上市公司终极股东特征的数据。由于中国证监会对上市公司终极股东相关特征的披露越来越严格，因此，笔者在手工收集该数据时进行了追溯调整，即如果该上市公司终极股东没有变化但不同年度披露的终极股东出现差异时，使用最后一年所披露的终极股东信息调整前期的终极股东信息。

根据终极股东性质把国务院组成部门控制（如财政部、教育部）、国务院直属机构控制（如新闻出版总署）、国务院直属事业单位控制（如新华社）、国务院部委管理的国家局控制（如国家烟草专卖局）的上市公司认定为国有控股公司，其他认定为非国有控股公司，如自然人控制、外资法人控制、集体控制、社会团体控制、职工持股会控制、管理层控制等。股权性质变量 NSOE 定义如下：当股权性质为非国有控股时，取值为 1；否则为 0。

3. 公司融资约束

Fazzari、Hubbard 和 Petersen（1988）首先使用投资与现金流模型考察公司融资约束，但这一模型的有效性存在较大争议（Kaplan、Zingales，2000）。Almeida、Campello 和 Weisbach（2004）认为公司面临的融资约束会直接影响公司的现金持有政策，使用现金与现金流模型考察融资约束更加有效。因此，我们借鉴其方法使用现金与现金流模型考察公司融资约束，相关变量定义如下：①公司现金持有量变动变量 ΔCashH，取公司货币资金与短期投资净额合计数增加量除以公司前一年度的总资产；②公司自由现金流变量 CFO，取经营性现金净流量除以公司前一年度的总资产；③公司规模变量 Size，取当年总资产的自然对数，以控制可能存在的规模效应；④公司成长机会变量 Q，取公司总市值除以资产重置成本；⑤短期流动负债变动变量 ΔSTD，取短期流动负债的增加额除以公司前一年度的总资产；⑥营运资本变动变量 ΔNWC，取非现金的营运资本增加量除以公司前一年度的总资产；⑦资本支出变量 CapEx，取样本公司当年资本支出除以公司前一年度的总资产，资本支出为固定资产、在建工程和工程物资三者当年增加额的合计数。

三、研究模型

基于 Almeida、Campello 和 Weisbach（2004）提出的现金与现金流敏感性模型，本章首先加入公司市场竞争变量与现金流的交互项考察市场竞争对公司融资约束的影响，然后再加入股权性质变量考察国有控股公司与非国有控股的融资约束差异。为了控制不同行业的差异，加入行业虚拟变量控制行业固定效应；为了控制时间上可能变化的因素，如宏观经济特征或国家政策的影响，加入年度虚拟变量控制年度固定效应。研究模型如下：

$$\Delta CashH = \alpha + \beta_1 CFO + \beta_2 PMC + \beta_3 CFO \times PMC + \beta_4 Size + \beta_5 Q + \beta_6 \Delta STD + \beta_7 \Delta NWC + \beta_8 CapEx + Year\ Fixed\ Effects + Industry\ Fixed\ Effects + \varepsilon \quad (1)$$

$$\Delta CashH = \alpha + \beta_1 CFO + \beta_2 PMC + \beta_3 CFO \times PMC + \beta_4 NSOE + \beta_5 CFO \times NSOE + \beta_6 PMC \times NSOE + \beta_7 CFO \times PMC \times NSOE + \beta_8 Size + \beta_9 Q + \beta_{10} \Delta STD + \beta_{11} \Delta NWC + \beta_{12} CapEx + Year\ Fixed\ Effects + Industry\ Fixed\ Effects + \varepsilon \quad (2)$$

其中，PMC 表示市场竞争程度，分别用 Num、CR4 和 HHI 这 3 个变量来衡量，Year Fixed Effect 表示年度固定效应，Industry Fixed Effect 表示行业固定效应，其他变量定义说明见表 2－1。由于样本是由不同公司在不同的年度组成的混合数据，给定公司的年度观察值不满足独立性要求，这会导致回归结果的统计显著性被高估。为了纠正这个统计问题，我们还使用对每个年度进行聚类（Cluster）的方法来调整系数估计值的标准误（Petersen，2009）。同时为了克服异方差存在对系数估计值的偏误，使用了异方差—稳健性标准误。

表 2－1　变量定义说明

变量名称	定义说明
ΔCashH	公司现金持有量增加额除以公司前一年度的总资产
CFO	公司经营性现金净流量除以公司前一年度的总资产
Num	公司所属行业的公司个数总数，回归分析时使用自然对数形式
CR4	$1-\sum P_i$，P_i 为企业所属行业前四大企业在行业中所占的销售份额
HHI	$1-\sum P_i^2$，P_i 为公司在所属行业中所占销售份额
Size	公司规模，以当年总资产的自然对数表示
Q	公司总资产的市场价值除以总资产的重置成本
ΔSTD	公司短期流动负债的增加额除以公司前一年度的总资产
ΔNWC	公司非现金的营运资本增加量除以公司前一年度的总资产
CapEx	公司当年资本支出除以企业前一年度的总资产
NSOE	当终极股东为非国有控股时为 1，否则为 0

第四节　实证结果与分析

一、描述性统计

为了控制极端值对检验结果带来的偏误和影响，所有连续变量在1%和99%分位数上实施了缩尾处理（Winsorize）。表2-2给出了融资约束的描述性统计结果。研究样本共6876个，现金持有量变动变量ΔCashH均值为0.02，公司自由现金流变量CFO均值为0.06，该结果与张纯和吕伟（2007）的研究结果基本一致。公司规模变量Size的均值为21.48，公司成长机会变量Q的均值为1.70，短期流动负债变动变量ΔSTD的均值为0.01，营运资本变动变量ΔNWC的均值为-0.01，资本支出变量CapEx的均值为0.07。变量Num表示该公司所属行业的公司总个数，最小值18.00表示样本中公司总个数最小的行业只有18个公司，最大值269.00表示样本中公司总个数最大的行业有269个公司，该变量取值越大表示行业市场竞争程度越大。变量CR4的均值为0.63，在0.09~0.82的范围内波动。HHI变量的均值为0.93，在0.62~0.98的范围内波动。

表2-2　描述性统计

变量	样本数	均值	标准差	最小值	25%	中位数	75%	最大值
ΔCashH	6876	0.02	0.10	-0.22	-0.02	0.01	0.05	0.50
CFO	6876	0.06	0.10	-0.25	0.01	0.06	0.11	0.39
Num	6876	109.79	64.92	18.00	62.00	91.00	148.00	269.00
CR4	6876	0.63	0.15	0.09	0.53	0.68	0.75	0.82
HHI	6876	0.93	0.06	0.62	0.92	0.95	0.97	0.98
Size	6876	21.48	1.10	18.81	20.74	21.42	22.13	24.78

续表

变量	样本数	均值	标准差	最小值	25%	中位数	75%	最大值
Q	6876	1.70	1.02	0.93	1.11	1.32	1.85	7.18
ΔSTD	6876	0.01	0.09	-0.27	-0.03	0.00	0.05	0.33
ΔNWC	6876	-0.01	0.14	-0.46	-0.08	-0.01	0.05	0.52
CapEx	6876	0.07	0.08	0.00	0.01	0.04	0.09	0.42

根据中国证监会《上市公司行业分类指引》，将样本划分为13个行业，在剔除金融业后，又对制造业进行细分，将其划分为10个门类，其中由于造纸、印刷业（C3）样本数较少而将其剔除。表2－3给出了样本不同行业的竞争的描述性统计结果。2004～2009年样本量合计为6876个，制造业最多，占62.04%。其中机械、设备、仪表行业（C7）的样本个数最多，共有1075个，占15.63%；其次是石油、化学、塑胶、塑料行业（C4），样本个数为737个，占10.72%；最后是金属、非金属行业（C6），样本个数为641个，占9.32%。

我们分别使用3个产品市场竞争变量衡量不同行业的市场竞争程度，取每个衡量变量的均值，不同行业的竞争程度具有明显差异。根据产品市场竞争变量Num，竞争最强的前3个行业分别是机械、设备、仪表行业（C7），石油、化学、塑胶、塑料行业（C4），以及金属、非金属行业（C6）。根据产品市场竞争变量CR4，竞争最强的3个行业分别是机械、设备、仪表行业（C7），纺织、服装、皮毛行业（C1），医药、生物制品行业（C8）。根据产品市场竞争变量HHI，竞争最强的3个行业分别是机械、设备、仪表行业（C7），医药、生物制品行业（C8），纺织、服装、皮毛行业（C1）。通过观察发现，虽然Num、CR4、HHI这3个变量对市场竞争程度的衡量有所不同，但区别不大。

表2－3　不同行业竞争程度的描述性统计

行业	合计	比重（%）	Num	CR4	HHI
农、林、牧、渔业（A）	137	1.99	38.16	0.48	0.90

续表

行业	合计	比重（%）	Num	CR4	HHI
采掘业（B）	100	1.45	27.05	0.09	0.63
食品、饮料（C0）	318	4.62	58.5	0.59	0.94
纺织、服装、皮毛（C1）	296	4.30	65.93	0.74	0.97
造纸、印刷（C3）	123	1.79	30.93	0.48	0.90
石油、化学、塑胶、塑料（C4）	737	10.72	161.50	0.72	0.96
电子（C5）	228	3.32	59.67	0.42	0.88
金属、非金属（C6）	641	9.32	136.08	0.72	0.96
机械、设备、仪表（C7）	1075	15.63	231.43	0.78	0.98
医药、生物制品（C8）	448	6.52	97.02	0.73	0.97
其他制造业（C9）	82	1.19	22.33	0.39	0.88
电力、煤气及水的生产和供应业（D）	318	4.62	62.67	0.54	0.92
建筑业（E）	138	2.01	31.67	0.33	0.81
交通运输（F）	298	4.33	62.87	0.46	0.90
信息技术（G）	422	6.14	93.52	0.40	0.83
批发和零售贸易（H）	495	7.20	91.99	0.61	0.94
房地产业（J）	341	4.96	65.59	0.61	0.93
社会服务业（K）	218	3.17	44.11	0.60	0.92
传播与文化产业（L）	45	0.65	18.00	0.26	0.81
综合类（M）	416	6.05	72.87	0.72	0.96
合计	6876	100.00			

二、市场竞争与融资约束的回归分析

首先检验市场竞争对融资约束的影响。在回归时，为了控制多重共线性的影响，我们使用市场竞争的虚拟变量与自由现金流变量进行交互。市场竞争变量 PMC 的定义是：当公司所属行业的市场竞争程度处于当年市场竞争水平中位数以上时取值为 1，否则为 0。模型（1）至模型（3）中，市场竞争程度分别使用 Num、CR4 和 HHI 来衡量。

表 2－4 给出了市场竞争对融资约束的回归结果。在控制了年度和行业的

情况下，模型（1）中现金流与市场竞争的交互项 CFO × PMC 的系数为 0.103，t 值为 2.61，在 1% 的显著性水平下显著。这表示该公司所属行业的公司总数越多时，即市场竞争越激烈，公司的融资约束越严重。模型（2）和模型（3）分别表示以行业前四大公司市场销售份额 CR4 和行业内公司销售收入赫芬达尔指数 HHI 衡量市场竞争，两模型中现金流与市场竞争的交互项 CFO × PMC 的系数分别为 0.083 和 0.081，t 值分别为 2.10 和 2.04，均在 5% 的显著性水平下显著。两个模型都反映出市场竞争越激烈，公司融资约束越严重。使用行业的公司总数 Num、行业前四大公司市场销售份额 CR4 和行业内公司销售收入赫芬达尔指数 HHI 三种衡量市场竞争的方法得出了一致结果。这意味着市场竞争和公司融资约束有正向关系，即市场竞争越激烈，公司融资约束越严重，为假设 H1 提供了支持的证据。其他变量的回归结果基本与已有研究一致。

表 2－4　市场竞争对融资约束的回归结果

	被解释变量：ΔCashH		
	(1)	(2)	(3)
	PMC = Num	PMC = CR4	PMC = HHI
CFO	0.338***	0.342***	0.343***
	(11.78)	(11.32)	(11.47)
PMC	-0.010*	-0.020***	-0.011**
	(-1.69)	(-3.47)	(-1.97)
CFO × PMC	0.103***	0.083**	0.081**
	(2.61)	(2.10)	(2.04)
Size	0.004***	0.004***	0.004***
	(2.96)	(3.06)	(3.15)
Q	0.000	0.000	0.000
	(0.05)	(0.08)	(0.14)
ΔSTD	0.265***	0.265***	0.266***
	(10.63)	(10.60)	(10.62)
ΔNWC	-0.020	-0.021	-0.020
	(-1.04)	(-1.06)	(-1.03)

续表

	被解释变量：ΔCashH		
	(1)	(2)	(3)
	PMC = Num	PMC = CR4	PMC = HHI
CapEx	-0.090***	-0.090***	-0.089***
	(-3.45)	(-3.44)	(-3.43)
截距	-0.093***	-0.081***	-0.091***
	(-3.33)	(-2.87)	(-3.23)
年度	控制	控制	控制
行业	控制	控制	控制
N	6876	6876	6876
Adj. R-sq	0.213	0.213	0.213
F	31.840	31.584	31.652

注：所有回归都使用异方差调整和公司聚类（Cluster）调整得到稳健性标准误，括号内给出调整后的 t 值。*、**、***分别表示在 10%、5%、1% 的显著性水平下显著（双尾检验）。

三、不同股权性质条件下的回归分析

在选取的 6876 个样本中，国有控股公司的样本个数有 4601 个，所占比例达到总量的 66.91%；非国有控股公司的样本个数有 2275 个，占总量的 33.09%。可见，在样本中国有控股公司占大多数。由于中国上市公司的股权性质多数为国有控股，而国有控股和非国有控股的公司存在很多显著差异。因此，我们结合市场竞争考察中国上市公司特殊的股权性质对公司融资约束的影响。

表 2-5 列出了市场竞争、股权性质和公司融资约束的回归结果。为了控制回归中多重共线性的影响，我们仍然使用市场竞争的虚拟变量与相关变量进行交互。在控制了年度和行业的情况下，模型（1）中市场竞争、股权性质和公司融资约束的交互项 CFO × PMC × NSOE 的系数为 -0.128，t 值为 -1.93，在 10% 的显著性水平下显著。这在一定程度上表明非国有控股公司在市场竞争激烈时融资约束得到缓解。模型（2）和模型（3）分别表示以行业前四大公司市场销售份额 CR4 和行业内公司销售收入赫芬达尔指数 HHI 衡

量市场竞争，两模型中市场竞争、股权性质和公司融资约束的交互项 CFO × PMC × NSOE 的系数分别为 -0.264 和 -0.285，t 值分别为 -3.20 和 -3.50，均在 1% 的显著性水平下显著。两个模型都表明非国有控股公司在市场竞争激烈时缓解融资约束的作用更明显。总体而言，这表明相对于国有控股公司，非国有控股公司在市场竞争激烈的条件下缓解融资约束的作用更加明显。也就是说在市场竞争比较激烈时，非国有控股公司对竞争更具有高敏感性。它们会迅速反应，通过积极行动来降低融资约束，如实施多元化经营或者提高公司声誉。研究假设 H2 得到支持的证据。

表 2-5　市场竞争、股权性质对融资约束的回归结果

	被解释变量：ΔCashH		
	(1)	(2)	(3)
	PMC = Num	PMC = CR4	PMC = HHI
CFO	0.335***	0.322***	0.322***
	(9.44)	(8.81)	(8.94)
PMC	-0.012*	-0.026***	-0.016***
	(-1.90)	(-4.11)	(-2.70)
CFO × PMC	0.135***	0.162***	0.167***
	(2.78)	(3.30)	(3.42)
NSOE	0.002	-0.001	-0.001
	(0.38)	(-0.23)	(-0.29)
CFO × NSOE	0.009	0.062	0.071
	(0.16)	(1.11)	(1.27)
PMC × NSOE	0.007	0.013**	0.014**
	(1.02)	(2.05)	(2.17)
CFO × PMC × NSOE	-0.128*	-0.264***	-0.285***
	(-1.93)	(-3.20)	(-3.50)
Size	0.004***	0.004***	0.004***
	(3.04)	(3.17)	(3.36)
Q	-0.000	-0.000	0.000
	(-0.00)	(-0.05)	(0.04)

续表

	被解释变量：ΔCashH		
	(1)	(2)	(3)
	PMC = Num	PMC = CR4	PMC = HHI
ΔSTD	0.265***	0.265***	0.267***
	(10.63)	(10.66)	(10.70)
ΔNWC	-0.021	-0.021	-0.020
	(-1.06)	(-1.07)	(-1.01)
CapEx	-0.090***	-0.091***	-0.091***
	(-3.46)	(-3.50)	(-3.52)
截距	-0.097***	-0.083***	-0.097***
	(-3.42)	(-2.93)	(-3.42)
年度	控制	控制	控制
行业	控制	控制	控制
N	6876	6876	6876
Adj. R-sq	0.214	0.216	0.216
F	28.807	28.775	29.056

注：所有回归都使用异方差调整和公司聚类（Cluster）调整得到稳健性标准误，括号内给出调整后的t值。*、**、***分别表示在10%、5%、1%的显著性水平下显著（双尾检验）。

第五节　本章小结

本章使用中国20个行业内1146家上市公司2004~2009年完整的6876个平衡面板数据，选取公司所属行业的公司总数、行业前四大公司市场销售份额和行业内公司销售收入赫芬达尔指数3个变量衡量公司市场竞争程度，并采用Almeida、Campello和Weisbach（2004）提出的现金与现金流敏感性模型衡量公司融资约束，实证考察了市场竞争对公司融资约束的影响以及这种影响在不同股权性质的上市公司是否具有显著差异。

研究结果表明，市场竞争和公司融资约束有正向关系，即市场竞争越激烈，公司的融资约束越严重。该结果与韩忠雪和周婷婷（2011）的研究结果基本一致。笔者通过对 2001 ~ 2007 年中国制造业上市公司研究，发现当市场竞争程度较高时，公司面临着外部较高的融资成本和较少的融资机会，融资约束严重。这可能是由于竞争激烈的行业存在着高竞争风险，银行出于对这种风险的评估，不会轻易向企业放贷。在市场竞争比较激烈的条件下，不同股权性质对公司融资约束的影响更加复杂。我们以终极股东的性质划分上市公司的股权性质，研究结果表明相对于国有控股公司，非国有控股公司在市场竞争激烈的条件下缓解融资约束的作用更加明显。这可能是由于非国有控股公司对市场竞争更具有高敏感性，它们可以快速反应，调整自己的策略，以保证自身资金流转顺畅，如公司多元化经营和承担良好的社会责任。

研究结果表明当终极股东现金流权与控制权不偏离，或者当终极股东控制链层级较多时，非国有控股公司多元化缓解融资约束的作用显著强于国有控股公司。市场竞争对非国有控股公司和国有控股公司在融资约束上的差异影响，可能是因为国有控股公司存在的预算软约束扭曲了国有控股公司面临的真实的融资约束。而且，政府的庇护使国有控股公司在市场竞争比较激烈时不需要担心融资问题，导致它们对市场竞争的反应不敏感。朱红军、何贤杰和陈信元（2006）就指出预算软约束的存在扭曲了国有企业面临的真实的融资约束，使得其对内部现金流的依赖程度要明显低于非国有企业，并且这种软约束的存在还减弱了它们对竞争的敏感性。由于存在这种对竞争的不敏感，国有企业在面对市场竞争激烈时不会主动行动以提高自身地位，或寻求多种途径增加企业现金流以降低融资约束。

行业内公司的产品市场竞争是中国市场竞争的微观体现，是国家或地区产业结构、经济发展的反映。从研究结果我们可以发现，各行业公司都表现出不同程度的融资约束问题，即融资约束现象在中国产业间普遍存在。尤其对非国有控股公司而言，融资机制不健全、融资渠道不畅导致非国有控股公司对竞争反应敏感，它们会通过声誉机制、多元化经营及商业信用等缓解自身面临的融资约束。

参考文献：

[1] Almeida, H. , Campello, M. and Weisbach, M. S. The Cash Flow Sensitivity of Cash [J]. The Journal of Finance, 2004 (4): 1777 - 1804.

[2] Burkart, M. and Ellingsen, T. In - Kind Finance: A Theory of Trade Credit [J]. The American Economic Review, 2004 (94): 569 - 590.

[3] Cestone, G. Corporate Financing and Product Market Competition: An Overview [R]. CSEF Working Paper, No. 18, 1999.

[4] Faccio, M. Politically Connected Firms [J]. The American Economic Review, 2006 (96): 369 - 386.

[5] Fazzari, S. , Hubbard, R. G. and Petersen, B. Financing Constraints and Corporate Investment [J]. Brooking Papers on Economic Activity, 1988 (1): 141 - 195.

[6] Franck, B. and Pape, N. L. Bankruptcy Risk, Product Market Competition and Horizontal Mergers [R]. TEPP Working Paper, 2010.

[7] Gaspar, J. M. and Massa, M. Idiosyncratic Volatility and Product Market Competition [J]. Journal of Business, 2006 (79): 3125 - 3152.

[8] Goss, A. and Roberts, G. S. The Impact of Corporate Social Responsibility on the Cost of Bank Loans [J]. Journal of Banking and Finance, 2011 (35): 1794 - 1810.

[9] Hendel, I. Competition under Financial Distress [J]. Journal of Industrial Economics, 1996 (44): 309 - 324.

[10] Hou, K. and Robinson, D. T. Industry Concentration and Average Stock Returns [J]. Journal of Finance, 2006 (61): 1927 - 1956.

[11] Kaplan, S. and Zingales, L. Investment - Cash Flow Sensitivities Are Not Useful Measures of Financing Constraints [J]. Quarterly Journal of Economics, 2000 (115): 707 - 712.

[12] Karuna, C. Industry Product Market Competition and Managerial Incentives [J]. Journal of Accounting and Economics, 2007 (43): 275 - 298.

[13] Li, X. The Impacts of Product Market Competition on the Quantity and Quality of Voluntary Disclosures [J]. Review of Accounting Studies, 2010 (15): 663 - 711.

[14] MacKay, P. and Phillips, G. How does Industry Affect Firm Financial Structure? [J]. Review of Financial Studies, 2005 (18): 1433 - 1466.

[15] Petersen, M. A. Estimating Standard Errors in Finance Panel Data Sets: Comparing Approaches [J]. Review of Financial Studies, 2009 (1): 435 - 480.

[16] Pontuch, P. Product Market Concentration, Financing Constraints, and Firms' Business Cycle Sensitivity [R]. Working Paper, 2011.

[17] Povel, P. and Raith, M. Financial Constraints and Product Market Competition: Exante vs. Expost Incentives [J]. International Journal of Industrial Organization, 2004 (22): 917 - 949.

[18] Raith, M. Competition, Risk and Managerial Incentives [J]. American Economic Review, 2003 (93): 1425 - 1436.

[19] Stein, J. C. Agency, Information and Corporate Investment [M] // Handbook of the Economics of Finance. Vol. 1A, Elsevier, North Holland, 2003.

[20] Valta, P. Product Market Competition and Financing Costs [R]. Working paper, 2009.

[21] 方军雄. 政府管制、市场化进程与非国有经济市场份额——来自中国工业企业分行业统计数据的证明 [J]. 产业经济研究, 2011 (4): 17 - 25.

[22] 韩忠雪, 周婷婷. 产品市场竞争、融资约束与公司现金持有: 基于中国制造业上市公司的实证分析 [J]. 南开管理评论, 2011 (4): 149 - 160.

[23] 何贤杰, 肖土盛, 陈信元. 企业社会责任与融资约束 [A]. 中国会计学会 2011 学术年会论文集, 2011.

[24] 赖俊平. 市场竞争程度与中国工业生产率分布变化 [J]. 产业经济研究, 2012 (1): 1 - 8.

[25] 李悦, 赵锐. 资本市场融资条件与产品市场竞争——双重约束下的中国上市公司融资行为研究 [J]. 中央财经大学学报, 2005 (5): 31 - 35.

[26] 王少飞, 孙铮, 张旭. 审计意见、制度环境与融资约束——来自

中国上市公司的实证分析 [J]. 审计研究，2009 (2)：63 –72.

[27] 王希，徐慧玲. 资本结构与产品市场竞争之间的交互作用的研究 [J]. 管理科学，2008 (5)：19 –26.

[28] 张纯，吕伟. 机构投资者、终极产权与融资约束 [J]. 管理世界，2007 (11)：119 –126.

[29] 朱红军，何贤杰，陈信元. 金融发展、预算软约束与企业投资 [J]. 会计研究，2006 (10)：64 –71.

第三章　终极股东特征、公司多元化与融资约束

第一节　引言

公司实施多元化经营有利于形成内部资本市场。理论研究表明，内部资本市场的优势主要在于增强公司融资能力以及通过内部资金调配优化资金与投资项目的配置，减少融资约束对公司带来的负面影响（Lewellen，1971），但目前关于公司多元化缓解融资约束的经验研究却相对较少（Stein，2003）。研究表明，终极股东往往采用特定的股权结构控制上市公司，其中，金字塔股权结构是终极股东通过中间层级公司控制上市公司股权的一种普遍方式（La Porta、Lopez - de - Silanes、Shleifer，1999；Khanna、Yafeh，2007）。通过金字塔股权结构，终极股东往往可以获得超过现金流权的控制权，这种两权分离有可能导致终极股东与中、小股东之间的代理问题。例如，终极股东通过各种方式转移上市公司资金或其他资产，导致公司资金短缺（Johnson等，2000），偿债能力下降。这意味着终极股东带来的严重代理问题会导致公司面临更加严重的融资约束。另外，如果代理问题并不严重，金字塔股权结构有利于强化公司内部资本市场功能，帮助公司克服资本市场摩擦并缓解公司融资约束（Khanna、Palepu，2000）。

与其他新兴市场相似，中国经济体系中金字塔股权结构也成为一种较普遍的股权控制方式。已有研究表明金字塔股权结构对上市公司经营决策

（Fan、Wong、Zhang，2010）、公司治理（Gu、Wang、Xiao，2010）、资本投资（Chen、Xia、Zhu，2010）、公司业绩（Liu、Zheng、Zhu，2010）等方面会产生重要影响。但学者们很少研究考察终极股东控制特征会由于代理问题加剧公司的融资约束还是由于加强内部资本市场功能缓解公司的融资约束。Fan、Wong 和 Zhang（2010）研究表明，随着控制层级的增加，政府对公司的干预减弱，公司自主经营能力的提高有助于改善公司面临的困难。Chen、Xia 和 Zhu（2010）指出，非国有控制的公司由于金字塔股权结构加强内部资本市场功能能够缓解公司融资约束，但随之而来的代理问题有可能阻碍这种作用机制。但以上研究并没有为终极股东控制特征对公司融资约束的影响提供直接的经验证据。

随着中国实体经济和资本市场的快速发展，终极股东对上市公司控制权的控制链层级越来越多，股权结构越来越复杂。然而，这种股权结构是否对公司多元化经营缓解融资约束的作用机制产生影响？对于国有控股和非国有控股等产权性质不同的公司，这种影响是否相同？这些问题仍然没有得到深入研究。因此，本章尝试对以上问题展开分析和实证检验。

本章研究贡献主要表现在以下三个方面：第一，本章贡献于公司多元化与融资约束的相关研究。虽然理论研究表明多元化经营形成的内部资本市场能够有效缓解融资约束问题，但直接的经验证据却并不多见（Stein，2003）。Aivazian、Qiu 和 Rahaman（2010）发现多元化公司比归核化公司享受更有利的信贷契约，利用较低的银行债务成本筹集了更多的资金，但并没有关注公司内部资本市场对融资约束的影响。我们的研究表明公司多元化所形成的内部资本市场在一定条件下可以有效缓解融资约束问题。第二，本文贡献于公司终极股东控制的经济后果研究。国有控制公司与非国有控制公司金字塔股权结构的形成原因和经济后果并不相同（Fan、Wong、Zhang，2010；Chen、Xia、Zhu，2010）。我们发现非国有控制公司在一定终极股东特征下能够加强内部资本市场的职能，有效缓解公司所面临的融资约束问题。第三，本文贡献于融资约束的相关研究。已有研究发现了机构投资者（张纯、吕伟，2007a）、公司信息披露（张纯、吕伟，2007b）、分析师（张纯、吕伟，2009）等方面对中国上市公司融资约束的影响，但很少从终极股东特征和公司多元化方面考察其对公司融资约束的影响。

第二节　文献综述与研究假设

一、文献综述

公司多元化经营有助于形成一个有效的内部资本市场。相对于实施归核化经营的公司而言，实施多元化经营所形成的内部资本市场使公司更加容易筹措资金，这种优势也称为“资金充裕”效应（Stein，2003）。Lewellen（1971）的分析表明，多元化公司可以通过内部调配资金减小公司现金流量的波动水平，这种类似共同保险（Co－insurance）的作用可以有效增强债权人贷款的安全性。因此，多元化公司的借款能力大大加强，公司资金就更加充裕。如果公司外部金融市场并不发达，或者融资成本相对较高时，多元化的公司可以使有限的资金在不同的项目中进行分配，有效缓解融资约束对公司产生的各方面影响（Stein，1997）。Inderst 和 Muller（2003）的模型表明内部资本市场的存在有利于公司与外部投资者之间签订最优融资契约。

虽然理论研究表明公司实施多元化有助于缓解其所面临的融资约束问题，但经验研究给出的证据却并不一致。Berger 和 Ofek（1995）使用美国上市公司 1986～1991 年的数据进行考察，结果表明由于共同保险而导致多元化公司的负债率比归核化公司仅高出 1%。这个结果不具有经济显著性，表明共同保险对提高多元化公司借款能力的作用并不明显。Comment 和 Jarrell（1995）也发现了类似的现象。他们使用美国上市公司 1978～1989 年的数据进行考察，结果并没有发现多元化公司利用内部资本市场调配资金而减少对外部资本市场的交易；而且，多元化公司的借款能力也没有显著增加。这两项研究的经验证据都表明共同保险对提高多元化公司借款能力和缓解融资约束的作用并不明显。

Aivazian、Qiu 和 Rahaman（2010）尝试从公司信贷方面为 Stein

(2003) 提出的资金充裕效应提供直接的经验证据。他们使用美国上市公司 1989 ~ 2008 年的数据进行检验，结果发现多元化公司比归核化公司享受更有利的信贷契约。多元化公司利用较低的银行债务成本筹集了更多的资金。但这些公司接触外部资本市场的频率显著低于归核化公司。Bodnaruk、Massa 和 Zhang (2010) 使用美国公司 1997 ~ 2004 年的数据进行检验，他们使用一个外生的融资约束变量，即公司所在地的债券和银行资金供给，考察多元化折价与融资约束的关系。结果发现融资约束高的公司不得不选择投资回报率高的项目，因此，融资约束与公司价值之间表现出显著的正相关关系。

基于中国资本市场的公司融资约束研究发现，机构投资者的参与（张纯、吕伟，2007a)、公司信息披露水平程度（张纯、吕伟，2007b)、以分析师为代表的市场信息中介（张纯、吕伟，2009）能够降低公司的融资约束。姜付秀（2006）较早实证考察了中国上市公司多元化经营的决定因素，结果表明公司规模较小、国有股比例较低、上市时间较长的公司更倾向于实施多元化经营。欧阳瑞（2010）发现多元化降低了总经理变更的业绩敏感性。袁淳等（2010）以多元化经营对现金持有价值的影响为切入点进行实证考察，结果发现从整体上看，多元化经营对现金持有价值影响并不显著。然而，中国上市公司多元化经营对融资约束的影响还缺乏深入研究。

二、研究假设

与归核化公司相比，多元化公司提供公司内部人员操控更多资金的机会 (Rajan、Servaes、Zingales，2000；Scharfstein、Stein，2000)，从而缓解公司融资约束。然而，这一作用机制很可能受到公司代理问题的影响。早期研究认为公司高管很可能出于机会主义动机从而滥用公司充裕的资金进行过度投资（Jensen，1986)，近期的研究表明终极股东的股权结构特征会对这种作用机制产生重要影响。La Porta、Lopez - de - Silanes、Shleifer (1999) 发现终极股东往往通过复杂的金字塔股权结构控制上市公司。金字塔股权结构会导致终极股东对上市公司的现金流权与控制权相偏离，这种两权偏离会引发终极股东通过各种方式转移上市公司资产，侵占中小股东财富（Johnson 等，2000）。后续研究从不同角度为这一观点提供了经验证据（Bae、Kang、Kim，2002；Bertrand、Mehta、Mullainathan，2002；Joh，2003；Baek、Kang、Lee，2006）。

随着中国实体经济和资本市场的快速发展，无论是国有控股的公司还是非国有控股的公司都普遍存在金字塔股权结构（Liu、Zheng、Zhu，2010）。然而，国有控股公司和非国有控股公司建立金字塔股权结构的约束条件并不相同。对于非国有控股公司，如果公司终极股东的现金流权与控制权没有发生偏离，非国有控股公司的多元化经营所形成的内部资本市场就能够发挥缓解融资约束的作用。然而，当终极股东现金流权与控制权相偏离时，非国有控股公司终极股东转移公司资产（特别是变现能力强的流动资产）的动机和行为很可能会削弱多元化经营缓解公司融资约束的效果（Chen、Xia、Zhu，2010）。基于以上分析，本章提出如下研究假设：

H1a：其他条件不变，当终极股东现金流权与控制权不偏离时，非国有控股公司多元化经营缓解融资约束的作用显著强于国有控股公司。

H1b：其他条件不变，当终极股东现金流权与控制权相偏离时，国有控股公司多元化经营缓解融资约束的作用显著强于非国有控股公司。

中国上市公司终极股东对上市公司控制权的控制链层级越来越多，股权结构越来越复杂。值得注意的是，如果终极股东对公司控制链层级较多，这种复杂的股权结构有助于加强公司内部资本市场缓解融资约束的作用（Almeida、Wolfenzon，2006）。Almeida、Qiu 和 Rahaman（2010）考察了韩国商业集团的股权结构后发现，与直接控制的股权结构相比，层级较多的股权结构更能够缓解公司的融资约束。相对于国有控股公司，非国有控股公司的终极股东更有动机利用控制链层级加强公司内部资本市场缓解融资约束的作用。

在中国经济的市场化改革进程中，控制链层级的增加实际上是政府下放公司经营权的一种体现（Fan、Wong、Zhang，2010；Gu、Wang、Xiao，2010）。陈信元和黄俊（2007）发现政府干预对上市公司多元化经营有重要影响，政府直接控股的上市公司更倾向于实行多元化经营，而且在政府干预经济越严重的地区，这种现象越明显。这意味着当终极股东控制链层级较少时，国有控股公司多元化经营缓解融资约束的作用可能强于非国有控股公司。基于以上分析，本章再提出以下两个研究假设：

H2a：其他条件不变，当终极股东控制链层级较多时，非国有控股公司多元化经营缓解融资约束的作用显著强于国有控股公司。

H2b：其他条件不变，当终极股东控制链层级较少时，国有控股公司多元化经营缓解融资约束的作用显著强于非国有控股公司。

第三节　研究设计

一、研究样本

中国证监会2004年12月13日颁布了《公开发行证券的公司信息披露内容与格式准则第2号（2004年修订）》，要求上市公司以方框图形式披露公司与实际控制人之间的产权和控制关系。为了有效考察上市公司终极股东特征，我们选择2004～2009年作为研究期间，A股市场上所有非金融、保险业上市公司作为初始研究样本。剔除数据不全的观察值后，最后得到观察值为5831个。样本公司的终极股东特征数据是根据年报手工整理得到，财务数据来源于国泰安CSMAR研究数据库。

二、研究变量

1. 终极股东特征变量

手工收集的终极股东股权结构特征数据包括上市公司终极股东的性质、控制权比例、现金流权比例、股权结构层级数据。其中，终极股东性质将国务院控制和国有资产监督管理委员会控制定义为国有控股，将自然人控制人等定义为非国有控股。上市公司终极股东特征变量包括以下3个变量：①终极股东性质变量 SOE，当终极股东为国有控股时取值为 1，否则为 0；②终极股东现金流权与控制权偏离程度变量 CV，表示现金流权与控制权的比率；③股权结构层级变量 Layer，表示终极股东到上市公司之间最长控制链的层级数目，例如，终极股东直接控制上市公司时取值为 1（Fan、Wong、Zhang，2010）。根据 La Porta、Lopez - de - Silanes 和 Shleifer（1999）的研究结果，终极股东现金流权为各级控制人之间控制权比例的乘积，终极股东控制权是终极股东对上市公司直接和间接控制的控制权总和。值得注意的是，我们在根据上市公司年报信息收集终极股东数据时，同时考虑了实际控制人与公司之间的产权和控制关系方框图以及公司前十大股东关联关系和一致行动说明。如果公司年报披露的方框图包含了具有关联关系或一致行动关系的股东，我们按照方框图计算终极股东的现金流权与控制权；如果方框图没有包含具有关联关系或一致行动关系的股东，我们将对方框图进行修正，按照修正后的方框图计算终极股东的现金流权与控制权。

2. 公司多元化变量

公司多元化程度的衡量方式包括公司主营业务收入所涉及的行业数目、赫芬达尔指数（Herfindahl Index）和熵指数（Entropy Index）这 3 个变量（Franco、Urcan、Vasvari，2010；Khanna、Palepu，2000；姜付秀、陆正飞，2006），其定义如下：①行业数目变量 DivN 表示公司主营业务收入的行业个数，取值大于 1 时表明公司实行多元化经营；②为了更好地解释回归结果，赫芬达尔指数变量计算公式为 $HI = 1 - \sum P_i^2$，P_i 为公司各行业主营业务收入占公司各行业主营业务收入总和的比重，HI 取值越大，表明多元化程度越高；③熵指数变量 EI，计算公式为 $EI = \sum P_i \ln(1/P_i)$，EI 取值越大，表明多元化程度越高。

3. 公司融资约束

Fazzari、Hubbard 和 Petersen（1988）首先使用投资与现金流模型考察公司融资约束，但这一模型的有效性存在较大争议（Kaplan、Zingales，2000）。Almeida、Campello 和 Weisbach（2004）认为公司面临的融资约束会直接影响公司的现金持有政策，使用现金与现金流模型考察融资约束更加有效。因此，我们借鉴其方法使用现金与现金流模型考察公司融资约束，相关变量定义如下：①公司现金持有量变动变量 ΔCashH，取公司货币资金与短期投资净额合计数增加量除以公司前一年度的总资产；②公司自由现金流变量 CFO，取经营性现金净流量除以公司前一年度的总资产；③公司规模变量 Size，以当年总资产的自然对数表示，以控制可能存在的规模效应；④公司成长机会变量 Q，取公司总市值除以资产重置成本；⑤短期流动负债变动变量 ΔSTD，取短期流动负债的增加额除以公司前一年度的总资产；⑥营运资本变动变量 ΔNWC，取非现金的营运资本增加量除以公司前一年度的总资产；⑦资本支出变量 CapEx，取样本公司当年资本支出除以公司前一年度的总资产，资本支出为固定资产、在建工程和工程物资三者合计数。

三、研究模型

基于 Almeida、Campello 和 Weisbach（2004）提出的现金与现金流敏感性模型，我们首先加入公司多元化变量及其交互项来考察多元化对公司融资约束的影响，然后再加入终极股东性质变量及其交互项来考察国有控股公司与非国有控股的差异。我们使用公司固定效应和年度固定效应的面板回归方法进行检验。固定效应模型的假定比随机效应模型的假定更加宽松，普遍认为固定效应模型更能提供让人信服的估计结果（Wooldridge，2007）。由于公司决策往往受到公司特定因素的影响，公司固定效应模型能够有效控制不可观测的公司特定因素，减小内生性问题的影响。因此，公司固定效应模型常应用于公司决策的相关经验研究。而且，为了控制时间上可能变化的因素，如宏观经济特征或国家政策的影响，我们也控制了年度固定效应。研究模型如下：

$$\begin{aligned}\Delta CashH = {} & \beta_0 + \beta_1 CFO + \beta_2 Div + \beta_3 SOE + \beta_4 SOE \times CFO + \beta_5 Div \times CFO + \\ & \beta_6 SOE \times Div + \beta_7 SOE \times Div \times CFO + \beta_8 Size + \beta_9 Q + \\ & \beta_{10}\Delta STD + \beta_{11}\Delta NWC + \beta_{12} CapEx + Firm\ Fixed\ Effect + \\ & Year\ Fixed\ Effect + \varepsilon\end{aligned}$$

其中，Div 表示公司多元化程度，分别使用 DivN、HI 和 EI 这 3 个变量来衡量，Firm Fixed Effect 表示公司固定效应，Year Fixed Effect 表示年度固定效应，其他变量定义说明见表 3 – 1。

表 3 – 1　变量定义说明

变量名称	定义说明
SOE	当终极股东为国有时取值为 1；否则为 0
CV	终极股东现金流权与控制权偏离程度，等于现金流权与控制权的比率
Layer	终极股东对上市公司股权控制链层级数
DivN	公司主营业务收入所涉足行业个数，取值大于 1 时，表明公司实行多元化经营
HI	$1-\sum P_i^2$，P_i 为公司各行业主营业务收入占公司各行业主营业务收入总和的比重
EI	$\sum P_i \ln(1/P_i)$，P_i 为公司各行业主营业务收入占公司各行业主营业务收入总和的比重
ΔCashH	公司货币资金和短期投资净额合计数增加额除以公司前一年度的总资产
CFO	公司经营性现金净流量除以公司前一年度的总资产
Size	公司规模，以当年总资产的自然对数表示
Q	公司总市值除以资产重置成本
ΔSTD	公司短期流动负债的增加额除以公司前一年度的总资产
ΔNWC	公司非现金的营运资本增加量除以公司前一年度的总资产
CapEx	公司当年资本支出除以公司前一年度的总资产

第四节　实证结果与分析

一、描述性统计

为了控制极端值对检验结果带来的偏误和影响，所有连续变量在 1% 和 99% 分位数上实施了缩尾处理（Winsorize）。终极股东特征描述性统计结果见表 3 – 2。Panel A 是终极股东性质变量 SOE 的描述性统计，国有控股的观察值为 3524 个，占总样本的 60.44%，非国有控股的观察值为 2307 个，有超过一半的样本公司为国有控股。2004 年这一比例为 66.38%，2009 年这一比例降低为54.82%，表明随着中国市场经济发展，越来越多的非国有控股公司上市交易，国有控股公司所占的比例逐年下降。

Panel B 给出终极股东现金流权与控制权偏离程度变量 CV 的描述性统计。CV 取值为 1 时表示现金流权与控制权不存在背离，样本观察值有 3129 个，占总样本的 53.66%，表明有超过一半的样本公司的终极股东并没有采用金字塔股权结构控制上市公司，其现金流权与控制权不存在偏离。有接近一半的样本公司的终极股东采用金字塔股权结构对上市公司实施控制，其现金流权与控制权出现了不同程度的偏离。

Panel C 给出终极股东控制链层级 Layer 的描述性统计。终极股东控制链层级的变动范围为 1 ~9，总样本层级均值为 2.56。其中，层级为 2 的有 2913 个观察值，占总样本的比例为 49.96%；股权结构层级为 3 的有 1731 个，占总样本的比例为 29.69%。这表明接近 80% 的样本公司的终极股东采用 2 或 3 层的层级对上市公司实施控制。仍然有 395 个样本公司的终极股东直接控制上市公司（层级为 1）。层级超过 5 层的样本公司总数为 79 个，占总样本的比例为 1.35%。

表 3－2　终极股东特征描述性统计

Panel A　终极股东性质变量 SOE 描述性统计

		2004	2005	2006	2007	2008	2009	总计
SOE =1	N	535	564	604	598	592	631	3524
	%	66.38	63.80	62.72	60.16	57.31	54.82	60.44
SOE =0	N	271	320	359	396	441	520	2307
	%	33.62	36.20	37.28	39.84	42.69	45.18	39.56
总计	N	806	884	963	994	1033	1151	5831
	%	100.00	100.00	100.00	100.00	100.00	100.00	100.00

Panel B　终极股东现金流权与控制权偏离程度变量 CV 描述性统计

		2004	2005	2006	2007	2008	2009	总计
0 < CV < 0.2	N	28	25	37	26	21	21	158
	%	3.47	2.83	3.84	2.62	2.03	1.82	2.71

续表

		2004	2005	2006	2007	2008	2009	总计
0.2≤CV<0.4	N	71	80	74	79	82	81	467
	%	8.81	9.05	7.68	7.95	7.94	7.04	8.01
0.4≤CV<0.6	N	102	120	127	125	126	146	746
	%	12.66	13.57	13.19	12.58	12.20	12.68	12.79
0.6≤CV<0.8	N	80	83	105	109	112	122	611
	%	9.93	9.39	10.90	10.97	10.84	10.60	10.48
0.8≤CV<1	N	82	96	106	126	146	164	720
	%	10.17	10.86	11.01	12.68	14.13	14.25	12.35
CV=1	N	443	480	514	529	546	617	3129
	%	54.96	54.30	53.37	53.22	52.86	53.61	53.66
总计	N	806	884	963	994	1033	1151	5831
	%	100	100	100	100	100	100	100

Panel C　终极股东控制链层级变量 Layer 描述性统计

		2004	2005	2006	2007	2008	2009	总计
Layer=1	N	37	48	47	65	85	113	395
	%	4.59	5.43	4.88	6.54	8.23	9.82	6.77
Layer=2	N	414	464	504	497	502	532	2913
	%	51.36	52.49	52.34	50.00	48.60	46.22	49.96
Layer=3	N	251	259	284	297	300	340	1731
	%	31.14	29.30	29.49	29.88	29.04	29.54	29.69
Layer=4	N	69	74	89	95	98	114	539
	%	8.56	8.37	9.24	9.56	9.49	9.90	9.24
Layer=5	N	24	28	26	26	34	36	174
	%	2.98	3.17	2.70	2.62	3.29	3.13	2.98
Layer=6	N	10	9	9	8	8	10	54
	%	1.24	1.02	0.93	0.80	0.77	0.87	0.93
Layer=7	N	1	2	3	4	2	1	13
	%	0.12	0.23	0.31	0.40	0.19	0.09	0.22
Layer=8	N	0	0	1	2	4	2	9

续表

		2004	2005	2006	2007	2008	2009	总计
	%	0.00	0.00	0.10	0.20	0.39	0.17	0.15
Layer = 9	N	0	0	0	0	0	3	3
	%	0.00	0.00	0.00	0.00	0.00	0.26	0.05
总计	N	806	884	963	994	1033	1151	5831
	%	100	100	100	100	100	100	100
均值		2.58	2.55	2.57	2.57	2.56	2.56	2.56

表 3-3 给出了公司多元化变量的描述性统计。Panel A 为主营业务收入涉及行业数目变量 DivN 的描述性统计。DivN 取值为 1 表示实施归核化经营，样本公司有 506 个，占总样本的 8.68%，表明只有不到 10% 的样本公司没有实施多元化经营。样本公司主营业务收入涉及行业数目为 2、3、4、5 和 5 以上占总样本的比例分别为 17.70%、19.48%、18.80%、12.79% 和 22.55%。Panel B 为赫芬达尔指数变量 HI 的描述性统计。HI 取值为 0 时表示实施归核化经营，HI 取值大于 0 时表示实施多元化经营。其中，HI 为 0.5～0.75 的样本最多，为 2231 个，占总样本的 38.26%。Panel C 为熵指数变量 EI 的描述性统计。EI 取值为 0 时表示实施归核化经营。EI 取值大于 1 时表示实施多元化经营，其中，EI 为 0.5～1 的样本最多，为 2012 个，占总样本的 34.51%。

表 3-3　公司多元化描述性统计

Panel A　主营业务收入涉及行业数目变量 DivN 描述性统计

		2004	2005	2006	2007	2008	2009	总计
DivN = 1	N	76	76	141	51	69	93	506
	%	9.43	8.60	14.64	5.13	6.68	8.08	8.68
DivN = 2	N	149	162	190	149	184	198	1032
	%	18.49	18.33	19.73	14.99	17.81	17.20	17.70
DivN = 3	N	162	203	210	143	178	240	1136
	%	20.10	22.96	21.81	14.39	17.23	20.85	19.48
DivN = 4	N	159	163	149	175	212	238	1096
	%	19.73	18.44	15.47	17.61	20.52	20.68	18.80

续表

		2004	2005	2006	2007	2008	2009	总计
DivN = 5	N	100	104	99	154	135	154	746
	%	12.41	11.76	10.28	15.49	13.07	13.38	12.79
DivN≥6	N	160	176	174	322	255	228	1315
	%	19.85	19.91	18.07	32.39	24.69	19.81	22.55
总计	N	806	884	963	994	1033	1151	5831
	%	100	100	100	100	100	100	100

Panel B　赫芬达尔指数变量 HI 描述性统计

		2004	2005	2006	2007	2008	2009	总计
HI = 0	N	76	76	141	51	69	93	506
	%	9.43	8.60	14.64	5.13	6.68	8.08	8.68
0 < HI≤0.25	N	194	234	264	114	199	239	1244
	%	24.07	26.47	27.41	11.47	19.26	20.76	21.33
0.25 < HI ≤0.5	N	244	253	233	199	261	352	1542
	%	30.27	28.62	24.20	20.02	25.27	30.58	26.44
0.5 < HI ≤0.75	N	261	290	287	514	448	431	2231
	%	32.38	32.81	29.80	51.71	43.37	37.45	38.26
0.75 < HI ≤1	N	31	31	38	116	56	36	308
	%	3.85	3.51	3.95	11.67	5.42	3.13	5.28
总计	N	806	884	963	994	1033	1151	5831
	%	100	100	100	100	100	100	100

Panel C　熵指数变量 EI 描述性统计

		2004	2005	2006	2007	2008	2009	总计
EI = 0	N	76	76	141	51	69	93	506
	%	9.43	8.60	14.64	5.13	6.68	8.08	8.68
0 < EI ≤0.5	N	210	244	279	123	224	258	1338
	%	26.05	27.60	28.97	12.37	21.68	22.42	22.95
0.5 < EI ≤1	N	290	314	303	310	352	443	2012
	%	35.98	35.52	31.46	31.19	34.08	38.49	34.51

续表

		2004	2005	2006	2007	2008	2009	总计
1 < EI ≤1.5	N	183	205	187	357	309	306	1547
	%	22.70	23.19	19.42	35.92	29.91	26.59	26.53
EI >1.5	N	47	45	53	153	79	51	428
	%	5.83	5.09	5.50	15.39	7.65	4.43	7.34
总计	N	806	884	963	994	1033	1151	5831
	%	100	100	100	100	100	100	100

表3-4给出了融资约束的描述性统计。现金持有量变动变量ΔCashH均值为0.018，公司自由现金流变量CFO均值为0.062，该结果与张纯和吕伟(2007a)的结果基本一致。公司规模变量Size的均值为21.4，公司成长机会变量Q的均值为1.725，短期流动负债变动变量ΔSTD的均值为0.015，营运资本变动变量ΔNWC的均值为-0.01，资本支出变量CapEx的均值为0.394。

表3-4　融资约束描述性统计

	均值	标准差	最小值	25%	中位数	75%	最大值
ΔCashH	0.018	0.104	-0.225	-0.031	0.005	0.051	0.509
CFO	0.062	0.099	-0.252	0.011	0.056	0.111	0.389
Size	21.400	1.093	18.951	20.658	21.307	22.016	24.802
Q	1.725	1.037	0.932	1.113	1.346	1.903	7.184
ΔSTD	0.015	0.092	-0.268	-0.027	0.001	0.052	0.345
ΔNWC	-0.010	0.146	-0.451	-0.079	-0.007	0.054	0.637
CapEx	0.394	0.254	0.005	0.209	0.349	0.547	1.243

二、回归分析

前述分析表明终极股东现金流权与控制权是否偏离，很可能对公司多元化经营缓解融资约束的效果带来不同影响。我们设置一个虚拟变量CVD，当CV等于1时取值为0，表示现金流权与控制权没有偏离；当CV小于1时取值为1，表示现金流权与控制权存在偏离。通过虚拟变量CVD，可以把研究样本按照现金流权与控制权的偏离程度分为现金流权与控制权无偏离组和偏离组，然后通过在模型中设置交互项考察公司多元化经营缓解公司融资约束的作用在非国有控股公司和国有控股公司是否存在显著差异。

表3-5给出了按照终极股东现金流权与控制权是否偏离分组下多元化对融资约束的回归结果。分别使用变量DivN、HI和EI衡量公司多元化经营程度。当现金流权与控制权不存在偏离时，模型（1）、模型（2）和模型（3）中交互项Div×CFO的系数分别为-0.407、-0.291和-0.265，t值分别为-4.41、-3.51和-3.18，都在1%的显著性水平下显著；交互项SOE×Div×CFO的系数分别为0.457、0.243和0.307，t值分别为3.94、2.36和2.97，都在5%的水平下正显著，研究假设H1a得到了支持的证据。这表明当终极股东现金流权与控制权不偏离时，非国有控股公司多元化经营缓解融资约束的作用明显，显著强于国有控股公司。由于现金流权与控制权没有偏离，代理问题阻碍多元化缓解融资约束的负效应减弱，公司多元化经营所产生的内部资本市场缓解融资约束的作用就显现出来。

表3-5　按照现金流权与控制权是否偏离分组下多元化对融资约束的回归结果

	被解释变量：ΔCashH					
	CVD = 0			CVD = 1		
	Div = DivN	Div = HI	Div = EI	Div = DivN	Div = HI	Div = EI
	(1)	(2)	(3)	(4)	(5)	(6)
CFO	0.655***	0.639***	0.636***	0.329***	0.369***	0.342***
	(12.33)	(11.41)	(11.20)	(8.63)	(8.89)	(8.47)
Div	0.045***	0.018	0.028**	-0.007	-0.001	0.005
	(3.79)	(1.64)	(2.50)	(-0.90)	(-0.09)	(0.66)
SOE	-0.042**	-0.050**	-0.043**	-0.011	-0.010	-0.008
	(-2.01)	(-2.34)	(-2.00)	(-0.79)	(-0.72)	(-0.55)
SOE×CFO	-0.177***	-0.131*	-0.169**	0.131**	0.075	0.110*
	(-2.82)	(-1.93)	(-2.44)	(2.21)	(1.16)	(1.71)
Div×CFO	-0.407***	-0.291***	-0.265***	0.054	-0.058	0.007

续表

	被解释变量：ΔCashH					
	CVD = 0			CVD = 1		
	Div = DivN	Div = HI	Div = EI	Div = DivN	Div = HI	Div = EI
	(1)	(2)	(3)	(4)	(5)	(6)
	(-4.41)	(-3.51)	(-3.18)	(0.78)	(-0.96)	(0.11)
SOE × Div	-0.049***	-0.018	-0.036***	0.004	0.001	-0.006
	(-3.53)	(-1.39)	(-2.77)	(0.32)	(0.08)	(-0.49)
SOE × Div × CFO	0.457**	0.243**	0.307**	-0.062	0.106	0.011
	(3.94)	(2.36)	(2.97)	(-0.54)	(1.05)	(0.11)
Size	0.065***	0.065***	0.065***	0.059***	0.059***	0.058***
	(9.78)	(9.67)	(9.72)	(8.22)	(8.26)	(8.14)
Q	0.006*	0.006*	0.006*	0.007**	0.008**	0.007**
	(1.84)	(1.85)	(1.84)	(2.29)	(2.36)	(2.25)
ΔSTD	0.226***	0.224***	0.222***	0.204***	0.205***	0.206***
	(8.62)	(8.55)	(8.44)	(7.44)	(7.46)	(7.47)
ΔNWC	0.016	0.012	0.011	-0.026*	-0.026	-0.026
	(0.95)	(0.72)	(0.67)	(-1.65)	(-1.61)	(-1.64)
CapEx	-0.157***	-0.156***	-0.156***	-0.069**	-0.069**	-0.069**
	(-5.04)	(-5.00)	(-5.00)	(-1.97)	(-1.97)	(-1.97)
截距	-1.392***	-1.371***	-1.382***	-1.287***	-1.295***	-1.277***
	(-9.69)	(-9.53)	(-9.60)	(-8.42)	(-8.48)	(-8.37)
年度	控制	控制	控制	控制	控制	控制
公司	控制	控制	控制	控制	控制	控制
N	3129	3129	3129	2702	2702	2702
Adj. R^2	0.247	0.243	0.243	0.229	0.229	0.229
F	49.348	48.522	48.447	33.854	33.897	33.818

注：所有回归都使用异方差调整和公司聚类（Cluster）调整得到稳健性标准误，括号内给出调整后的 t 值。*、**、***分别表示在 10%、5%、1% 的显著性水平下显著（双尾检验）。

当现金流权与控制权存在偏离时，模型（4）、模型（5）和模型（6）中交互项Div × CFO 的系数分别为 0.054、-0.058 和 0.007，t 值分别为 0.78、-0.96 和 0.11，均不具有统计显著性；交互项 SOE × Div × CFO 的系数分别

为 -0.062、0.106 和 0.011，t 值分别为 -0.54、1.05 和 0.11，均不具有统计显著性。研究假设 H1b 没有得到验证。这表明当终极股东现金流权与控制权相偏离时，非国有控股公司加强内部资本市场促进公司多元化缓解融资约束的正效应没有超过由于代理问题阻碍多元化缓解融资约束的负效应，公司多元化缓解融资约束的作用并不明显，与国有控股公司相比也没有显著差异。

前述分析表明终极股东对上市公司控制链层级也会对公司多元化经营缓解融资约束的效果带来影响。我们设置一个虚拟变量 LayerD，当层级超过 2 时取值为 1，否则取值为 0。通过虚拟变量 LayerD，可以把研究样本分为层级较多和层级较少的两组。

表 3-6 给出了按照终极股东控制链层级多少分组下多元化对融资约束的回归结果。当终极股东控制链层级较多时，模型（1）、模型（2）和模型（3）交互项 Div × CFO 的系数分别为 -0.027、-0.234 和 -0.164，t 值分别为 -0.28、-2.91 和 -1.95。其中，第 1 个交互项不显著，后 2 个交互项具有显著性。模型 1、模型 2 和模型 3 交互项 SOE × Div × CFO 的系数分别为 0.143、0.305 和 0.310，t 值分别为 1.14、2.88 和 2.84。其中，第一个交互项不显著，后两个交互项均在 1% 的显著性水平下显著。这个结果表明研究假设 H2a 基本得到支持。当终极股东控制层级较多时，非国有控股公司中内部资本市场的功能加强，能够有效缓解融资约束，显著强于国有控股公司。

表 3-6 按照控制层级多少分组下多元化对融资约束的回归结果

	被解释变量：ΔCashH					
	LayerD = 1			LayerD = 0		
	Div = DivN	Div = HI	Div = EI	Div = DivN	Div = HI	Div = EI
	(1)	(2)	(3)	(4)	(5)	(6)
CFO	0.455***	0.531***	0.498***	0.413***	0.418***	0.400***
	(9.76)	(10.55)	(10.33)	(10.39)	(9.84)	(9.22)
Div	-0.011	0.004	0.015	0.013	0.003	0.006
	(-0.99)	(0.44)	(1.52)	(1.54)	(0.45)	(0.78)
SOE	0.006	0.011	0.015	-0.015	-0.018	-0.016
	(0.41)	(0.69)	(0.97)	(-0.90)	(-1.06)	(-0.94)

续表

	被解释变量：ΔCashH					
	LayerD = 1			LayerD = 0		
	Div = DivN	Div = HI	Div = EI	Div = DivN	Div = HI	Div = EI
	(1)	(2)	(3)	(4)	(5)	(6)
SOE × CFO	0.025	-0.039	-0.041	0.041	0.063	0.080
	(0.41)	(-0.59)	(-0.65)	(0.76)	(1.04)	(1.30)
Div × CFO	-0.027	-0.234***	-0.164*	-0.058	-0.059	-0.016
	(-0.28)	(-2.91)	(-1.95)	(-0.86)	(-0.97)	(-0.26)
SOE × Div	0.011	-0.004	-0.019	-0.014	-0.002	-0.007
	(0.81)	(-0.35)	(-1.55)	(-1.21)	(-0.20)	(-0.69)
SOE × Div × CFO	0.143	0.305***	0.310***	-0.004	-0.041	-0.078
	(1.14)	(2.88)	(2.84)	(-0.04)	(-0.46)	(-0.86)
Size	0.062***	0.062***	0.061***	0.067***	0.067***	0.067***
	(8.09)	(8.11)	(7.99)	(10.24)	(10.26)	(10.23)
Q	0.007*	0.007**	0.007*	0.009***	0.009***	0.009***
	(1.90)	(1.98)	(1.91)	(3.15)	(3.15)	(3.08)
ΔSTD	0.247***	0.252***	0.251***	0.202***	0.200***	0.201***
	(8.67)	(8.86)	(8.82)	(8.06)	(8.01)	(8.04)
ΔNWC	-0.003	-0.002	-0.001	-0.018	-0.018	-0.018
	(-0.18)	(-0.13)	(-0.09)	(-1.12)	(-1.13)	(-1.15)
CapEx	-0.139***	-0.144***	-0.140***	-0.151***	-0.148***	-0.149***
	(-3.80)	(-3.94)	(-3.83)	(-5.09)	(-4.98)	(-5.02)
截距	-1.348***	-1.354***	-1.338***	-1.439***	-1.437***	-1.434***
	(-8.29)	(-8.34)	(-8.24)	(-10.41)	(-10.41)	(-10.39)
年度	控制	控制	控制	控制	控制	控制
公司	控制	控制	控制	控制	控制	控制
N	2523	2523	2523	3308	3308	3308
Adj. R^2	0.249	0.251	0.251	0.248	0.248	0.248
F	37.696	38.077	38.016	43.167	43.175	43.175

注：所有回归都使用异方差调整和公司聚类（Cluster）调整得到稳健性标准误，括号内给出调整后的t值。*、**、***分别表示在10%、5%、1%的显著性水平下显著（双尾检验）。

当终极股东控制层级较少时，模型（4）、模型（5）和模型（6）中交互项 Div × CFO 的系数分别为 -0.058、-0.059 和 -0.016，t 值分别为 -0.86、-0.97 和 -0.26，不具有统计显著性；交互项 SOE × Div × CFO 的系数分别为 -0.004、-0.041 和 -0.078，t 值分别为 -0.04、-0.46 和 -0.86，也不具有统计显著性。研究假设 H2b 没有得到支持。

第五节　本章小结

公司实施多元化经营有利于形成内部资本市场。内部资本市场的优势在于能够缓解融资约束对公司带来的负面影响（Lewellen，1971；Stein，2003）。虽然理论研究表明公司多元化经营形成的内部资本市场能够有效缓解融资约束问题，但直接的经验证据却并不多见（Stein，2003）。特别是，很少有学者结合终极股东对上市公司股权控制特征考察公司多元化对融资约束的影响。

随着中国实体经济和资本市场的快速发展，终极股东对上市公司股权控制特征也发生了变化，例如，Liu、Zheng 和 Zhu（2010）发现无论是国有控股的公司还是非国有控股的公司都普遍存在金字塔股权结构。本章从终极股东现金流权与控制权是否偏离以及终极股东控制链层级多少两个方面分析了对公司多元化作用于融资约束的影响。

本章以 2004 ~2009 年中国上市公司为研究样本，分别使用公司主营业务收入所涉及的行业数目、赫芬达尔指数和熵指数这 3 个变量衡量公司多元化程度，结合终极股东对上市公司股权控制特征实证考察非国有控股公司与国有控股公司多元化经营战略缓解公司融资约束的作用是否存在显著差异。研究结果表明，当终极股东现金流权与控制权不偏离，或者当终极股东控制链层级较多时，非国有控股公司多元化缓解融资约束的作用显著强于国有控股公司。然而，当终极股东现金流权与控制权偏离，或者当终极股东控制链层级较少时，国有控股公司多元化缓解融资约束的作用并没有显著强于非国有控股公司。

参考文献：

[1] Aivazian, V., Qiu, J. and Rahaman, M. Corporate Diversification and the 'More - Money' Effect [R]. Working paper, 2010.

[2] Almeida, H., Campello, M. and Weisbach, M. S. The Cash Flow Sensitivity of Cash [J]. The Journal of Finance, 2004 (59): 1777 - 1804.

[3] Almeida, H., Park, S. Y., Subrahmanyam, M. G. and Wolfenzon, D. The Structure and Formation of Business Groups: Evidence from Korean Chaebols [R]. Working paper, 2010.

[4] Almeida, H. and Wolfenzon, D. A Theory of Pyramidal Ownership and Family Business Group [J]. The Journal of Finance, 2006 (61): 2637 - 2680.

[5] Bae, K. H., Kang J. and Kim, J. Tunneling or Value Added? Evidence from Mergers by Korean Business Groups [J]. Journal of Finance, 2002 (57): 2695 - 2740.

[6] Baek, J., Kang J. and Lee, I. Business Groups and Tunneling: Evidence from Private Securities Offerings by Korean Chaebols [J]. Journal of Finance, 2006 (61): 2415 - 2449.

[7] Berger, P. and Ofek, E. Diversification's Effect on Firm Value [J]. Journal of Financial Economics, 1995 (37): 39 - 65.

[8] Bertrand, M., Mehta, P. and Mullainathan, S. Ferreting out Tunneling: An Application to Indian Business Groups [J]. Quarterly Journal of Economics, 2002 (117): 121 - 148.

[9] Bodnaruk, A., Massa, M. and Zhang, L. Conglomerate Discount and Financial Constraints: A Novel View to an Old Puzzle [R]. Working paper, 2010.

[10] Chen, C., Xia, D. and Zhu, S. Corporate Pyramid, Capital Investment and Firm Performance [R]. Working paper, 2010.

[11] Comment, R. and Jarrell, G. A. Corporate Focus and Stock Returns [J]. Journal of Financial Economics, 1995 (37): 67 - 87.

[12] Fan, J. P. H., Wong, T. J. and Zhang, T. Institutions and Organizational Structure: The Case of State - Owned Corporate Pyramids [R]. Working paper, 2010.

[13] Fazzari, S., Hubbard, R. G. and Petersen, B. Financing Constraints and Corporate Investment [J]. Brooking Papers on Economic Activity, 1988 (1): 141 - 195.

[14] Franco, F., Urcan, O. and Vasvari, F. P. The Value of Corporate Diversification: A Debt Market Perspective [R]. Working paper, 2010.

[15] Gu, Z., Wang, K. and Xiao, X. Government Control and Executive Compensation: Evidence from China [R]. Working paper, 2010.

[16] Inderst, R. and Mueller, H. The Effect of Capital Market Characteristics on the Value of Start - up Firms [J]. Journal of Financial Economics, 2003 (72): 319 - 356.

[17] Jensen, M. C. Agency Costs of Free Cash Flow, Corporate Finance and Takeovers [J]. American Economic Review, 1986 (76): 323 - 329.

[18] Joh, S. W. Corporate Governance and Firm Profitability: Evidence from Korea before the Economic Crisis [J]. Journal of Financial Economics, 2003 (68): 287 - 322.

[19] Johnson, S., La Porta, R., Lopez - de - Silanes, F. and Shleifer, A. Tunneling [J]. American Economic Review, 2000 (90): 22 - 27.

[20] Kaplan, S. and Zingales, L. Investment - cash Flow Sensitivities are not Useful Measures of Financing Constraints [J]. Quarterly Journal of Economics, 2000 (115): 707 - 712.

[21] Khanna, T. and Palepu, K. Is Group Affiliation Profitable in Emerging Markets? An Analysis of Diversified Indian Business Groups [J]. Journal of Finance, 2000 (55): 867 - 891.

[22] Khanna, T. and Yafeh, Y. Business Groups in Emerging Markets: Paragons or Parasites? [J]. Journal of Economic Literature, 2007 (45): 331 - 372.

[23] La Porta, R., Lopez - de - Silanes, F. and Shleifer, A. Corporate

Ownership around the World [J]. Journal of Finance, 1999 (54): 417 -518.

[24] Lewellen, W. A Pure Financial Rationale for the Conglomerate Merger [J]. Journal of Finance, 1971 (26): 521 -537.

[25] Liu, Q., Zheng, Y. and Zhu, Y. On the Chinese Pyramids: A Dichotomy of Causes, Evolution and Consequences [R]. Working paper, 2010.

[26] Rajan, R., Servaes, H. and Zingales, L. The Cost of Diversity: The Diversification Discount and Inefficient Investment [J]. Journal of Finance, 2000 (55): 35 -80.

[27] Scharfstein, D. S. and Stein, J. C. The Dark Side of Internal Capital Markets: Divisional Rent - seeking and Inefficient Investment [J]. Journal of Finance, 2000 (55): 2537 -2564.

[28] Stein, J. C. International Capital Markets and the Competition for Corporate Resources [J]. Journal of Finance, 1997 (52): 33 -111.

[29] Stein, J. C. Agency, Information and Corporate Investment [A] // Handbook of the Economics of Finance. Vol. 1A, Edited by G. M. Constantinides, M. Harris and R. Stulz, Elsevier, North Holland, 2003.

[30] Wooldridge, J. Econometric Analysis of Cross Section and Panel Data [M]. Cambridge, MA: MIT Press, 2007.

[31] 陈信元，黄俊．政府干预、多元化经营与公司业绩［J］．管理世界，2007 (1): 92 -97.

[32] 姜付秀．我国上市公司多元化经营的决策因素研究［J］．管理世界，2006 (5): 128 -135.

[33] 姜付秀，陆正飞．多元化与资本成本的关系：来自中国股票市场的证据［J］．会计研究，2006 (6): 48 -55.

[34] 欧阳瑞．多元化、公司业绩与总经理变更［J］．管理科学，2010 (23): 44 -51.

[35] 袁淳，刘思淼，陈玥．大股东控制、多元化经营与现金持有价值［J］．中国工业经济，2010 (4): 141 -150.

[36] 张纯，吕伟．机构投资者、终极产权与融资约束［J］．管理世界，

2007a (11): 119 - 126.

[37] 张纯，吕伟．信息披露、市场关注与融资约束［J］．会计研究，2007b (11): 32 - 38.

[38] 张纯，吕伟．信息环境、融资约束与现金股利［J］．金融研究，2009 (7): 81 - 94.

第四章 终极股东特征、集团资金往来与投资效率

第一节 引言

企业集团在社会经济发展过程中起着重要作用。理论研究表明，企业集团的内部资本市场能够有效克服外部资本市场的不完全性，通过内部资本市场配置资源，提高内部成员公司的资金使用效率。Stein（1997）认为集团公司利用信息优势把集团资金分配给投资机会最好的成员公司，即所谓的“优胜者选拔”（Winner - picking）。实务中企业集团不断探索和改善内部资金管理模式，试图提高内部资本市场配置资金的效率。例如，新闻媒体报道青岛海尔集团专门成立财务公司管理企业集团 500 多家公司的 1500 多个账户，集团内所有成员公司的资金都会在 24 小时内归集到总账户内，集团公司再按照成员公司的具体情况集中配置资金。

然而，理论研究表明，集团公司与成员公司之间存在的信息不对称性往往会阻碍企业集团内部资本市场配置资源作用的发挥。基于代理理论的研究发现企业集团内部资本市场很可能为集团公司或成员公司谋取私人收益提供机会。一方面，成员公司为了获取更多的内部资源，很可能不愿意进行详细的信息披露（Biddle、Hilary、Verdi，2009）；另一方面，集团公司有可能通过内部资本市场掏空成员公司资源（Rajan、Servaes、Zingales，2000），而不是使用内部资本市场给成员公司配置资源。由此可见，对于集团内部资金配

置的效率并没有形成一致的意见。

集团内部市场效率研究领域的一个难点是如何衡量内部资金配置的效率。如果集团内部资本市场是有效的，那么集团应该根据每个投资项目的具体信息对备选投资项目进行筛选，把内部闲置资金优先投到最有价值的项目上。由于研究者往往难以获取集团内部不同项目的具体信息，因此无法直接评价集团在内部资金配置的过程中是否把资金分配给最优的投资项目。在配置内部资金的过程中，集团不仅可以掌握备选投资项目的相关信息，用以对备选项目的优劣进行排序，还掌握了在投项目的相关信息，用以评价该项目的投资效率。一旦集团发现成员公司存在过度投资现象，就会把该成员公司的闲置资金转移出来，这不仅可以减缓该成员公司的过度投资，还可以为其他高质量投资项目提供可分配的资金。这意味着如果集团内部资金的转移能够有效缓解成员公司的过度投资行为，就可为集团内部资本市场配置资源的效率提供证据。

由于中国企业集团主要通过关联交易对内部资源进行配置，其中关联资金流动是内部资源配置的主要方式。已有研究发现真实的关联交易包含两个部分：一部分是由于集团内部正常业务往来所产生；另一部分则是由于集团为实现特定目标而产生（Jian、Wong，2010）。为了考察集团内部资本市场的资源配置效率，本章首先利用关联交易中的关联应收项目和关联应付项目计算出公司关联资金流出净额，再计算出正常关联资金流出净额与非正常关联资金流出净额。在检验中我们首先考察全部样本公司的关联资金流出对投资过度的影响，考察非正常的关联资金流出是否有利于集团公司“淘汰”过度投资的项目。接着引入终极股东特征进行分析，分别在公司股权性质、融资约束程度以及产品市场竞争程度不同的情况下考察终极股东现金流权对关联资金流出缓解过度投资带来的影响。

通过对中国上市公司2004～2011年的数据进行考察，研究结果表明非正常关联资金流出能够显著缓解上市公司的投资过度现象，进一步分析发现终极股东现金流权越大，非正常关联资金流出对公司过度投资的缓解作用更显著。考虑到内生性问题对本章研究结果可能带来的影响，我们采用工具变量回归方法以及控制上一期投资额的方法以消除内生性问题的干扰，检验结果并没有显著变化。此外，本章按照公司股权性质、融资约束程度以及产品市场竞争程度进行分组考察的结果显示，国有控股公司、融资约束较高的公司、产品市场竞争较低的公司中，终极股东现金流权能够显著增强非正常关联资金流出对过度投资的削弱效应。最后，本章重新构建主要解释变量和被解释变量，并对主要问题重新进行测试，稳健性测试结果与正文回归结果基本一致，表明本章结论具有一定的稳健性。

本章研究贡献主要表现在以下四个方面：第一，本章贡献于集团内部资源配置的有关研究。Hovakimian（2009）考察了在融资约束情况下，集团通过“优胜者选拔”将资金分配给好的投资项目。关联资金是公司配置资金主要方式之一，如果内部关联资金流出能够显著抑制上市公司的过度投资，说明集团将会把资金从低效率的项目转移走，反面支持了“优胜者选拔”理论。第二，本章贡献于投资效率的有关研究。过度投资是一种非效率投资，已有研究表明董事会结构（Goldman，2012）、会计稳健性以及良好的投资者保护等能够降低上市公司的过度投资。本章基于集团的内部资源配置角度，发现积极的内部资金配置也可以缓解公司的过度投资。第三，本章贡献于关联资金的相关研究。现有研究只考察了真实关联资金，而且认为关联方占用上市公司资金是一种掏空行为（姜国华、岳衡，2005；黎来芳、王化成、张伟华，2008），本章采用 Jian 和 Wong（2010）模型分离出正常和非正常的关联资金流出，考察非正常关联资金流出对公司投资效率的影响。第四，本章贡献于终极股东的相关研究。我们发现终极股东现金流权越大，关联资金流出对过度投资的抑制作用越大。这意味着公司终极股东与上市公司利益协同度越高，越注重公司的投资效率，从而通过增加非正常关联资金流出以降低公司过度投资行为。

第二节 文献综述与研究假设

一、集团内部资本市场效率

已有研究表明，企业集团通过内部资本市场可以帮助成员公司获取更多资金（Stein，2003；Inderst、Muller，2003），进而帮助其顺利实施投资行为。例如，通过研究韩国大企业集团在金融危机时期的表现，Almeida 和 Kim（2012）发现企业集团利用内部资本市场有效缓解了亚洲金融危机对公司投资的负面影响。

然而，关于集团配置资源的效率却存在较大争议。一方面，由于企业集团较外部投资者而言具有信息优势，能够方便地获取各个成员公司的信息，通过对集团内部现有的投资机会进行高低排序，即进行所谓的“优胜者选拔”（Winner – Picking）将有限的资源分配到最有益的项目，进而能够提高资源配置效率（Gertner 等，1994；Stein，1997）。Hovakimian（2009）研究发现在融资约束条件下，集团会对投资项目进行排序，将资金分配给好的项目，实现更高的资源配置效率。Agarwal 等（2011）发现集团在一些具有长期重大影响的项目上，存在资源的有效分配，能够提高公司价值。另一方面，也有研究认为内部资本市场上的资源配置是无效的。Scharfstein 和 Stein（2000）通过建立模型表明部门高管的寻租行为严重影响了内部资源分配。由于寻租行为，资源会更多地流向较强势的部门。另外，当强势的部门间存在分歧和 CEO 激励不足时，还会存在“平均分配”资源的非效率配置。Matsusaka 和 Nanda（2002）认为由于集团公司可以在成员公司中转移资金，当集团中代理问题或信息不对称较严重时，存在高管利用内部资源进行过度投资的现象。

集团内部资源配置效率的相关经验研究得到不一致证据的一个主要原因在于内部资本市场的效率难以直接观察。已有研究通过公司价值（Huang、Tang、Zhou，2012）、投资机会托宾 Q（Hovakimian，2009）等指标来代替内部资源配置效率，但这些衡量方法并不能体现资源从低收益的部门流动到高收益的部门，即“优胜者选拔”这一资源配置的本质。笔者认为考察集团内部资金流动与投资效率的关系有利于解决这一难题。如果集团内部资源配置是有效的，那么集团会将资金从投资过度的成员公司流出，即将过度的项目进行“淘汰”，进而为“优胜者选拔”理论提供支持。

中国资本市场为研究集团内部资源配置提供了天然条件，这是因为：第一，中国资本市场具有新兴性和转型性，企业集团面临较大的外部资本市场摩擦，因而更倾向于利用内部资本市场实现资源的有效配置。第二，中国资本市场的上市公司大多是集团公司剥离上市，母公司与上市公司形成集团化的经营模式，并通过关联交易进行内部资源分配，其中关联资金是内部资金配置的主要方式之一。例如，马金城和王磊（2009）以复兴集团为例，研究发现集团控制人往往通过关联交易将一个成员公司的资源转移到另一个成员公司，实现资源在系族内的调配。由于中国所有上市公司都被要求详细披露所发生的关联资金往来，我们可以方便地获取集团资源配置的数据进行分析。

基于本章的研究问题，如果集团内部资源配置是有效的，那么集团会将资金从投资过度的成员公司流出，那么，集团会将上市公司多余的资金通过关联资金流出转移走。这样部门高管就没有机会随意将资金分配到对自己有利而损害公司价值的项目上，减少了代理问题。尤其当内部资金无法满足所需的全部资本时，可以激励集团高管对可选择的项目进行排序，优先对高收益的项目进行投资，淘汰净现值为负或过度投资的项目。基于以上分析，我们预期上市公司关联资金流出是集团内部资金配置的方式之一，集团会将资金从投资过度的成员公司流出，淘汰公司过度投资的项目。为此，本章提出如下假设：

H1：其他条件不变，公司关联资金流出越多，其过度投资程度越低。

二、终极股东特征的影响

较高的股权集中度能够缓解控股股东与其他投资者之间的代理问题，使得大股东具有较强的动机提升上市公司价值（Shleifer、Vishny，1986）。Bertrand、Mehta 和 Smith（2002）发现随着终极股东的现金流权增加，终极股东转移资源的行为逐渐减少。Lin 等（2011）将 22 个国家 1996～2008 年 3468 个公司作为研究样本，考察发现随着终极股东现金流权的增加，公司的贷款成本相应减小。这说明当终极股东与上市公司的利益趋同时，债权人认为终极股东侵占上市公司利益的可能性较小，因此要求更低水平的资产回报。基于中国资本市场的研究发现，终极股东现金流权会增加基于降低内部交易成本而进行的正常的关联交易（Chen、Wang、Li，2012）。窦炜和刘星（2009）

发现在大股东绝对控股的条件下，中国上市公司的过度投资行为会随着大股东持股比例的增加而不断缓解。因此，我们预期终极股东的现金流权越大，终极股东与上市公司利益越趋同，此时控股股东更愿意对现有投资项目进行挑选，对过度的投资项目进行“淘汰”，将上市公司资金转移到其他成员公司以提高内部资源配置水平。综上，本章提出如下的研究假设：

H2：其他条件不变，终极股东现金流权越高，关联资金流出缓解过度投资的程度越大。

第三节　研究设计

一、研究变量

1. 终极控股结构变量

笔者手工收集的终极股东控股结构特征数据包括上市公司终极股东的性质、控制权比例、现金流权比例、股权结构层级数据。借鉴 La Porta、Lopez－de－Silanes 和 Shleifer（1999）的方法，终极股东现金流权为各级控制人之间控制权比例的乘积。而且，从上市公司年报中收集终极股东数据时，笔者还考虑了实际控制人与公司之间的产权和控制关系方框图、公司前十大股东关联关系和一致行动说明等信息。如果上市公司年报披露的方框图包含了具有关联关系或一致行为关系的股东，则按照披露的方框图计算终极股东的现金流权；如果披露的方框图没有包含具有关联关系或一致行为关系的股东，则首先对方框图进行修正，然后按照修正后的方框图计算终极股东的现金流权。

根据上市公司的终极股东性质，我们将国务院组成部门控制（如财政部、教育部）、国务院直属机构控制（如新闻出版总署）、国务院直属事业单位控制（如新华社）、国务院部委管理的国家局控制（如国家烟草专卖局）的上市公司认定为国有控股公司，如自然人控制、外资法人控制、集体控制、社会团体控制、职工持股会控制、管理层控制等其他认定为非国有控股公司。

为考察终极股东对非正常关联交易缓解上市公司过度投资的影响，本章构建终极股东现金流权变量 CashR 衡量终极股东与上市公司利益的协同度。其中，终极股东现金流权变量 CashR 为终极股东与上市公司之间各层级控制人控制权比例的乘积，该变量取值越大，终极股东与上市公司的利益协同度越高。此外，为进一步考察终极股东对非正常关联交易缓解上市公司过度投资的影响在国有上市公司和非国有上市公司之间的差异，我们构建终极股东性质变量 SOE，当上市公司的终极股东为国有控股时取值为 1，否则为 0。

2. 关联资金流出

本章考察了非正常关联资金占用对过度投资的影响，其中关联资金数据来源于 CSMAR 公司“关联交易研究数据库”。集团公司与上市公司的关联交易包含很多种类型，如商品交易、提供或接受劳务、资产交换、抵押或担保、租赁、托管等，其中商品交易、提供或接受劳务交易最为频繁，但这类关联交易可能是由于公司本身业务需要而发生的，难以判断上市公司与关联方之间的资金流向。关联资金往来是上市公司与关联方之间重要的关联交易之一。相比于商品和劳务交易等关联交易，关联资金往来能够更为直接地反映上市公司与集团内部其他公司之间的资源流动。考虑到上市公司与关联方之间实际发生的关联资金往来，有部分可能是由于正常的业务需要，因此本章借鉴 Jian 和 Wong（2010）模型估算上市公司非正常关联资金占用 AbRPO，其中实际关联资金占用 RPO 是关联应收与关联应付之差与总资产的比率。

3. 过度投资

借鉴相关研究（Richardson，2006；杨华军、胡亦明，2007；魏明海、柳建华，2007；王善平、李志军，2011），本章使用如下模型衡量公司投资效率，具体模型如下：

$$Inv_t = \beta_0 + \beta_1 Grow_{t-1} + \beta_2 Lev_{t-1} + \beta_3 Cash_{t-1} + \beta_4 Age_{t-1} + \beta_5 Size_{t-1} + \beta_6 Ret_{t-1} + \beta_7 Inv_{t-1} + Year\ Fixed\ Effect + Industry\ Fixed\ Effect + \varepsilon \quad (1)$$

其中相关变量定义如下：①Inv_t 为固定资产、长期投资和无形资产的净值改变量除以年初总资产；② $Grow_{t-1}$ 为公司上一期销售收入增长率；③Lev_{t-1}为公司上一期资产负债率；④$Cash_{t-1}$为上一期公司的现金余额与总资产比率；⑤Age_{t-1}为公司上市年龄，从其最开始上市年份算起；⑥$Size_{t-1}$为公司上一期总资产的自然对数；⑦Ret_{t-1}为 t-1 年 5 月到 t 年 4 月经市场调整后以月度计算的股票年度回报率；⑧Inv_{t-1}表示公司上一年的投资支出。为控制不同行业和不同年度的影响，我们同时控制了年度虚拟变量和行业虚拟变量。

使用上述模型估算公司真实投资和预期投资的差值 ε。当残差 ε 为正时，公司存在过度投资；当残差 ε 为负时，公司存在投资不足。本章仅关注非正常关联资金占用对公司过度投资的影响，因此使用正值 ε 衡量公司过度投资程度 OverInv。

二、研究模型

为考察集团公司内部资金配置对公司过度投资的影响，本章借鉴 Jian 和 Wong（2010）模型估算出上市公司非正常关联资金流出 AbRPO 衡量集团公司内部的资金配置，借鉴 Richardson（2006）模型估算出上市公司过度投资程度 OverInv。具体的研究模型如下：

$$OverInv = \beta_0 + \beta_1 AbRPO + \beta_2 Size + \beta_3 Lev + \beta_4 Adm + \beta_5 Tang + Year\ Fixed\ Effect + Industry\ Fixed\ Effect + \varepsilon \quad (2)$$

其中，Size 为公司规模变量，使用公司年末总资产的自然对数衡量；Lev 为公司资产负债率变量，使用公司年末总负债与总资产的比率衡量；Adm 为公司管理费用率变量，使用公司管理费用与销售收入的比率衡量；Tang 为公司固定资产比率变量，使用公司固定资产、在建工程与工程物资之和与总资产的比率衡量。此外，为了控制不同年度和不同行业对回归结果的可能影响，在回归中加入了年度虚拟变量和行业虚拟变量。

为进一步考察终极股东特征对非正常关联资金占用缓解公司过度投资的影响，在模型（2）的基础上加入终极股东现金流权变量 CashR 及其交互项 AbRPO × CashR，具体的研究模型如下：

$$OverInv = \beta_0 + \beta_1 AbRPO + \beta_2 CashR + \beta_3 AbRPO \times CashR + \beta_4 Size + \beta_5 Lev + \beta_6 Adm + \beta_7 Tang + Year\ Fixed\ Effect + Industry\ Fixed\ Effect + \varepsilon \quad (3)$$

其中，CashR 为上市公司终极股东现金流权变量，使用终极股东与上市公司之间各层级控制人控制权比例的乘积衡量。该变量衡量终极股东与上市公司之间的利益协同度，取值越大，意味着终极股东与上市公司的利益越趋同。

第四节　实证结果与分析

一、研究样本和描述性统计

中国证监会2004 年 12 月 13 日颁布了《公开发行证券的公司信息披露内容与格式准则第 2 号（2004 年修订）》，要求上市公司以方框图形式披露公司与实际控制人之间的产权和控制关系。为了有效考察上市公司的股权结构，我们选择 2004 ~2011 年作为研究期间，A 股市场上所有非金融、保险业上市公司作为初始研究样本。剔除数据不全的观察值后，得到本章的全样本 3135 个观察值。样本公司的终极股东现金流权和终极股东性质数据是根据年报手工整理得到，关联交易数据及财务数据来源于国泰安 CSMAR 研究数据库。由于样本是由不同公司在不同的年度组成的混合数据，给定公司的年度观察值不满足独立性要求，这会导致回归结果的统计显著性被高估。为了纠正这个统计问题，笔者使用对每个公司进行“聚类”（Cluster）的方法来调整系数估计值的标准误（Petersen，2009）。

为了控制极端值对检验结果带来的偏误和影响，本章对所有的连续变量在 1% 和 99% 分位数上实施了缩尾处理（Winsorize）。表 4 - 1 报告了本章主要变量的描述性统计结果。可以发现，过度投资变量 OverInv 的均值为 0. 052，中位数为 0. 033，最小值为 0. 001，最大值为 0. 243；非正常关联资金占用变量 AbRPO 的均值为 -0.005，中位数为 -0.002，最小值为 -0.246，最大值为 0.267。上市公司终极股东现金流权变量 CashR 的均值为 0.334，这意味着终极股东平均持有上市公司 33.4% 的股权。公司规模变量 Size 的均值为 21.738，资产负债率变量 Lev 的均值为 0.565，管理费用率变量 Adm 的均值为 0.097，固定资产比率变量 Tang 的均值为 0.371。

表 4-1 描述性统计

变量	样本数	均值	标准差	最小值	25%	中位数	75%	最大值
OverInv	3135	0.052	0.055	0.001	0.012	0.033	0.072	0.243
AbRPO	3135	-0.005	0.067	-0.246	-0.027	-0.002	0.020	0.267
CashR	3135	0.334	0.175	0.029	0.197	0.314	0.464	0.749
Size	3135	21.738	1.233	18.717	20.901	21.637	22.493	25.355
Lev	3135	0.565	0.355	0.100	0.399	0.537	0.653	3.076
Adm	3135	0.097	0.127	0.007	0.042	0.068	0.107	1.048
Tang	3135	0.371	0.207	0.005	0.206	0.350	0.523	0.830

表 4-2 给出了本章主要变量的相关系数。可以发现，非正常关联资金占用变量 AbRPO 与过度投资变量 OverInv 的相关系数为 -0.054，在 5% 水平下显著为负，结果显示非正常关联资金占用越多，公司过度投资越少。终极股东现金流权变量 CashR 与过度投资变量 OverInv 的相关系数为 0.079，在 5% 的水平下显著为正。过度投资变量 OverInv 与公司规模变量 Size、固定资产比率变量 Tang 显著正相关，与公司资产负债率变量 Lev 和管理费用率变量 Adm 显著负相关。

表 4-2 相关系数矩阵

	OverInv	AbRPO	CashR	Size	Lev	Adm
AbRPO	-0.054*					
CashR	0.079*	-0.036*				

续表

	OverInv	AbRPO	CashR	Size	Lev	Adm
Size	0.115*	0.058*	0.233*			
Lev	-0.087*	-0.025	-0.129*	-0.130*		
Adm	-0.084*	-0.044*	-0.154*	-0.374*	0.414*	
Tang	0.359*	-0.030	0.082*	0.217*	-0.046*	-0.089*

注：*表示在5%的显著性水平下显著（双尾检验）。

二、回归分析

为检验本章的研究假设H1，本章首先考察了非正常关联资金流出对上市公司投资过度的影响，表4-3报告了相应的回归结果。表4-3第（1）列给出了OLS的回归结果，可以发现非正常关联资金流出变量AbRPO的回归系数为-0.040，在1%的水平下（t=-2.72）显著为负，结果表明非正常关联资金流出每变动1个标准差，公司过度投资降低26.8%。这意味着集团公司内部通过关联资金往来会将上市公司富余资金进行重新配置，从而缓解上市公司过度投资的现象，提高整个集团的内部资金配置效率。由此可知，非正常关联资金流出能够对上市公司的投资效率、整个集团的资金配置效率产生积极影响。

为避免遗漏样本期间内公司层面某些缺乏变化的相关变量对本章研究结论的影响，我们采用固定效应回归方法对这一问题进行重新检验，表4-3第（2）列报告了相应的回归结果。可以发现非正常关联资金流出变量AbRPO的回归系数为-0.069，在5%水平下（t=-2.57）通过显著性检验，与OLS回归结果基本一致。结果表明非正常关联资金流出能够显著缓解上市公司投资过度现象，提升投资效率。这意味着公司层面某些缺乏变化的变量的缺失并不会对本章的研究发现产生重大影响。上述OLS回归结果和FE回归结果都为本章的研究假设H1提供了支持的经验证据。

表4-3　非正常关联资金流出对投资过度的影响

被解释变量：OverInv		
	(1) OLS	(2) FE
AbRPO	-0.040***	-0.069**
	(-2.72)	(-2.57)
Size	0.000	0.012***
	(0.49)	(3.30)
Lev	-0.009***	-0.005
	(-3.37)	(-0.68)
Adm	-0.011	0.008
	(-1.48)	(0.69)
Tang	0.092***	0.096***
	(15.75)	(6.34)
截距	-0.040***	-0.069**
	(-2.72)	(-2.57)
行业	控制	—
年度	控制	控制
公司	—	控制
N	3135	3135
Adj. R-sq	0.140	0.038
F	27.319	5.207

注：所有回归都使用异方差调整和公司聚类（Cluster）调整得到稳健性标准误，括号内给出调整后的t值。*、**、***分别表示在10%、5%、1%的显著性水平下显著（双尾检验）。

然而，非正常关联资金占用与公司过度投资之间的因果关系很可能受到内生性问题的干扰，因此我们采用如下两个方法克服内生性问题对本章研究结论的影响。

首先，本章采用工具变量回归方法消除内生性问题的干扰，具体而言，本章选取公司控股股东委派董事比率和产品市场发育程度作为工具变量进行两阶段最小二乘回归。这是因为控股股东委派董事能够对上市公司的相关关联交易活动进行决策，从而直接影响公司非正常关联资金流出AbRPO，但控股股东委派董事并不会直接影响公司投资过度OverInv；产品市场发育的市场化指数也能够直接影响公司非正常关联资金占用，而不会直接公司过度投资，从而达到工具变量相关性条件。表4－4第（1）列报告了工具变量第二阶段回归结果，可以发现AbRPO的回归系数为－0.756，在5%的水平下显著为负。结果表明非正常关联资金占用能够显著降低上市公司过度投资现象，与表4－3的回归结果基本一致。此外，为避免弱工具变量对回归结果有效性的影响，我们对工具变量的外生性进行检验（Larcker、Rusticus，2010），结果表明J统计量的值为0.928（P＝0.335），不具有统计显著性。这意味着工具变量外生性检验得以通过。由此可知，在考虑内生性问题干扰后，本章的研究假设H1仍然得到了支持的经验证据。

表4－4　内生性检验回归结果

被解释变量：OverInv		
	（1）2SLS	（2）OLS
AbRPO	－0.756**	－0.039**
	（－2.11）	（－2.50）
Size	0.004**	－0.000
	（1.97）	（－0.50）
Lev	－0.008	－0.011***
	（－0.75）	（－3.92）
Adm	－0.020	－0.005
	（－0.86）	（－0.65）
Tang	0.073***	0.079***
	（5.80）	（12.90）
LagInv		0.169***
		（7.89）
截距	－0.072	0.036*
	（－1.49）	（1.69）
行业	控制	控制
年度	控制	控制

续表

被解释变量：OverInv		
	（1）2SLS	（2）OLS
N	2264	2577
Adj. R - sq	-0.450	0.175
F	9.823	27.202

注：所有回归都使用异方差调整和公司聚类（Cluster）调整得到稳健性标准误，括号内给出调整后的 z 值或 t 值。*、**、***分别表示在 10%、5%、1% 的显著性水平下显著（双尾检验）。

其次，采用控制上一期投资效率的方法以减少内生性问题对本章研究结果的可能影响。借鉴已有相关研究（Chen、Huang、Wei，2011），我们在模型中加入上市公司上一期投资效率变量（LagInv）以减少上一期投资效率对公司当年非正常关联资金流出的可能影响。表 4-4 第（2）列报告了相应的回归结果，可以发现 AbRPO 的回归系数为 -0.039，在 5% 的水平下显著为负。结果表明在控制上一期投资效率的影响后，非正常关联资金流出能够显著降低公司的过度投资，增强公司的投资效率。综合上述结果可知，在使用工具变量回归方法以及控制上一期投资效率的回归方法减少内生性问题的干扰后，本章的研究结论仍然成立。这为本章的研究假设 H1 提供了进一步支持的经验证据。

上述结果表明集团公司通过关联资金往来可以抑制上市公司过度投资，提升内部资本配置效率，为进一步验证集团公司内部这一资本配置机制，接下来考察公司终极股东现金流权对非正常关联资金流出缓解过度投资的影响。表 4-5 报告了相应的回归结果，第（1）列 OLS 回归中交互项 CashR × AbRPO 系数为 -0.188（t = -2.54），在 5% 水平下显著为负，结果表明终极股东现金流权越大，通过非正常关联资金流出缓解公司过度投资的效应就越强。考虑到遗漏公司层面某些缺乏变化的数据对回归结果可能造成的影响，我们使用固定效应回归方法对这一问题重新检验，表 4-5 第（2）列给出了相应的回归结果。可以发现交互项 CashR × AbRPO 系数为 -0.270（t = -2.48），在 5% 的水平下显著为负，与 OLS 回归结果一致。综合上述结果可知，非正常关联资金流出能够有效缓解公司过度投资，并且在公司终极股东现金流权较大的公司中这种缓解作用更加明显。这意味着终极股东与上市公司利益协同度越高，就越关注公司的投资效率，上市公司的非正常关联资金流出是控股股东提高公司投资效率的重要方式，而并不完全是控股股东“掏空”的手段，这支持本章的集团内部资本配置假说，也为本章的研究假设 H2 提供了支持的经验证据。

表 4-5　终极股东现金流权与非正常关联资金占用对投资过度的回归结果

被解释变量：OverInv		
	（1）OLS	（2）FE
AbRPO	0.025	0.028
	(1.03)	(0.64)
CashR	0.012*	0.008
	(1.66)	(0.36)
CashR × AbRPO	-0.188**	-0.270**
	(-2.54)	(-2.48)
CV	0.006	-0.003
	(0.50)	(-0.10)
Size	0.000	0.012***
	(0.05)	(3.29)
Lev	-0.009***	-0.006
	(-3.19)	(-0.77)
Adm	-0.008	0.014
	(-1.14)	(1.09)
Tang	0.092***	0.096***
	(15.76)	(6.36)
截距	0.017	-0.249***
	(0.81)	(-3.09)
行业	控制	—
年度	控制	控制

续表

被解释变量：OverInv		
	(1) OLS	(2) FE
公司	—	控制
N	3135	3135
Adj. R - sq	0. 143	0. 040
F	23. 501	4. 346

注：所有回归都使用异方差调整和公司聚类（Cluster）调整得到稳健性标准误，括号内给出调整后的 t 值。*、**、***分别表示在 10%、5%、1% 的显著性水平下显著（双尾检验）。

三、附加测试

1. 国有控股与非国有控股

考虑到上市公司股权性质差异对上述回归结果的影响，我们分组考察了国有控股企业和非国有控股企业中终极股东现金流权对非正常关联资金流出缓解公司过度投资的影响，表 4 - 6 报告了相应的回归结果。由 OLS 的回归结果可知，在非国有控股公司中，交互项 CashR × AbRPO 回归系数为 - 0. 099（t = - 0. 77），并没有通过显著性检验；在国有控股公司中，交互项 CashR × AbRPO 回归系数为 - 0. 256（t = - 2. 51），在 5% 的水平下通过显著性检验。由 FE 的回归结果可知，在非国有控股公司中，交互项 CashR × AbRPO 回归系数为 - 0. 127（t = - 0. 67），并没有通过显著性检验；在国有控股公司中，交互项 CashR × AbRPO 回归系数为 - 0. 313（t = - 1. 72），在 10% 的水平下通过显著性检验。回归结果表明，国有控股公司的终极股东现金流权越大，就越会通过非正常关联资金占用缓解公司过度投资、提升集团公司内部资本配置效率。这可能是由于多数国有控股上市公司背后都有集团公司，因此终极股东可以通过集团内部的关联资金往来缓解上市公司的投资过度、合理配置内部资本。

表4-6 股权性质分组检验

被解释变量：OverInv				
	OLS		FE	
	(1) SOE=0	(2) SOE=1	(3) SOE=0	(4) SOE=1
AbRPO	-0.008	0.058	-0.032	0.052
	(-0.27)	(1.37)	(-0.64)	(0.65)
CashR	0.042***	-0.002	0.029	-0.007
	(3.74)	(-0.18)	(0.93)	(-0.22)
CashR×AbRPO	-0.099	-0.256**	-0.127	-0.313*
	(-0.77)	(-2.51)	(-0.67)	(-1.72)
CV	0.004	0.002	0.027	-0.022
	(0.22)	(0.15)	(0.55)	(-0.50)
Size	0.001	0.000	0.013**	0.017***
	(0.43)	(0.25)	(2.37)	(3.17)
Lev	-0.007**	-0.010**	0.006	-0.031*
	(-2.38)	(-2.06)	(0.80)	(-1.82)
Adm	-0.007	-0.012	0.013	-0.017
	(-0.81)	(-0.87)	(1.04)	(-0.53)
Tang	0.080***	0.101***	0.113***	0.088***
	(8.07)	(14.22)	(4.30)	(4.36)
截距	0.002	0.014	-0.264**	-0.323***
	(0.06)	(0.54)	(-2.41)	(-2.82)
行业	控制	控制	—	—
年度	控制	控制	控制	控制
公司	—	—	控制	控制
N	1103	2032	1103	2032
Adj. R-sq	0.118	0.162	0.052	0.040
F	8.719	18.201	2.378	3.208

注：所有回归都使用异方差调整和公司聚类（Cluster）调整得到稳健性标准误，括号内给出调整后的t值。*、**、***分别表示在10%、5%、1%的显著性水平下显著（双尾检验）。

2. 融资约束程度

考虑到非正常关联资金流出缓解上市公司过度投资的效应可能受到公司

自身融资能力的影响，我们按照公司融资约束程度高低分组进行考察。借鉴 Whited 和 Wu（2006）方法，计算出每一家公司的 Whited - Wu 融资约束指数（WW 指数），该指数越大表示公司受到的融资约束越严重。按照公司融资约束 WW 指数将样本划分为融资约束较低组（LFC）和融资约束较高组（HFC），分组考察终极股东现金流权与非正常关联资金流出对公司过度投资的不同影响，表 4 - 7 给出了相应的回归结果。在 OLS 回归中，当融资约束较低时，交互项 CashR × AbRPO 的回归系数为 - 0. 273，没有通过显著性检验；当融资约束较高时，交互项 CashR × AbRPO 的回归系数为 - 0. 131（t = - 2. 02），在 5% 的水平下显著为负。在 FE 回归中，当融资约束较低时，交互项 CashR × AbRPO 的回归系数为 - 0. 282（t = - 0. 85），没有通过显著性检验；当融资约束较高时，交互项 CashR × AbRPO 的回归系数为 - 0. 297（t = - 2. 30），在 5% 的水平下通过显著性检验。回归结果表明在融资约束较高的公司中，终极股东现金流权越大对公司非正常关联资金流出缓解过度投资的作用越强，但在融资约束较低的公司中并没有表现出这一效应。这可能是由于控股股东一旦通过非正常关联资金流出减少公司超额现金时，融资约束较高的公司无法筹集外部资金而只能减少过度投资；但融资约束较低的公司可以通过外部筹资继续进行相关投资，从而难以缓解公司过度投资现象。

表 4 - 7　融资约束水平分组检验

被解释变量：OverInv				
	OLS		FE	
	（1）LFC	（2）HFC	（3）LFC	（4）HFC
AbRPO	0. 048	0. 011	0. 039	0. 043
	(0. 70)	(0. 44)	(0. 29)	(0. 84)
CashR	- 0. 006	0. 029 ***	0. 003	0. 007
	(- 0. 57)	(3. 04)	(0. 07)	(0. 19)
CashR × AbRPO	- 0. 273	- 0. 131 **	- 0. 282	- 0. 297 **
	(- 1. 36)	(- 2. 02)	(- 0. 85)	(- 2. 30)
CV	- 0. 019	0. 034 **	- 0. 009	0. 016
	(- 1. 16)	(2. 09)	(- 0. 19)	(0. 32)

续表

被解释变量：OverInv				
	OLS		FE	
	(1) LFC	(2) HFC	(3) LFC	(4) HFC
Size	-0.000	0.003	0.031***	0.012*
	(-0.10)	(1.58)	(4.27)	(1.91)
Lev	-0.005	-0.008***	-0.038	0.002
	(-0.67)	(-2.72)	(-1.48)	(0.30)
Adm	0.008	-0.005	0.088	0.009
	(0.28)	(-0.76)	(0.96)	(0.64)
Tang	0.103***	0.080***	0.121***	0.069***
	(13.44)	(9.43)	(3.97)	(3.25)
截距	0.027	-0.044	-0.661***	-0.235*
	(0.75)	(-1.25)	(-4.11)	(-1.85)
行业	控制	控制	—	—
年度	控制	控制	控制	控制
公司	—	—	控制	控制
N	1559	1556	1559	1556
Adj. R-sq	0.169	0.117	0.068	0.034
F	16.371	9.886	3.976	2.063

注：所有回归都使用异方差调整和公司聚类（Cluster）调整得到稳健性标准误，括号内给出调整后的t值。*、**、***分别表示在10%、5%、1%的显著性水平下显著（双尾检验）。

3. 产品市场竞争程度

表4-8给出了不同程度的行业竞争对终极股东现金流权与非正常关联资金流出缓解公司过度投资的回归结果。其中行业竞争变量使用赫芬达尔指数HHI衡量，并且依据公司外部的行业竞争程度将样本分为低竞争（LPMC）和高竞争（HPMC）两组。可以发现，当行业竞争程度较低时，交互项CashR×AbRPO的回归系数分别为-0.259和-0.345，分别在5%和10%的水平下显著为负；当行业竞争程度较高时，交互项CashR×AbRPO的回归系数分别为-0.106和-0.168，均没有通过显著性检验。回归结果表明，当行业竞争激烈程度较低时，与上市公司利益协同度越高的终极股东越会通过非

正常关联资金流出缓解过度投资、提升投资效率，从而实现内部资本的有效配置。但公司所处行业竞争较为激烈时，公司面临的竞争压力会促使公司在相关决策中更加谨慎，寻求较好的投资机会而不会进行盲目投资，这意味着产品市场竞争是能够约束公司过度投资行为的一种外部治理机制，与终极股东监督机制具有替代效果。

表 4-8　产品市场竞争差异检验

被解释变量：OverInv				
	OLS		FE	
	(1) LPMC	(2) HPMC	(3) LPMC	(4) HPMC
AbRPO	0.051	-0.007	0.055	-0.006
	(1.50)	(-0.18)	(0.87)	(-0.09)
CashR	0.019*	0.004	0.046	-0.001
	(1.95)	(0.39)	(1.62)	(-0.02)
CashR × AbRPO	-0.259**	-0.106	-0.345*	-0.168
	(-2.08)	(-1.24)	(-1.86)	(-1.20)
CV	0.016	-0.006	0.046	-0.052
	(0.94)	(-0.34)	(1.03)	(-0.95)
Size	-0.000	0.001	0.013**	0.009*
	(-0.33)	(0.68)	(2.16)	(1.80)
Lev	-0.007**	-0.011***	-0.008	-0.003
	(-2.00)	(-2.78)	(-0.99)	(-0.30)
Adm	-0.005	-0.015	0.014	-0.042
	(-0.53)	(-1.22)	(1.14)	(-1.55)
Tang	0.093***	0.091***	0.072***	0.098***
	(13.55)	(8.28)	(3.67)	(3.75)
截距	0.022	0.009	-0.277**	-0.167
	(0.74)	(0.31)	(-2.08)	(-1.53)
行业	控制	控制	—	—

续表

被解释变量：OverInv				
	OLS		FE	
	(1) LPMC	(2) HPMC	(3) LPMC	(4) HPMC
年度	控制	控制	控制	控制
公司	—	—	控制	控制
N	1696	1439	1696	1439
Adj. R - sq	0.155	0.124	0.037	0.033
F	14.880	10.428	2.285	1.893

注：所有回归都使用异方差调整和公司聚类（Cluster）调整得到稳健性标准误，括号内给出调整后的t值。*、**、***分别表示在10%、5%、1%的显著性水平下显著（双尾检验）。

四、稳健性测试

为确保研究结论的可靠性，我们使用不同的方法衡量公司非正常关联资金流出和过度投资。

首先，借鉴相关研究（Aharony、Wang、Yuan，2010），使用公司当年与上一年度关联资金流出的差额以及当年与上三年关联资金流出的均值的差额重新构建公司非正常关联资金流出变量AbRPO1和AbRPO3，并对本章的主要回归进行重新测试。表4-9报告了相应的回归结果，由Panel A的回归结果可知，AbRPO1的系数分别为-0.031和-0.043，分别在5%和1%的水平下显著为负，AbRPO3的系数分别为-0.020和-0.039，分别在5%和1%的水平下显著为负。回归结果表明非正常关联资金流出能够显著缓解公司过度投资。由Panel B的回归结果可知，CashR×AbRPO1的回归系数分别为-0.335和-0.305，CashR×AbRPO3的回归系数分别为-0.198和-0.298，分别在1%和5%的水平下通过显著性检验。回归结果表明终极股东现金流权越大，通过非正常关联资金流出缓解公司过度投资的效应越强。综合上述结果可知，稳健性测试结果与正文回归结果基本一致，表明本章的研究结论具有一定的稳健性。

表4-9 稳健性测试——重新计算非正常关联资金占用

Panel A 非正常关联资金占用对投资过度的回归结果

被解释变量：OverInv				
	(1) OLS	(2) FE	(3) OLS	(4) FE
AbRPO1	-0.031**	-0.043***		
	(-2.34)	(-2.73)		
AbRPO3			-0.020**	-0.039***
			(-1.98)	(-2.89)
Size	0.002*	0.011***	0.002*	0.012***
	(1.72)	(3.06)	(1.77)	(3.11)
Lev	-0.010***	-0.008	-0.010***	-0.007
	(-3.33)	(-1.07)	(-3.60)	(-0.91)
Adm	-0.003	0.006	-0.003	0.006
	(-0.41)	(0.51)	(-0.42)	(0.54)
Tang	0.092***	0.096***	0.092***	0.097***
	(15.10)	(6.22)	(15.10)	(6.24)
截距	-0.017	-0.225***	-0.018	-0.230***
	(-0.77)	(-2.78)	(-0.80)	(-2.84)
行业	控制	—	控制	—
年度	控制	控制	控制	控制
公司	—	控制	—	控制
N	2811	2811	2811	2811
Adj. R-sq	0.141	0.037	0.140	0.039
F	24.752	4.809	24.887	5.053

Panel B 终极股东现金流权与非正常关联资金占用对过度投资的回归结果

被解释变量：OverInv				
	(1) OLS	(2) FE	(3) OLS	(4) FE
CashR	0.012	-0.003	0.012	-0.007
	(1.52)	(-0.16)	(1.46)	(-0.33)
AbRPO1	0.066**	0.048		
	(2.29)	(1.34)		

续表

被解释变量：OverInv				
	(1) OLS	(2) FE	(3) OLS	(4) FE
ABRPO3			0.033	0.043 *
			(1.63)	(1.65)
CashR × AbRPO1	-0.335 ***	-0.305 **		
	(-3.35)	(-2.53)		
CashR × AbRPO3			-0.198 **	-0.298 ***
			(-2.49)	(-2.99)
CV	0.013	0.017	0.014	0.014
	(1.07)	(0.53)	(1.12)	(0.44)
Size	0.001	0.011 ***	0.001	0.011 ***
	(1.03)	(2.80)	(1.10)	(2.90)
Lev	-0.008 ***	-0.009	-0.009 ***	-0.009
	(-2.90)	(-1.23)	(-3.08)	(-1.24)
Adm	-0.004	0.004	-0.002	0.007
	(-0.54)	(0.32)	(-0.31)	(0.60)
Tang	0.092 ***	0.093 ***	0.093 ***	0.096 ***
	(15.20)	(6.08)	(15.14)	(6.25)
截距	-0.009	-0.212 **	-0.010	-0.220 ***
	(-0.41)	(-2.58)	(-0.48)	(-2.67)
行业	控制	—	控制	—
年度	控制	控制	控制	控制
公司	—	控制	—	控制
N	2811	2811	2811	2811
Adj. R-sq	0.146	0.041	0.144	0.044
F	21.190	4.152	21.120	4.384

注：所有回归都使用异方差调整和公司聚类（Cluster）调整得到稳健性标准误，括号内给出调整后的t值。*、**、***分别表示在10%、5%、1%的显著性水平下显著（双尾检验）。

其次，借鉴McNichols和Stubben（2008）模型重新估算公司过度投资变量，并对本章主要回归进行重新测试，表4-10给出了相应的回归结果。由Panel A结果可知，AbRPO的回归系数分别为-0.144和-0.198，均在1%的显著性水平下显著为负；由 Panel B 的回归结果可知，CashR × AbRPO 的回归系数分别为 -0.197 和 -0.425，后一个回归系数在 5% 的显著性水平通过显著性检验。回归结果显示非正常关联资金流出能够降低公司过度投资程度，而且终极股东与上市公司利益趋同度能够增强通过非正常关联资金流出缓解过度投资的效应。由此可知，非正常关联资金流出是集团公司合理配置内部资本的方式，而非控股股东的“掏空”手段。使用不同方法衡量本章的主要解释变量和被解释变量并对主要回归进行稳健性测试的结果表明本章的研究结论并没有显著差异。这为本章研究结论的稳健性提供了支持的证据。

表 4-10　稳健性测试——重新计算投资过度

Panel A　非正常关联资金占用对投资过度的回归结果

被解释变量：OverInv_ M		
	(1) OLS	(2) FE
AbRPO	-0.144***	-0.198***
	(-4.99)	(-3.43)
Size	0.008***	0.073***
	(3.76)	(8.23)
Lev	0.008	-0.017
	(0.97)	(-0.77)
Adm	0.006	0.003
	(0.71)	(0.19)
Tang	0.156***	0.218***
	(11.86)	(5.15)
截距	-0.144***	-1.532***
	(-3.02)	(-7.84)
行业	控制	—
年度	控制	控制
公司	—	控制
N	3343	3343
Adj. R-sq	0.098	0.085
F	18.396	8.751

Panel B 终极股东现金流权与非正常关联资金占用对过度投资的回归结果

被解释变量：OverInv_ M		
	（1）OLS	（2）FE
AbRPO	-0.075	-0.046
	(-1.64)	(-0.52)
CashR	0.093***	0.187***
	(5.40)	(3.62)
CashR × AbRPO	-0.197	-0.425**
	(-1.48)	(-2.09)
CV	0.090***	0.058
	(2.93)	(0.72)
Size	0.006**	0.068***
	(2.57)	(7.57)
Lev	0.013	-0.017
	(1.63)	(-0.79)
Adm	0.010	0.009
	(1.12)	(0.56)
Tang	0.155***	0.228***
	(11.73)	(5.51)
截距	-0.129***	-1.494***
	(-2.75)	(-7.75)
行业	控制	—
年度	控制	控制
公司	—	控制
N	3343	3343
Adj. R-sq	0.109	0.100
F	17.180	8.384

注：所有回归都使用异方差调整和公司聚类（Cluster）调整得到稳健性标准误，括号内给出调整后的 t 值。*、**、***分别表示在10%、5%、1%的显著性水平下显著（双尾检验）。

第五节　本章小结

企业集团通过形成内部资本市场，一方面可以通过内部资金配置或提供担保等方式缓解成员公司的融资约束，保证其投资项目顺利进行；另一方面当企业集团无法满足所需资金时，可以通过“优胜者选拔”将集团稀缺的资金分配给好的项目，提高资源配置效率。不同于以往使用托宾 Q 值衡量公司面临的投资机会并以此考察集团公司的内部资本配置效率的相关研究，本章使用公司投资效率这一直观指标，尝试从公司关联资金往来这一运作渠道考察集团公司是否会对投资项目进行优胜者选拔，缓解公司过度投资，从而实现集团公司内部资本的合理配置。考虑到公司真实的关联资金流出包含正常和非正常两部分，正常的关联资金流出是基于正常业务发生的，非正常的部分才是基于特定目的进行的，因此我们又将公司关联资金流出分为正常关联资金流出和非正常关联资金流出两部分（Jian、Wong，2010）。

使用中国上市公司 2004 ~ 2011 年的数据为研究样本，本章考察了非正常关联资金流出对公司投资过度的缓解作用。研究结果表明，非正常关联资金流出能够显著降低公司过度投资，进一步分析发现终极股东现金流权越大，非正常关联资金流出对公司过度投资的缓解作用越显著。考察到内生性问题对本章研究结果可能带来的影响，我们采用工具变量回归方法以及控制上一期投资额的方法消除内生性问题的干扰，检验结果并没有显著变化。

此外，本章按照公司股权性质、融资约束程度以及产品市场竞争程度进行分组考察的结果显示，国有控股公司、融资约束较高的公司、产品市场竞争较低的公司中终极股东现金流权能够显著增强非正常关联资金流出对过度投资的削弱效应。最后，本章重新构建主要解释变量和被解释变量，并对主要问题重新进行测试，稳健性测试结果与正文回归结果基本一致，表明本章结论具有一定的稳健性。本章研究结论对于理解集团内部资金配置以及公司关联资金流出具有一定的意义。但本章主要是从公司关联资金流出缓解过度投资方面为内部资金配置“优胜者选拔”理论提供间接的支持证据。

参考文献：

［1］ Agarwal，S.，Chiu，I. M.，Souphom，V. and Yamashiro，G. M. The Efficiency of Internal Capital Markets：Evidence from the Annual Capital Expenditure Survey ［J］. The Quarterly Review of Economics and Finance，2011 (51)：162－172.

［2］ Aharony，J.，Wang，J. W. and Yuan，H. Q. Tunneling as an Incentive for Earnings Management during the IPO Process in China ［J］. Journal of Accounting and Public Policy，2010 (29)：1－26.

［3］ Almeida，H. and Kim，C. S. Internal Capital Markets in Business Groups：Evidence from the Asian Financial Crisis ［R］. Working paper，2012.

［4］ Bertrand，M.，Mehta，P. and Mullainathan，S. Ferreting out Tunneling：An Application to Indian Business Groups ［J］. Quarterly Journal of Economics，2002 (117)：121－148.

［5］ Biddle，G.，Hilary，G. and Verdi，R. S. How does Financial Reporting Quality Relate to Investments Efficiency? ［J］. Journal of Accounting and Economics，2009 (48)：112－131.

［6］ Chen，S. L.，Wang，K. and Li，X. X. Product Market Competition，Ultimate Controlling Structure and Related Party Transactions ［J］. China Journal of Accounting Research，2012 (5)：293－306.

［7］ Chen，Z. H.，Huang，Y. and Wei，K. C. J. Executive Pay Disparity and Cost of Equity Capital ［R］. Working paper，2011.

［8］ Gertner，R.，Scharfstein，D. and Stein，J. Internal Versus External Capital Markets ［J］. Quarterly Journal of Economics，1994 (109)：1211－1230.

［9］ Goldman，E. Board Power，Board Information，and CEO Talent ［R］. Working paper，2012.

［10］ Hovakimian，G. Financial Constraints and Investment Efficiency：Internal Capital Allocation across the Business Cycle ［R］. Working paper，2009.

[11] Hang, Y. , Tang, J. and Zhou, X. M. The Efficiency of Internal Capital Markets: Evidence from Conglomerate Firms around Financial Crises [R]. Working paper, 2012.

[12] Inderst, R. and Muller, H. Internal versus External Financing: An Optimal Contracting Approach [J]. Journal of Finance, 2003 (58): 1033 –1062.

[13] Jian, M. , and Wong, T. J. Propping and Tunneling through Related Party Transactions [J]. Review of Accounting Studies, 2010 (15): 70 –105.

[14] Khanna, T. and Palepu, K. Is Group Affiliation Profitable in Emerging Markets? An Analysis of Diversified Indian Business Groups [J]. Journal of Finance, 2000 (55): 867 –892.

[15] La Porta, R. , Lopez – de – Silanes, F. and Shleifer, A. Corporate Ownership Around the World [J]. Journal of Finance, 1999 (54): 471 –517.

[16] Larcker, D. and Rusticus, T. On the Use of Instrumental Variables in Accounting Research [J]. Journal of Accounting and Economics, 2010 (49): 186 –205.

[17] Lin, C. , Ma, Y. , Malatesta, P. and Xuan, Y. Ownership Structure and the Cost of Corporate Borrowing [J]. Journal of Financial Economics, 2011 (100): 1 –23.

[18] Matsusaka, J. G. and Nanda, V. Internal Capital Markets and Corporate Refocusing [J]. Journal of Financial Intermediation, 2002 (11): 176 –211.

[19] McNichols, M. F. and Stubben, S. R. Does Earnings Management Affect Firms' Investment Decisions? [J]. The Accounting Review, 2008 (83): 1571 –1603.

[20] Petersen, M. A. Estimating Standard Errors in Finance Panel Data Sets: Comparing Approaches [J]. Review of Financial Studies, 2009 (22): 435 –480.

[21] Rajan, R. G. , Servaes, H. and Zingales, L. The Cost of Diversity: The Diversification Discount and Inefficient Investment [J]. Journal of Finance, 2000 (60): 35 –80.

[22] Richardson, S. Over – investment of Free Cash Flow [J]. Review of

Accounting Studies, 2006 (11): 159-189.

[23] Scharfstein, D. and Stein, J. The Dark Side of Internal Capital Markets: Divisional Rent Seeking and Inefficient Investment [J]. Journal of Finance, 2000 (55): 2537-2564.

[24] Shleifer, A. and Vishny, R. W. Large Shareholders and Corporate Control [J]. Journal of Political Economy, 1986 (94): 88-461.

[25] Stein, J. C. Internal Capital Markets and the Competition for Corporate Resources [J]. Journal of Finance, 1997 (52): 111-133.

[26] Stein, J. C. Agency, Information and Corporate Investment [A] // Handbook of the economics of finance, Vol. 1A, Edited by G. M. Constantinides, M. Harris and R. Stulz, Elsevier, North Holland, 2003.

[27] Whited, T. M. and Wu, G. J. Financial Constraints Risk [J]. The Review of Financial Studies, 2006 (19): 531-559.

[28] 窦炜，刘星．所有权集中下的企业控制权配置与非效率投资行为研究——兼论大股东的监督抑或合谋 [J]．中国软科学，2009 (5): 121-139.

[29] 姜国华，岳衡．大股东占用上市公司资金与上市公司股票回报率关系的研究 [J]．管理世界，2005 (9): 119-126.

[30] 黎来芳，王化成，张伟华．控制权、资金占用与掏空——来自中国上市公司的经验证据 [J]．中国软科学，2008 (8): 121-127.

[31] 马金城，王磊．系族控制人掏空与支持上市公司的博弈——基于复星系的案例研究 [J]．管理世界，2009 (12): 150-163.

[32] 王善平，李志军．银行持股——投资效率与公司债务融资 [J]．金融研究，2011 (10): 184-193.

[33] 魏明海，柳建华．国企分红——治理因素与过度投资 [J]．管理世界，2007 (4): 88-95.

[34] 辛清泉，林斌，王彦超．政府控制、经理薪酬与资本投资 [J]．经济研究，2007 (8): 110-122.

[35] 辛清泉，郑国坚，杨德明．企业集团——政府控制与投资效率 [J]．金融研究，2007 (10): 123-142.

［36］杨华军，胡奕明．制度环境与自由现金流的过度投资［J］．管理世界，2007（9）：99－117.

［37］杨清香，俞麟，胡向丽．不同产权性质下股权结构对投资行为的影响［J］．中国软科学，2010（7）：142－150.

第五章　终极股东特征、集团关联担保与融资约束

第一节　引言

虽然中国股票市场的发展十分迅速，为公司募集资金提供了重要的融资平台，但从以银行为主的金融机构获取贷款仍然是公司外部融资的主要方式（Allen、Qian、Qian，2005）。银行在贷款过程中倾向于选择大型的优质客户以降低贷款风险（李杨、范玉茜，2005），对中小企业较多实施贷款紧缩措施（黄宪、吴克保，2009）。公司为了获取贷款，需要通过抵押、质押、信用等形式的担保（袁淳、荆新、廖冠民，2010；尹志超、甘犁，2011）。

集团模式的股权关系使关联担保成为成员公司获取银行资金的一种主要途径。现有的关联担保研究侧重于验证控股股东“掏空”假说，以上市公司为集团母公司或其他成员公司提供担保为研究对象，发现关联担保是控股股东掏空上市公司的一种手段（王琨、陈晓，2007）。然而，这些研究往往忽视了上市公司接受集团母公司或其他成员公司关联担保的经济后果，没有全面地评价关联担保的作用。根据1999～2010年上市公司关联担保数据，笔者发现接受关联担保的样本占发生关联担保样本的72.58%，这表明上市公司接受关联担保比提供关联担保的现象更为普遍。

中国资本市场中上市公司大量接受关联担保的现象为我们考察企业集团缓解成员公司融资约束的显性担保机制提供了很好的研究机会。企业集团缓

解成员公司融资约束的方式主要包括以下两种：第一种是通过有效的内部资本市场调配资金以缓解融资约束（Khanna、Palepu，2000；Khanna、Yafeh，2007）。第二种是集团为成员公司提供担保以获取外部贷款来缓解融资约束。这种方式的作用机制可以划分为隐性担保机制和显性担保机制：隐性担保机制表现为集团通过提高声誉或者提高公司的偿债能力，从而帮助公司获取贷款（Lewellen，1971；Stein，2003）；显性担保机制表现为集团直接为公司贷款提供担保（La Porta、Lopez - de - Silanes、Zamarripa，2003；Gopalan、Nanda、Seru，2005）。

我们以 1999 ~2010 年中国 A 股上市公司接受关联担保的数据为研究对象，考察了集团关联担保行为对公司融资约束的影响。使用固定效应回归、差分回归、工具变量回归等方法控制内生性问题的影响。研究结果表明，接受关联担保公司当年的融资约束水平显著低于从未接受关联担保的公司。这意味着关联担保能够显著缓解公司当年的融资约束水平。而且，研究结果还显示，集团关联担保有助于加强公司和金融中介的合作，从而增强公司的信贷能力，使公司在以后年度不需要关联担保但仍然保持较低的融资约束水平。使用固定效应回归、双重差分回归、工具变量回归方法的回归结果表明，相比于没有接受过关联担保的公司，接受过关联担保的公司在接受关联担保之后融资约束显著降低。在此基础上，本章的检验结果还表明，接受关联担保能够显著增加公司当年的投资水平和公司业绩。

本章研究贡献主要表现在以下三个方面：第一，从新的角度为关联担保研究提供实证证据。相比针对上市公司向关联方提供担保的研究（刘小年、郑仁满，2005；郑建明、范黎波、朱媚，2007），本章从上市公司接受关联担保的角度对这个领域的研究加以补充，研究结果有助于市场监管者和投资者更加全面看待关联担保行为的经济意义。第二，公司与银行之间的业务会产生特定的关系，进而影响公司以后年度的贷款（Brike、Palia，2007；Berger、Frame、Ioannidou，2011），本章结果表明接受过担保的公司在以后年度仍具有较低的融资约束水平，为这一研究领域提供了支持证据。第三，本章扩展了公司融资约束方面的研究成果。现有研究从公司特征和外部环境等方面考察对融资约束的影响，如政治关系（余明桂、潘洪波，2008；罗党论、甄丽明，2008）、金融关联（邓建平、曾勇，2011）、金融发展（朱凯、陈信元，2009）和信息环境（张纯、吕伟，2009）等。本章重点考察了集团化经营下的关联担保对公司融资约束的作用。

第二节　文献综述与研究假设

基于企业集团与公司融资约束的研究表明，企业集团缓解公司融资约束的方式主要有两种。

第一种方式是通过有效的内部资本市场调配资金缓解融资约束（Khanna、Palepu，2000；Khanna、Yafeh，2007）。当集团控制下的一家公司面临融资约束时，集团可以把旗下其他公司的闲置资金调配到这家公司，从而缓解该公司的融资约束。然而，这种方式起作用的关键在于集团内部资本市场是否能够有效运作（如相关信息的传递是否及时）以及集团整体资金的充裕程度（Stein，1997）。例如，当成员公司故意扭曲公司资本预算的相关信息时，集团内部资本市场的运作很可能无效（Wulf，2009）。而且，当集团控制下的一家公司出现融资约束时，其他公司的资金也相对紧张，这时通过内部资本市场的资金调配就难以缓解公司面临的融资约束。

第二种方式是集团为公司提供担保，帮助公司从集团外部的银行等金融机构获取贷款，从而缓解融资约束。这种担保机制可以划分为隐性担保机制和显性担保机制。隐性担保机制表现为集团通过提高声誉或者提高公司的偿债能力，从而帮助公司获取贷款。例如，集团内部的资金调配会减小公司以前年度现金流量的波动，这实际上为公司的偿债能力提供了“共同保险”（Co－insurance）（Lewellen，1971；Stein，2003）。基于美国资本市场上市公司1989～2008年的数据，Aivazian、Qiu和Rahaman（2010）发现受共同保险的影响，公司从银行等金融机构获取贷款的频率更低，但筹集的资金更多，能够有效缓解公司面临的融资约束。显性担保机制表现为集团直接为公司贷款提供担保，在银行的贷款审批过程中，除了关注公司的业绩与偿债能力，公司贷款是否有相应的贷款担保是影响贷款发放的一个重要条件。La Porta、Lopez - de - Silanes 和 Zamarripa（2003）发现墨西哥的企业集团经常为旗下公司的贷款直接提供关联担保。Gopalan、Nanda 和 Seru（2005）以印度企业集团为研究样本，发现集团为旗下陷入财务危机的公司提供贷款担保，以降低违约风险。

中国资本市场为研究企业集团“显性担保”提供了很好的条件。一方面，中国资本市场的上市公司大多是由国有企业改制而成，集团内部上市公司与关联之间的交易十分频繁；另一方面，担保是中国公司为了获取贷款所采取的一种必要手段（袁淳、荆新、廖冠民，2010；尹志超、甘犁，2011），因此集团模式运作下上市公司与集团母公司或者其他成员公司之间的关联“显性担保”现象十分普遍。

目前针对关联担保的绝大多数研究将上市公司为关联方提供担保视为控股股东侵害小股东利益的一个表征变量。基于控股股东“掏空”假说（Claessens 等，2002；Bertrand、Mehta、Mullainathan，2002）的研究发现，投资者保护水平越低（高雷、宋顺林，2007），公司所在地市场化程度越低（郑建明、范黎波、朱媚，2007），上市公司对外提供关联担保的可能性越大。并且，这种对外担保行为会损害上市公司长期业绩和市场价值（刘小年、郑仁满，2005；郑建明、范黎波、朱媚，2007；饶育蕾、张媛、彭叠峰，2008）。

然而，上述研究侧重于上市公司提供关联担保的角度，忽视了上市公司接受关联担保以获取银行贷款的普遍性。王琨和陈晓（2007）基于 1998 ~ 2003 年上市公司关联担保数据的研究发现，上市公司接受关联担保的比例一直存在递增的趋势。与之一致，我们使用 1999 ~ 2010 年上市公司关联担保数据进行考察，发现接受关联担保的样本占发生关联担保样本（上市公司对外担保数量与被关联担保数量之和）的 72.58%。相比对外提供担保的数量而言，上市公司接受以控股股东为主的关联提供担保的现象更为普遍。

理论研究表明显性担保在公司获取银行贷款时发挥了重要作用。首先，担保可以降低公司和银行之间事前的信息不对称性。对于需要获取银行贷款的公司而言，担保可以成为公司向银行传递积极信号的一种方式。对于银行而言，担保可以有效降低银行发放贷款的决策风险（Stiglitz、Weiss，1981；

Berger、Frame、Ioannidou，2011）。例如，在抵押担保时，银行往往会对抵押资产做出一定限制，影响这些资产的有效使用。因此，能够承担这种成本的公司一般是具有高回报投资项目的公司。其次，担保还有助于降低贷款发放之后的摩擦，促进公司与银行形成最优债务契约（Rajan、Winton，1995；Berger、Frame、Ioannidou，2011）。这些事后摩擦包括道德风险（Boot、Thakor、Udell，1991）和债务合同强制执行的难度（Albuquerque、Hopenhayn，2004）。企业集团向成员公司提供担保，可以减少公司与银行之间的事前信息不对称和事后摩擦，进而为成员公司获得银行贷款提供有利的条件。这意味着能够获得集团担保支持的公司，更可能通过担保获取银行贷款以满足公司正常经营、投资活动的需求，使公司保持较低的融资约束水平。基于以上分析，本章提出如下研究假设：

H1：其他条件不变，相对于从未接受关联担保的公司，接受关联担保的公司当年融资约束水平更低。

接下来进一步分析成员公司接受企业集团关联担保对于公司的融资约束水平是否产生事后效应。根据以上分析，担保不仅有助于减少银行和公司之间事前的信息不对称，还有助于减少贷款后的代理问题。这意味着企业集团首次为成员公司提供担保获取银行贷款，还很可能起到帮助公司与银行增进了解、建立良好合作关系的作用。一旦银行掌握公司规范使用贷款的具体信息，就会提高公司的信用等级。这意味着该银行在对公司后续的贷款申请中会提高信用贷款的额度，从而可以减少担保贷款的使用。例如，Brike 和 Palia（2007）研究发现银行与公司之间的关系会影响公司是否需要使用抵押担保以获取银行贷款以及贷款利率的水平，结果发现银行与公司之间的关系越密切，银行要求公司使用抵押担保的可能性越低，贷款利率就越低。对于通过关联担保向银行取得贷款的公司，公司和银行之间的信息不对称和摩擦成本大大降低，从而使公司在以后年度更容易从银行获取贷款，保持较低的融资约束水平。因此，本章提出以下研究假设：

H2：其他条件不变，相对于从未接受关联担保的公司，接受关联担保的公司在以后年度的融资约束水平更低。

第三节 研究设计

一、研究变量

1. 关联担保数据

我们使用 CSMAR 公司的“关联交易研究数据库”计算上市公司接受关联担保变量。集团公司与上市公司的关联交易包含很多种类型，如商品交易、提供或接受劳务、资产交换、抵押或担保、租赁、托管等。关联担保是上市公司与关联方之间重要的关联交易方式之一。关联担保根据其发生的方向可以区分为上市公司接受关联担保和上市公司提供关联担保。对上市公司接受关联担保变量定义如下：①接受关联担保当年连续变量 GC 用当年接受关联担保金额除以总资产表示；②接受关联担保当年虚拟变量 GD，如果公司当年接受关联担保，取值为 1，否则为 0；③曾经接受过关联担保但当年未接受担保虚拟变量 NGD，公司曾经接受过关联担保但当年未接受担保取值为 1，否则为 0。

2. 公司融资约束

Fazzari、Hubbard 和 Petersen（1988）首先使用投资与现金流模型考察公司融资约束，但关于这一模型的有效性存在较大争议（Kaplan、Zingales，2000）。最近，Chen 等（2012）指出投资与现金流敏感性逐渐下降并消失了，甚至在 2007 ~ 2009 年美国金融危机中也没有出现预期的结果，这意味着投资现金流模型并不是衡量融资约束的有效方法。屈文洲、谢雅璐和叶玉妹（2011）以中国上市公司数据为研究对象，发现融资约束程度高和低的公司均比融资约束程度中等的公司拥有更高的投资与现金流敏感性。这意味着投资与现金流敏感性并不能真实反映公司的融资约束。

针对投资与现金流模型衡量融资约束的局限性，Almeida、Campello 和 Weisbach（2004）提出现金与现金流模型。他们利用 Keynes（1936）关于公司流动性需求的理论进行建模。如果公司面临融资约束，公司就不得不从自己产生的现金流中节省出一些现金，为公司未来的投资机会做准备。相反，如果公司没有面临融资约束，就不需要从自己产生的现金流中节省现金。这意味着公司现金持有量变动与公司自由现金流量之间的关系（现金与现金流敏感性）系统地表示了融资摩擦。因此，相比投资与现金流模型，现金与现金流模型更能为公司融资约束提供强有力的证据。Almeida、Campello 和 Weisbach（2004）的经验证据表明，具有融资约束迹象的公司展现出较高的现金与现金流敏感性，相反，不具有融资约束迹象的公司展现出较低的现金与现金流敏感性。后续的研究也为现金与现金流模型提供了支持的证据，例如，Khurana、Martin 和 Pereira（2006）使用现金与现金流模型进行跨国研究，提供了金融发展对融资约束产生影响的证据。最近，公司金融研究领域也广泛使用现金与现金流模型衡量公司融资约束，如 Gatchev、Pulvino 和 Tarhan（2010），Chen 和 Wang（2012），Chen 等（2012），Mclean、Zhang 和 Zhao（2012），Palazzo（2012）等。

因此，本章借鉴其方法使用现金与现金流模型考察公司融资约束，相关变量定义如下：①公司现金持有量变动变量 ΔCashH，取公司货币资金与短期投资净额合计数增加量除以公司年初总资产；②公司自由现金流变量 CFO，取经营性现金净流量除以公司年初的总资产；③股权性质变量 SOE，公司为国有控股则取值为 1，否则为 0；④公司规模变量 Size，以当年总资产的自然对数表示；⑤公司成长机会变量 Q，取公司总资产的市场价值除以总资产的重置成本，计算公式为：（年末股价 × 股数 + 非流通股份占净资产的金额 + 负债合计）/年末总资产；⑥流动负债变动变量 ΔSTD，取流动负债的增加额除以公司年初总资产；⑦营运资本变动变量 ΔNWC，取非现金的营运资本增加量除以公司年初总资产；⑧资本支出变量 CapEx，取公司当年资本支出除以公司年初总资产，资本支出为购建固定资产、无形资产和其他长期资产支付的现金；⑨银行贷款变量 Loan，取公司一年内到期的非流动负债、短期借款、长期借款和应付债券之和除以年初总资产。主要变量的定义见表 5 - 1。

表 5-1 变量定义说明

变量名称	定义说明
ΔCashH	公司现金持有量增加额除以公司年初总资产
CFO	公司经营活动现金流量净额除以公司年初总资产
SOE	公司为国有控股则取值为 1，否则为 0
Size	公司规模，以当年总资产的自然对数表示
Q	公司总资产的市场价值除以总资产的重置成本
ΔSTD	公司流动负债的增加额除以公司年初总资产
ΔNWC	公司非现金的营运资本增加量除以公司年初总资产
CapEx	公司当年资本支出除以公司年初总资产
Loan	公司一年内到期的非流动负债、短期借款、长期借款和应付债券之和除以年初总资产
G	公司接受关联担保变量，分别使用以下 3 个变量（GC、GD、NGD）进行测试
GC	公司当年接受关联担保的金额除以总资产表示
GD	公司接受关联担保当年取值为 1，否则为 0
NGD	公司曾经接受过关联担保但当年未接受担保取值为 1，否则为 0

二、研究模型

基于 Almeida、Campello 和 Weisbach（2004）提出的现金与现金流敏感性模型，我们加入公司接受关联担保变量 G 及其与现金流 CFO 的交互项，考察接受关联担保对公司融资约束的影响。如果公司面临融资约束，本来公司需要从自身的现金流中节省现金，但有了关联担保后不需要从自身的现金流中节省现金。这意味着关联担保改变公司所采用的现金政策。因此，在这种情况下，变量 CFO×G 的系数应该显著为负，据此可以推断关联担保缓解了公司的融资约束。考虑到公司获取贷款对公司现金持有量的影响，我们加入了银行贷款变量 Loan 进行控制（Wan、Zhu，2011）。为了控制不同行业对公司高管薪酬的影响，本章根据中国证监会 2001 年颁布的《上市公司行业分类指引》设置行业虚拟变量（制造业按两位代码设置）。为了控制不同年度宏观因素的影响，本章设置了年度虚拟变量。而且，为了控制内生性问题，本章还使用公司层面固定效应模型（FE）和变动模型（CR）消除可能产生的缺失变量偏误。研究模型如下：

$$\Delta CashH = \alpha + \beta_1 CFO + \beta_2 G + \beta_3 CFO \times G + \beta_4 SOE + \beta_5 Size + \beta_6 Q + \beta_7 \Delta STD + \beta_8 \Delta NWC + \beta_9 CapEx + \beta_{10} Loan + Industry\ Fixed\ Effect + Year\ Fixed\ Effect + \varepsilon \quad (1)$$

第四节　实证结果与分析

一、研究样本与描述性统计

本章使用的数据来源于国泰安 CSMAR 研究数据库，初始样本为非金融、保险业的所有 A 股上市公司，研究期间为 1999 ~ 2010 年。根据 CSMAR 公司的“关联交易研究数据库”计算公司关联担保变量，关联担保有三种方向接受、提供和方向不明，而且一家公司一年内可能发生多次关联担保。为此，我们对每一家上市公司关联担保按照不同的方向加总得到关联担保变量的年度总值。由于样本是由不同公司在不同的年度组成的混合数据，给定公司的年度观察值不满足独立性要求，这会导致回归结果的统计显著性被高估。为了纠正这个统计问题，我们使用对每个年度进行“聚类”（Cluster）的方法来调整系数估计值的标准误（Petersen，2009）。为了控制极端值对检验结果带来的偏误和影响，所有连续变量在 1% 和 99% 分位数上实施了缩尾处理（Winsorize）。

表 5 - 2 Panel A 给出了样本公司 1999 ~ 2010 年接受关联担保的描述性统计。可以看出，接受关联担保的上市公司从 1999 年的 114 家上升到 2010 年的 740 家，总体上表现出逐年增加的趋势。上市公司与关联方发生的关联担保总数从 1999 年的 175 家上升到 2010 年的 1010 家。当年接受关联担保占总担保的比例最小为 2002 年的 62. 59%，最大为 2005 年的 78. 48%，平均为 72. 58%。当年接受关联担保的上市公司数占当年上市公司总数的比例最小为

2000 年的 12.79%，最大为 2008 年的 44.72%，平均为 35.51%。

表 5-2 Panel B 给出了主要变量的描述性统计结果。研究样本合计为 15081 个。现金持有量变动 ΔCashH 的均值（中位数）为 0.024（0.006），公司自由现金流变量 CFO 均值（中位数）为 0.057（0.052）。公司股权性质变量 SOE 的均值为 0.684，表示国有控股的公司占总样本的比例为 68.4%。公司规模变量 Size 的均值（中位数）为 21.296（21.171），公司成长机会变量 Q 的均值（中位数）为 1.822（1.467），流动负债变动变量 ΔSTD 的均值（中位数）为 0.021（0.004），营运资本变动变量 ΔNWC 的均值（中位数）为 -0.016（-0.009），资本支出变量 CapEx 的均值（中位数）为 0.072（0.043），银行贷款 Loan 的均值（中位数）为 0.288（0.265）。

表 5-2　描述性统计

Panel A　当年接受关联担保公司的分年度描述性统计

年度	接受关联担保样本数	关联担保发生的总样本数	接受占总关联担保的比例（%）	接受担保公司占全体上市公司的比例（%）
1999	114	175	65.14	13.92
2000	117	186	62.90	12.79
2001	294	387	75.97	28.00
2002	256	409	62.59	22.86
2003	324	473	68.50	27.39
2004	488	688	70.93	39.13
2005	587	748	78.48	44.20
2006	537	739	72.67	40.29
2007	579	776	74.61	41.77
2008	665	891	74.64	44.72
2009	655	897	73.02	42.92
2010	740	1010	73.27	43.86
总数	5356	7379	72.58	35.51

Panel B　主要变量的描述性统计

变量	样本数	均值	中位数	标准差	最小值	25%	75%	最大值
ΔCashH	15081	0.024	0.006	0.120	-0.236	-0.032	0.057	0.613
CFO	15081	0.057	0.052	0.100	-0.272	0.006	0.108	0.378
SOE	15081	0.684	1.000	0.465	0.000	0.000	1.000	1.000
Size	15081	21.296	21.171	1.104	18.776	20.562	21.918	24.757
Q	15081	1.822	1.467	1.085	0.952	1.185	1.999	7.674
ΔSTD	15081	0.021	0.004	0.097	-0.271	-0.023	0.058	0.388
ΔNWC	15081	-0.016	-0.009	0.145	-0.512	-0.083	0.052	0.548
CapEx	15081	0.072	0.043	0.082	0.000	0.014	0.097	0.424
Loan	15081	0.288	0.265	0.216	0.000	0.125	0.409	1.143

表5-3报告了上述主要变量之间的Pearson相关系数。公司自由现金流变量CFO与被解释变量ΔCashH正相关，相关系数为0.278，在5%的显著性水平下显著。公司股权性质SOE与ΔCashH负相关但是不显著。公司规模变量Size、公司成长机会变量Q、短期流动负债变动变量ΔSTD以及资本支出CapEx与ΔCashH均显著正相关，营运资本变动变量ΔNWC与ΔCashH显著负相关，银行贷款Loan与ΔCashH显著正相关。

表5-3　相关系数矩阵

	ΔCashH	CFO	SOE	Size	Q	ΔSTD	ΔNWC	CapEx	Loan
ΔCashH	1.000								
CFO	0.278*	1.000							
SOE	-0.016	0.056*	1.000						
Size	0.104*	0.141*	0.213*	1.000					
Q	0.065*	0.045*	-0.185*	-0.341*	1.000				
ΔSTD	0.163*	-0.158*	0.015	0.123*	-0.136*	1.000			
ΔNWC	-0.164*	-0.260*	-0.066*	-0.030*	0.064*	-0.394*	1.000		
CapEx	0.061*	0.259*	0.017*	0.198*	-0.088*	0.267*	-0.153*	1.000	
Loan	0.135*	-0.169*	-0.014	0.181*	-0.131*	0.401*	-0.183*	0.216*	1.000

注：*表示在5%的显著性水平下显著（双尾检验）。

二、回归分析

表5-4考察了接受关联担保当年与从未接受关联担保公司的融资约束差异。Panel A给出了分组的Pearson相关系数检验。接受关联担保的观察值个数（相关系数）为5356（0.247），从未接受关联担保的观察值个数（相关系数）为3772（0.330）。从未接受关联担保的CFO与ΔCashH的相关系数较大，且分组的相关系数差异在1%的水平下显著（Z值为-4.272），说明接受关联担保的公司当年较从未接受关联担保的公司融资约束低。

表5-4 Panel B第（1）列至第（3）列使用接受关联担保连续变量GC。其中，公司自由现金流变量CFO的系数（t值）分别为0.556（15.87）、0.605（16.44）和0.535（11.45），均在1%的显著性水平下显著；交互项CFO×GC的系数（t值）分别为-0.136（-3.46）、-0.145（-3.30）和-0.119（-2.22），OLS模型和FE模型在1%的显著性水平下显著，CR模型在5%的显著性水平下显著。第（4）列至第（6）列使用接受关联担保虚拟变量GD。公司自由现金流变量CFO的系数（t值）分别为0.530（19.13）、0.580（20.11）和0.501（14.50）均在1%的显著性水平下显著，交互项CFO×GD的系数（t值）分别为-0.680（-4.00）、-0.744（-3.92）和-0.454（-2.18），OLS模型和FE模型在1%的显著性水平下显著CR模型在5%的显著性水平下显著。使用连续变量GC和虚拟变量GD的回归结果基本一致，这意味着与从未接受关联担保的公司相比，接受关联担保公司当年的融资约束更低，为研究假设H1提供了支持的证据。

表5-4 接受关联担保对公司融资约束影响的检验结果

Panel A 相关系数差异检验

		ΔCashH	
		接受关联担保当年	从未接受关联担保
CFO	观察值个数	5356	3772
	相关系数	0.247	0.330
		Z = -4.272，P = 0.000	

Panel B　接受关联担保当年的回归结果

	被解释变量：ΔCashH					
	G = GC			G = GD		
	(1) OLS	(2) FE	(3) CR	(4) OLS	(5) FE	(6) CR
CFO	0.556***	0.605***	0.535***	0.530***	0.580***	0.501***
	(15.87)	(16.44)	(11.45)	(19.13)	(20.11)	(14.50)
G	-0.001		-0.004**	-0.029**	-0.022	-0.010
	(-0.33)		(-2.02)	(-2.32)	(-1.15)	(-0.95)
CFO×G	-0.136***	-0.145***	-0.119**	-0.680***	-0.744***	-0.454**
	(-3.46)	(-3.30)	(-2.22)	(-4.00)	(-3.92)	(-2.18)
SOE	-0.001	0.006	-0.003	-0.001	0.006	-0.003
	(-0.43)	(1.10)	(-1.08)	(-0.44)	(1.09)	(-1.00)
Size	0.000	0.025***	0.107***	-0.000	0.024***	0.107***
	(0.06)	(5.44)	(11.09)	(-0.29)	(5.23)	(10.99)
Q	-0.001	0.003	-0.001	-0.001	0.003	-0.001
	(-0.56)	(1.58)	(-0.30)	(-0.58)	(1.63)	(-0.27)
ΔSTD	0.242***	0.182***	0.040	0.240***	0.179***	0.038
	(11.10)	(7.57)	(1.44)	(11.07)	(7.50)	(1.40)
ΔNWC	0.025	-0.019	-0.053***	0.025	-0.019	-0.053***
	(1.38)	(-1.07)	(-2.68)	(1.39)	(-1.07)	(-2.69)
CapEx	-0.102***	-0.157***	-0.277***	-0.106***	-0.159***	-0.279***
	(-3.71)	(-5.08)	(-7.31)	(-3.84)	(-5.15)	(-7.34)
Loan	0.099***	0.165***	0.311***	0.105***	0.171***	0.312***
	(10.13)	(9.02)	(12.27)	(10.54)	(9.13)	(12.37)
截距	-0.006	-0.564***	0.005	0.004	-0.549***	-0.025***
	(-0.17)	(-5.96)	(0.39)	(0.13)	(-5.73)	(-2.61)
年度	控制	控制	控制	控制	控制	控制
行业	控制	—	控制	控制	—	控制
公司	—	控制	—	—	控制	—
N	9128	9128	8136	9128	9128	8136
Adj. R-sq	0.189	0.248	0.292	0.190	0.249	0.291
R-sq：within	—	0.249	—	—	0.251	—
R-sq：between	—	0.019	—	—	0.019	—

续表

	被解释变量：ΔCashH					
	G = GC			G = GD		
	(1) OLS	(2) FE	(3) CR	(4) OLS	(5) FE	(6) CR
R - sq：overall	—	0.136	—	—	0.138	—
F	27.912	55.544	27.464	28.294	53.766	27.375

注：所有回归都使用异方差调整和公司聚类（Cluster）调整得到稳健性标准误，括号内给出调整后的 t 值。*、**、***分别表示在 10%、5%、1% 的显著性水平下显著（双尾检验）。

表 5－5 考察了接受过关联担保的公司在以后没有接受关联担保年度与从未接受关联担保的公司在融资约束水平上的差异。Panel A 给出了 Pearson 相关系数检验，曾经接受但当年未接受关联担保的观察值个数（相关系数）为 2822（0.294），从未接受关联担保的观察值个数（相关系数）为 3772（0.330）。两者差异的统计量 P 值为 0.105，接近边缘性显著水平。Panel B 给出了回归结果。第（1）列至第（3）列公司自由现金流变量 CFO 的系数（t 值）分别 0.515（13.67）、0.569（14.59）和 0.515（10.51），交互项 CFO × NGD 的系数（t 值）分别为 -0.101（-2.15）、-0.068（-1.15）和 -0.116（-1.82），OLS 模型和 CR 模型的回归结果均比较显著。结果显示相对于从未接受关联担保的公司，接受过关联担保的公司在未发生关联担保的年度表现出显著更低的融资约束，支持了研究假设 H2。这很可能是由于通过关联担保向银行取得贷款，公司和银行之间的信息不对称和摩擦成本大大降低，从而使公司在以后年度更容易从银行获取贷款，保持较低的融资约束水平。

表 5－5　接受担保后期公司融资约束的检验结果

Panel A　相关系数差异检验

		ΔCashH	
		曾经接受但当年未接受关联担保	从未接受关联担保
CFO	观察值个数	2822	3772
	相关系数	0.294	0.330
		Z = -1.620，P = 0.105	

Panel B　曾经接受但当年未接受关联担保的回归结果

	被解释变量：ΔCashH		
	（1）OLS	（2）FE	（3）CR
CFO	0.515***	0.569***	0.515***
	(13.67)	(14.59)	(10.51)
NGD	0.009**		0.003
	(2.22)		(1.09)
CFO×NGD	-0.101**	-0.068	-0.116*
	(-2.15)	(-1.15)	(-1.82)
SOE	-0.003	-0.006	-0.007**
	(-0.76)	(-0.87)	(-2.10)
Size	0.001	0.020***	0.138***
	(0.33)	(3.92)	(12.08)
Q	-0.000	0.005**	0.004
	(-0.19)	(2.03)	(1.16)
ΔSTD	0.170***	0.124***	-0.033
	(6.49)	(4.25)	(-1.10)
ΔNWC	-0.015	-0.039*	-0.050**
	(-0.69)	(-1.78)	(-2.29)
CapEx	-0.112***	-0.155***	-0.245***
	(-3.00)	(-3.85)	(-5.12)
Loan	0.074***	0.125***	0.258***
	(7.02)	(6.04)	(9.22)
截距	-0.008	-0.448***	-0.002
	(-0.21)	(-4.09)	(-0.16)
年度	控制	控制	控制
行业	控制	—	控制
公司	—	控制	—
N	6594	6594	6046
Adj. R-sq	0.176	0.226	0.256

续表

	被解释变量：ΔCashH		
	(1) OLS	(2) FE	(3) CR
R - sq：within	—	0.228	—
R - sq：between	—	0.033	—
R - sq：overall	—	0.137	—
F	20.524	38.768	20.967

注：所有回归都使用异方差调整和公司聚类（Cluster）调整得到稳健性标准误，括号内给出调整后的 t 值。*、**、***分别表示在 10%、5%、1% 的显著性水平下显著（双尾检验）。

为了考察终极股东股权性质的差异是否会带来不同的影响，笔者手工收集了上市公司的终极股东股权性质数据。中国证监会 2004 年 12 月 13 日颁布了《公开发行证券的公司信息披露内容与格式准则第 2 号（2004 年修订）》，要求上市公司以方框图形式披露公司与实际控制人之间的产权和控制关系。为了有效考察上市公司的股权结构，我们选择 2004 ~ 2010 年作为研究期间，将国务院组成部门控制（如财政部、教育部）、国务院直属机构控制（如新闻出版总署）、国务院直属事业单位控制（如新华社）、国务院部委管理的国家局控制（如国家烟草专卖局）的上市公司认定为国有控股公司，其他如自然人控制、外资法人控制、集体控制、社会团体控制、职工持股会控制、管理层控制等认定为非国有控股公司。因此，我们构建终极股东性质变量 SOE，当上市公司的终极股东为国有时取值为 1，否则为 0。回归结果见表 5 - 6。可以发现，终极股东股权性质的差异并没有带来不同的影响。

表 5 - 6　终极股东性质的影响

	被解释变量：ΔCashH		
	(1) SOE = 1	(2) SOE = 0	(3) 全样本
CFO	0.444***	0.522***	0.503***
	(4.34)	(3.55)	(3.54)
PDG	0.005	0.005	0.007
	(0.58)	(0.52)	(0.80)

续表

	被解释变量：ΔCashH		
	（1）SOE＝1	（2）SOE＝0	（3）全样本
SOE			-0.004
			(-0.35)
CFO×PDG	-0.041	-0.226	-0.177
	(-0.42)	(-1.50)	(-1.20)
SOE×CFO			-0.050
			(-0.30)
SOE×PDG			0.000
			(0.01)
SOE×PDG×CFO			0.111
			(0.63)
Size	0.004**	0.011***	0.006***
	(2.15)	(3.06)	(3.44)
Q	-0.002	0.002	0.000
	(-0.77)	(0.50)	(0.01)
STD	0.326***	0.262***	0.308***
	(9.16)	(6.12)	(11.17)
NWC	-0.002	-0.008	0.001
	(-0.07)	(-0.30)	(0.03)
CapEx	-0.076**	0.076	-0.024
	(-2.27)	(1.21)	(-0.77)
截距	-0.079*	-0.230***	-0.122***
	(-1.93)	(-2.81)	(-3.10)
年度	控制	控制	控制
行业	控制	控制	控制
N	4419	2477	6896
Adj. R-sq	0.209	0.166	0.182
F	14.360	10.395	20.148

注：所有回归都使用异方差调整和公司聚类（Cluster）调整得到稳健性标准误，括号内给出调整后的t值。*、**、***分别表示在10%、5%、1%的显著性水平下显著（双尾检验）。

三、双重差分模型

由于本章使用公司层面数据进行考察，而不同的公司首次接受关联担保的年度并不相同，因此，需要使用双重差分把首次接受关联担保缓解融资约束的作用从时间上的变化中分离出来。具体而言，我们参考了 Bertrand 和 Mullainathan（2003）、Chen 等（2012）采用的双重差分方法，根据首次担保发生的年度设定虚拟变量 FGD（如果公司在 t 年发生过首次担保，FGD = 1，否则为 0），同时控制公司和年度的固定效应。该方法通过公司固定效应（Firm Fixed Effect）控制了发生担保与没有发生过担保两组公司之间的固定差异（Fixed Differences），同时年度虚拟变量控制了发生担保前后由于宏观环境变化而导致的差异。我们使用双重差分后的具体回归模型如下：

$$\Delta CashH_{i,t} = \alpha_t + \alpha_i + \beta_1 CFO_{i,t} + \beta_2 FGD_{i,t} + \beta_3 CFO_{i,t} \times FGD_{i,t} + \gamma X_{i,t} + \varepsilon_{i,t} \qquad (2)$$

其中，$\Delta CashH_{i,t}$表示 i 公司在 t 年的现金持有量的变化与年初总资产的比率。α_t 和 α_i 分别表示年度和公司虚拟变量。$CFO_{i,t}$表示 i 公司在 t 年的经营活动现金流量净额与年初总资产的比率。$FGD_{i,t}$是虚拟变量，i 公司在 t 年已经接受过关联担保则取值为 1，否则为 0。X 表示一组控制变量。本章所关注的来自关联方担保的影响由 β_3 来表示，根据我们的逻辑推导，该系数应该是显著为负，即担保的发生可以降低融资约束。

表 5 – 7 报告了双重差分模型的回归结果。交互项 CFO × FGD 的系数（t 值）为 – 0.082（ – 2.66），在 1% 的显著性水平下显著为负，表明相对于没有接受过关联担保的公司，接受过关联担保的公司在接受关联担保之后融资约束显著降低。

表 5 – 7　双重差分模型的回归结果

	被解释变量：ΔCashH
CFO	0.545***
	(21.33)

续表

	被解释变量：ΔCashH
FGD	0.006 *
	(1.72)
CFO × FGD	-0.082 ***
	(-2.66)
SOE	-0.002
	(-0.56)
Size	0.022 ***
	(7.62)
Q	0.006 ***
	(3.88)
ΔSTD	0.199 ***
	(11.21)
ΔNWC	-0.015
	(-1.14)
CapEx	-0.139 ***
	(-6.14)
Loan	0.138 ***
	(11.60)
截距	-0.503 ***
	(-8.37)
年度	控制
行业	控制
N	15081
Adj. R-sq	0.235
R-sq：within	0.236
R-sq：between	0.005
R-sq：overall	0.153
F	90.645

注：所有回归都使用异方差调整和公司聚类（Cluster）调整得到稳健性标准误，括号内给出调整后的t值。*、**、***分别表示在10%、5%、1%的显著性水平下显著（双尾检验）。

四、工具变量回归

此外，我们还用工具变量回归方法以控制内生性问题。具体而言，使用如下两个工具变量：①各省贷款变量 PL，使用各省当年贷款总额除以各省当年的 GDP 总额；②控股股东委派董事比例变量 ADR，使用当年控股股东委派董事人数除以董事会总人数。第一个工具变量 PL 在一定程度上衡量了各省银行发展的程度。一般而言，银行发展程度越高的地区，公司需要通过集团关联担保获取银行贷款的需求越低。然而，不同地区的银行发展程度并不直接影响公司的融资决策。因此，第一个工具变量同时满足有效工具变量的相关性和外生性的两个条件。第二个工具变量 ADR 在一定程度上衡量了集团公司对上市公司决策，特别是关联交易决策产生的影响。这意味着该工具变量很可能影响公司的关联担保决策，但并不直接影响公司的融资约束水平。因此，第二个工具变量同时满足有效工具变量的相关性和外生性两个条件。检验结果也表明这两个工具变量同时满足有效工具变量的相关性和外生性两个条件。工具变量的回归结果见表 5-8，交互项 CFO × GC 的回归结果与之前的检验结果基本一致，由此可以推断内生性问题并没有严重影响本章的结论。

表 5-8　工具变量回归结果

	(1) 被解释变量：GC	(2) 被解释变量：ΔCashH
PL	-49.584***	
	(-4.54)	
ADR	0.027***	
	(4.06)	
GC		0.069
		(0.45)
CFO × GC		-4.130***
		(-3.11)
CFO	-0.050***	0.743***

续表

	（1）被解释变量：GC	（2）被解释变量：ΔCashH
	（-2.96）	（8.75）
SOE	-0.011***	0.001
	（-3.64）	（0.21）
Size	-0.007***	0.002
	（-4.83）	（0.77）
Q	-0.009***	0.000
	（-4.82）	（0.13）
ΔSTD	-0.084***	0.216***
	（-4.25）	（8.53）
ΔNWC	-0.037***	-0.010
	（-2.90）	（-0.65）
CapEx	-0.064***	-0.202***
	（-3.43）	（-7.70）
Loan	0.181***	0.111***
	（17.95）	（3.57）
截距	0.158***	-0.050
	（5.28）	（-1.18）
年度	控制	控制
行业	控制	控制
N	8025	8025
Adj. R-sq	0.158	0.147
F	28.102	31.556
第一阶段 F 值	12.782	—
过度识别检验及 P 值	—	J=0.641，P=0.726

注：所有回归都使用异方差调整和公司聚类（Cluster）调整得到稳健性标准误，括号内给出调整后的 t 值。*、**、***分别表示在 10%、5%、1% 的显著性水平下显著（双尾检验）。

五、进一步分析

为了进一步深入考察公司接受关联担保所产生的经济后果，我们分别对公司投资和公司业绩进行了考察。

首先，借鉴 Cleary、Povel 和 Raith（2007）以及 Frith 等（2012）的模型设定，考察关联担保对公司投资的影响。模型如下：

$$\frac{I_t}{K_{t-1}} = \beta_0 + \beta_1 GD_t + \beta_2 \frac{CF_t}{K_{t-1}} + \beta_3 (\frac{CF_t}{K_{t-1}})^2 + \beta_4 Q_{t-1} + \beta_5 Lev_{t-1} + Year\ Fixed\ Effect + Industry\ Fixed\ Effect + \varepsilon \quad (3)$$

其中，I 表示净固定资产与折旧之和的变动；K 表示期初的净固定资产；GD 是虚拟变量，公司当年接受关联担保取值为 1，否则为 0；CF 表示经营活动现金流量净额；Q 表示公司总资产的市场价值除以总资产的重置成本的比率；Lev 表示公司资产负债率。

表 5 - 9 为接受关联担保与投资的回归结果。GD 的系数（t 值）0.055（3.73），在 1% 的显著性水平下显著为正。这意味着接受关联担保与从未接受关联担保的公司相比公司投资程度较高，即接受关联担保会增加公司的投资水平。

表 5 - 9 接受关联担保与投资的回归结果

	被解释变量：I_t/K_{t-1}
GD	0.055***
	(3.73)
CF_t/K_{t-1}	0.024**
	(2.18)
$(CF_t/K_{t-1})^2$	0.003***
	(5.59)
Q	0.016
	(1.46)
Lev	-0.384***
	(-11.30)
截距	0.324***
	(6.34)
年度	控制
行业	控制

续表

	被解释变量：I_t/K_{t-1}
N	8550
Adj. R－sq	0.055
F	9.909

注：所有回归都使用异方差调整和公司聚类（Cluster）调整得到稳健性标准误，括号内给出调整后的 t 值。*、**、***分别表示在 10%、5%、1% 的显著性水平下显著（双尾检验）。

其次，借鉴 Ke、Rui 和 Yu（2012）的模型考察关联担保对公司业绩的影响。模型如下：

$$Perf = \beta_0 + \beta_1 GD + \beta_2 Size + \beta_3 Lev + \beta_4 Growth + \beta_5 Age + \beta_6 Sh1 + Year\ Fixed\ Effect + Industry\ Fixed\ Effect + \varepsilon \quad (4)$$

其中，Perf 表示公司业绩，分别使用 ROS 和 Ret 来衡量，ROS 表示公司销售报酬率，用净利润除以销售收入衡量，Ret 表示公司股票收益率，使用公司每年的个股市场回报率减去 A 股综合市场指数回报率；GD 是虚拟变量，公司当年接受关联担保取值为 1，否则为 0；Size 表示公司规模，使用当年总资产的自然对数衡量；Lev 表示公司资产负债率；Growth 表示公司成长性，使用公司主营业务收入增长率衡量；Age 表示公司年龄，使用公司上市年龄衡量；Sh1 表示公司第一大股东持股比例。

表 5－10 为接受关联担保与公司业绩的回归结果。GD 对会计业绩 ROS 和股票业绩 Ret 的回归系数（t 值）为 0.044（2.97）、0.022（1.98），ROS 模型在 1% 的水平下显著为正，Ret 模型在 5% 的水平下显著为正。表明接受关联担保不仅对公司的会计业绩有积极的影响，还会增加股票市场回报率。

表 5－10　接受担保与会计业绩的回归结果

	被解释变量：ROS（1）	被解释变量：Ret（2）
GD	0.044***	0.022**
	（2.97）	（1.98）
Size	0.067***	－0.003

续表

	被解释变量：ROS（1）	被解释变量：Ret（2）
	(9.88)	(−0.56)
Lev	−0.701***	−0.084***
	(−12.27)	(−4.16)
Growth	0.155***	0.145***
	(11.38)	(10.44)
Age	−0.000	0.001
	(−0.24)	(0.85)
Sh1	0.029	−0.012
	(0.87)	(−0.36)
截距	−1.197***	0.033
	(−8.66)	(0.28)
年度	控制	控制
行业	控制	控制
N	8496	8378
Adj. R − sq	0.284	0.032
F	14.967	7.726

注：所有回归都使用异方差调整和公司聚类（Cluster）调整得到稳健性标准误，括号内给出调整后的 t 值。*、**、***分别表示在 10%、5%、1% 的显著性水平下显著（双尾检验）。

综上所述，接受关联担保的公司由于可以得到关联方的支持，可以有效缓解公司面临的融资约束，从而显著增加了公司投资，并为公司带来了更好的会计业绩和更多的股票收益。

六、稳健性检验

考虑到现金与现金流敏感性模型衡量公司融资约束程度可能存在一定的局限性，本章首先借鉴已有文献使用 SA 指数衡量公司融资约束水平（Hadlock、Pierce，2010），使用衡量公司融资约束水平的 SA 指数作为被解释变量，重新检验本章的研究假设。SA 指数越大表示融资约束越严重，表 5 − 11

的回归结果表明关联担保变量对 SA 指数具有显著负向影响，即缓解公司融资约束水平。使用不同的融资约束模型的检验，表明我们的结论并没有受到衡量融资约束方式的影响。

表 5-11　关联担保与 SA 指数的回归结果

	被解释变量：SA		
	G = GC		G = GD
	(1) OLS	(2) FE	(3) OLS
CFO	1.928***	0.150	1.954***
	(7.55)	(1.38)	(7.62)
G	-0.898***	-0.574***	-0.046
	(-3.79)	(-4.06)	(-0.67)
SOE	0.533***	0.032	0.536***
	(9.10)	(0.75)	(9.05)
Q	-0.451***	-0.148***	-0.453***
	(-17.22)	(-8.73)	(-17.19)
ΔSTD	0.946***	0.254**	1.029***
	(5.02)	(2.17)	(5.48)
ΔNWC	0.493***	0.159***	0.515***
	(4.09)	(2.59)	(4.27)
CapEx	1.656***	0.265*	1.729***
	(6.10)	(1.73)	(6.32)
Loan	0.761***	0.919***	0.655***
	(6.26)	(8.10)	(5.32)
截距	2.984***	3.804***	3.006***
	(22.08)	(58.09)	(21.97)
年度	控制	控制	控制
行业	控制	—	控制
公司	—	控制	—
N	5916	5916	5916
Adj. R-sq	0.405	0.260	0.401
R-sq：within	—	0.263	—

续表

	被解释变量：SA		
	G = GC		G = GD
	(1) OLS	(2) FE	(3) OLS
R - sq：between	—	0.243	—
R - sq：overall	—	0.205	—
F	32.812	31.731	32.610

注：所有回归都使用异方差调整和公司聚类（Cluster）调整得到稳健性标准误，括号内给出调整后的 t 值。*、**、***分别表示在 10%、5%、1% 的显著性水平下显著（双尾检验）。

其次，使用 Shyam - Sunder 和 Myers（1999）的借款冗余敏感性模型（Borrowing - slack Sensitivity Model）重新检验本章的研究假设。表 5 - 12 的回归结果表明接受关联担保的公司与从未接受关联担保的公司相比，融资约束水平较低。

表 5 - 12　使用借款冗余敏感性模型的回归结果

Panel A　相关系数差异检验

		ΔLoan	
		接受关联担保当年	从未接受关联担保
Deficit	观察值个数	5060	3536
	相关系数	0.360	0.290
		Z = 3.573，P = 0.000	

Panel B　接受关联担保当年的回归结果

	被解释变量：ΔLoan			
	GC		GD	
	(1) OLS	(2) FE	(3) OLS	(4) FE
Deficit	0.402***	0.421***	0.355***	0.361***
	(12.62)	(10.98)	(8.00)	(7.03)
G	-0.000	-0.000	0.008***	
	(-0.18)	(-0.47)	(2.62)	

续表

	被解释变量：ΔLoan			
	GC		GD	
	(1) OLS	(2) FE	(3) OLS	(4) FE
Deficit × G	0. 582 ***	0. 460 **	0. 162 ***	0. 187 ***
	(3. 16)	(2. 22)	(3. 05)	(2. 95)
截距	0. 066 ***	0. 077 ***	0. 062 ***	0. 076 ***
	(6. 55)	(9. 39)	(6. 01)	(9. 30)
年度	控制	控制	控制	控制
行业	控制	—	控制	—
公司	—	控制	—	控制
N	8596	8596	8596	8596
Adj. R - sq	0. 138	0. 108	0. 140	0. 110
R - sq：within	—	0. 109	—	0. 112
R - sq：between	—	0. 115	—	0. 117
R - sq：overall	—	0. 126	—	0. 128
F	20. 403	29. 338	24. 584	33. 631

注：所有回归都使用异方差调整和公司聚类（Cluster）调整得到稳健性标准误，括号内给出调整后的 t 值。*、**、***分别表示在 10%、5%、1% 的显著性水平下显著（双尾检验）。

第五节 本章小结

银行信贷是中国上市公司外部筹资的主要方式。除了少数公司可以获得信用贷款，大部分公司需要通过第三方提供保证、抵押或质押担保来获取银行贷款。中国资本市场中上市公司大量接受关联担保的现象为我们考察企业集团缓解成员公司融资约束的显性担保机制提供了研究机会。本章以 1999 ~ 2010 年中国 A 股上市公司关联担保的数据为研究对象，考察了接受关联担保行为对公司融资约束的影响。

笔者发现中国上市公司接受关联担保，有效地降低了公司与银行之间的事前信息不对称和事后摩擦，从而能显著降低公司的融资约束水平。具体而言，公司接受关联担保当年的融资约束水平显著低于从未接受关联担保的公司。而且，我们发现接受过关联担保的公司在以后年度仍然保持较低程度的融资约束水平。这意味着一旦公司通过关联担保向银行取得贷款，公司和银行之间的信息不对称和摩擦成本很可能大大降低，从而使公司在担保以后的年度更容易从银行获取贷款，保持较低的融资约束水平。使用固定效应回归方法、双重差分方法和工具变量回归方法的结果都表明，相对于没有接受过关联担保的公司，接受过关联担保的公司在接受关联担保之后融资约束显著降低。进一步测试发现接受关联担保还会显著增加公司当年的投资水平和公司业绩。本章结果对于理解集团公司作用和更加全面地理解关联担保具有一定意义。

参考文献：

[1] Aivazian, V., Qiu, J. and Rahaman, M. Corporate Diversification and the "More - money" Effect [R]. Working paper, 2010.

[2] Albuquerque, R. and Hopenhayn, H. A. Optimal Lending Contracts and Firm Dynamics [J]. Review of Economic Studies, 2004 (71): 285 - 315.

[3] Allen, F., Qian, J. and Qian, M. Law, Finance, and Economic Growth in China [J]. Journal of Financial Economics, 2005 (77): 57 - 116.

[4] Almeida, H., Campello, M. and Weisbach, M. S. The Cash Flow Sensitivity of Cash [J]. The Journal of Finance, 2004 (59): 1777 - 1804.

[5] Berger, A. N., Frame, W. S. and Ioannidou, V. Tests of Exante Versus Expost Theories of Collateral Using Private and Public Information [J]. Journal of Financial Economics, 2011 (100): 85 - 97.

[6] Bertrand, M., Mehta, P. and Mullainathan, S. Ferreting out Tunneling: an Application to Indian Business Groups [J]. Quarterly Journal of Economics, 2002 (117): 121 - 148.

[7] Bertrand, M. and Mullainathan, S. Enjoying Quiet Life Corporate Gov-

ernance and Managerial Prefences [J]. Journal of Political Economy, 2003 (111): 1043 -1075.

[8] Boot, A. W. A., Thakor, A. V. and Udell, G. F. Secured Lending and Default Risk: Equilibrium Analysis, Policy Implications and Empirical Results [J]. Economic Journal, 1991 (101): 458 -472.

[9] Brick, I. E. and Palia, D. Evidence of Jointness in the Terms of Relationship Lending [J]. Journal Financial Intermediation, 2007 (16): 452 -476.

[10] Chen, Q., Chen X., Schipper, K., Xu, Y. X. and Xue, J. The Sensitivity of Corporate Cash Holdings to Corporate Governance [J]. The Review of Financial Studies, 2012 (25): 3610 -3644.

[11] Chen, H. and Chen, S. Investment - cash Flow Sensitivity Cannot be a Good Measure of Financial Constraints: Evidence from the Time Series [J]. Journal of Financial Economics, 2012 (103): 393 -410.

[12] Chen, S. S. and Wang, Y. Z. Financial Constraints and Share Repurchases [J]. Journal of Financial Economics, 2012 (103): 393 -410.

[13] Claessens, S., Djankov, S., Fan, J. and Lang, L. Disentangling the Incentive and Entrenchment Effects of Large Shareholdings [J]. The Journal of Finance, 2002 (57): 2741 -2771.

[14] Cleary, S., Povel, P. and Raith, M. The U-shaped Investment Curve: Theory and Evidence [J]. Journal of Financial and Quantitative Analysis, 2007 (42): 1 -39.

[15] Fazzari, S., Hubbard, R. G. and Petersen, B. Financing Constraints and Corporate Investment [J]. Brooking Papers on Economic Activity, 1988 (1): 141 -195.

[16] Firth, M., Malatesta, P., Xin, Q. and Xu, L. Corporate Investment, Government Control, and Financing Channels: Evidence from China's Listed Companies [J]. Journal of Corporate Finance, 2012 (18): 433 -450.

[17] Gatchev, V. A., Pulvino, T. and Tarhan, V. The Interdependent and Intertemporal Nature of Financial Decisions: an Application to Cash Flow Sensitivi-

ties [J]. The Journal of Finance, 2010, LXV: 725 -763.

[18] Gopalan, R., Nanda, V., and Seru, A. Reputation and Spillovers: Evidence from Indian Business Groups [R]. Working Paper, 2005.

[19] Hadlock, C. J. and Pierce, J. R. New Evidence on Measuring Financial Constraints: Moving Beyond the KZ Index [J]. The Review of Financial Studies, 2010 (23): 1910 -1940.

[20] Kaplan, S. and Zingales, L. Investment - cash Flow Sensitivities are not Useful Measures of Financing Constraints [J]. Quarterly Journal of Economics, 2000 (115): 707 -712.

[21] Ke, B., Rui, Oliver, R. and Yu, W. Hong Kong Stock Listing and the Sensitivity of Managerial Compensation to Firm Performance in State - controlled Chinese Firms [J]. Review of Accounting Studies, 2012 (30): 166 -188.

[22] Keynes, J. M. The General Theory of Employment, Interest and Money [J]. McMillan, London, 1936.

[23] Khanna, T. and Palepu, K. Is Group Affiliation Profitable in Emerging Markets? An Analysis of Diversified Indian Business Groups [J]. The Journal of Finance, 2000 (55): 867 -891.

[24] Khanna, T. and Yafeh Y. Business Groups in Emerging Markets: Paragons or Parasites? [J]. Journal of Economic Literature, 2007 (45): 331 -372.

[25] Khurana, I. K., Martin, X. and Pereira, R. Financial Development and the Cash Flow Sensitivity of Cash [J]. Journal of Financial and Quantitative Analysis, 2006, 41 (4): 787 -807.

[26] La Porta, R., Lopez - de - Silanes, F., and Zamarripa, G. Related Lending [J]. Quarterly Journal of Economics, 2003 (118): 231 -268.

[27] Lewellen, W. A. Pure Financial Rationale for the Conglomerate Merger [J]. The Journal of Finance, 1971 (26): 521 -537.

[28] Mclean, R. D., Zhang, T. Y. and Zhao, M. X. Why Does the Law Matter? Investor Protection and Its Effects on Investment, Finance, and Growth [J]. The Journal of Finance, 2012, LXVII: 313 -350.

[29] Palazzo, B. Cash Holdings, Risk, and Expected Returns [J]. Journal of Financial Economics, 2012 (104): 162 - 185.

[30] Petersen, M. A. Estimating Standard Errors in Finance Panel Data Sets: Comparing Approaches [J]. Review of Financial Studies, 2009 (22): 435 - 480.

[31] Rajan, R. and Winton, A. Covenants and Collateral as Incentives to Monitor [J]. The Journal of Finance, 1995 (50): 1113 - 1146.

[32] Shyam - Sunder, L. and Myers, S. C. Testing Static Tradeoff Against Pecking Order Models of Capital Structure [J]. Journal of Financial Economics, 1999 (51): 219 - 244.

[33] Stein, J. C. Internal Capital Markets and the Competition for Corporate Resources [J]. The Journal of Finance, 1997 (52): 111 - 133.

[34] Stein, J. C. Agency, Information and Corporate Investment [J]. Handbook of the Economics of Finance, 2003, Vol. 1A.

[35] Stiglitz, J. E. and Weiss, A. Credit Rationing in Markets with Imperfect Information [J]. The American Economic Review, 1981 (71): 393 - 410.

[36] Wan, H. and Zhu, K. Is Investment-cash Flow Sensitivity a Good Measure of Financial Constraints? [J]. China Journal of Accounting Research, 2011 (4): 253 - 270.

[37] Wulf, J. Influence and Inefficiency in the Internal Capital Market [J]. Journal of Economic Behavior and Organization, 2009 (72): 305 - 321.

[38] 邓建平，曾勇．金融关联能否缓解民营企业的融资约束 [J]. 金融研究，2010 (8): 78 - 92.

[39] 高雷，宋顺林．掏空、财富效应与投资者保护——基于上市公司关联担保的经验证据 [J]. 中国会计评论，2007 (5): 21 - 42.

[40] 黄宪，吴克保．我国商业银行对资本约束的敏感性研究——基于对中小企业信贷行为的实证分析 [J]. 金融研究，2009 (11): 103 - 118.

[41] 李杨，范玉茜．大型企业—银行信贷关系研究：以盘锦为例 [J]. 金融研究，2005 (12): 177 - 185.

[42] 刘小年，郑仁满．公司业绩、资本结构与对外信用担保 [J]. 金

融研究，2005（4）：155－164.

［43］罗党论，甄丽明．民营控制、政治关系与企业融资约束——基于中国民营上市公司的经验证据［J］．金融研究，2008（12）：164－178.

［44］屈文洲，谢雅璐，叶玉妹．信息不对称、融资约束与投资——现金流敏感性［J］．经济研究，2011（6）：105－117.

［45］饶育蕾，张媛，彭叠峰．股权比例、过度担保与隐蔽掏空——来自我国上市公司对子公司担保的证据［J］．南开管理评论，2008（11）：31－38.

［46］王琨，陈晓．控股股东所有权结构与关联方担保［J］．中国会计评论，2007（5）：43－54.

［47］尹志超，甘犁．信息不对称、企业异质性与信贷风险［J］．经济研究，2011（9）：121－132.

［48］余明桂，潘洪波．政治关系、制度环境与民营企业银行贷款［J］．管理世界，2008（8）：9－21.

［49］袁淳，荆新，廖冠民．国有公司的信贷优惠：信贷干预还是隐性担保？［J］．会计研究，2010（8）：49－54.

［50］张纯，吕伟．信息环境、融资约束与现金股利［J］．金融研究，2009（7）：81－94.

［51］郑建明，范黎波，朱媚．关联担保、隧道效应与公司价值［J］．中国工业经济，2007（5）：64－70.

［52］朱凯，陈信元．金融发展、审计意见与上市公司融资约束［J］．金融研究，2009（7）：66－80.

第六章　终极股东特征、股权分置改革与高管薪酬业绩敏感性

第一节　引言

2005年4月29日，中国证监会发布《关于上市公司股权分置改革试点有关问题的通知》，正式推行股权分置改革，截至2006年底中国资本市场的股权分置改革基本完成。股权分置改革的实质是大股东向中小股东赎买流通权，旨在使大股东与中小股东形成共同的利益基础。股权分置改革的实施为中国资本市场优化资源配置奠定了市场化基础，为上市公司完善公司治理创造了条件。已有研究从大股东治理（汪昌云等，2010）、大股东与高管合谋行为（吴振信、张雪峰，2009）、审计质量（伍利娜、朱春艳，2010）等视角考察了股权分置改革对公司治理带来的实际影响。高管薪酬业绩敏感性一直是公司高管激励领域的基本和核心问题，被广泛应用于衡量公司治理的有效性。然而，深入考察股权分置改革对上市公司高管薪酬业绩敏感性影响的研究仍然十分缺乏。

公司高管薪酬业绩敏感性的相关研究表明，经典理论与公司实务之间存在严重的分歧。以代理理论为主要理论基础的最优薪酬契约模型表明，公司通过制定基于业绩的薪酬制度把股东和高管的利益联系在一起，从而形成最优薪酬契约（Jensen、Murphy，1990）。但相应的实证研究却发现公司的高管薪酬业绩敏感性普遍较低（Tosi等，2000）。中国资本市场的股权分置改革为

研究这一问题提供了难得的研究机会，如果股权分置改革为公司完善治理机制提供了基础条件，那么很可能会促进公司形成最优薪酬契约。因此，本章首先考察股权分置改革是否提高了公司高管薪酬业绩敏感性。

其次，薪酬制度的设计本身可能受到代理问题的影响（Bebchuk、Fried，2003）。盈余管理领域的相关研究发现公司高管普遍存在通过盈余管理增加其薪酬的现象（Balsam，1998）。一旦公司盈余质量下降，公司薪酬委员会将减少高管薪酬契约中会计业绩指标的使用（Hoitash、Hoitash、Johnstone，2011；Peng，2011）。如果股权分置改革能够促进公司完善治理机制，提高高管薪酬业绩敏感性，那么，这种影响是否同时会引发公司高管出于机会主义动机进行盈余管理的行为？因此，本章接下来考察的问题是：公司薪酬业绩敏感性的提高是否会带来更高程度的盈余管理。

股权分置改革后高管薪酬与真实业绩的敏感性取决于两个效应的综合作用：最优薪酬契约激励高管提高公司业绩的效应和公司高管通过盈余管理影响公司业绩的效应。为了考察股权分置改革对公司高管薪酬与公司真实业绩敏感性的影响，本章使用 Cornett、Marcus 和 Tehranian（2008）的方法得到剔除盈余管理之后的“真实”业绩水平，重新检验股权分置改革对高管薪酬业绩敏感性的影响。因此，本章最后考察了股权分置改革对公司高管薪酬与真实业绩敏感性的影响。

本章使用中国资本市场上市公司 2002 ~ 2009 年的数据作为样本进行考察，研究发现：首先，使用公司财务业绩变量的检验结果表明股权分置改革显著提高了上市公司高管薪酬业绩的敏感性，相对于国有控股公司而言，非国有控股公司股权分置改革后高管薪酬业绩敏感性的提高更加明显。其次，通过考察股权分置改革前后公司盈余管理对高管薪酬的影响，结果表明股权分置改革后，非国有控股公司盈余管理对高管薪酬的影响大幅提高，并显著高于国有控股公司。这意味着股权分置改革很可能诱发了非国有控股上市公司高管机会主义盈余管理行为。最后，通过考察公司高管薪酬和真实业绩的敏感性，结果表明股权分置改革后公司高管薪酬业绩敏感性并没有显著提高。这意味着非国有控股公司高管操纵盈余提高自身薪酬水平很可能是导致其薪酬业绩敏感性显著提高“假象”的重要动因。

本章贡献主要表现在以下四个方面：第一，贡献于中国资本市场股权分置改革经济后果研究。本章不仅实证考察了股权分置改革对高管薪酬业绩敏感性的影响、诱发高管盈余管理行为程度，还考察了股权分置改革是否影响高管薪酬与真实业绩的敏感性以及不同产权性质下的差异。第二，丰富了高管薪酬业绩敏感性的研究文献，该领域存在理论与实务的较大分歧，本章提供了中国资本市场股权分置改革前后变化的经验证据。第三，贡献于盈余管理研究，申慧慧、黄张凯和吴联生（2009）发现股权分置改革后非国有控股公司的盈余管理行为显著增加，本章在得出相同结论的基础上进一步从高管薪酬动机角度进行了解释。第四，为理解发展中国家和经济转型国家的制度变迁进程提供了一个有益的视角和经验证据。

第二节　文献综述与研究假设

一、股权分置改革对高管薪酬业绩敏感性的影响

公司股东与高管代理问题的一个主要解决方式是使高管薪酬与业绩相挂钩，从而协同股东与高管的利益（Holmström，1979）。但基于西方发达资本市场的实证研究却表明公司高管薪酬业绩敏感性普遍较低，公司业绩对高管薪酬的解释力较弱（Tosi 等，2000）。高管薪酬业绩敏感性与理论预测的背离表明实务中高管薪酬制度设计受到很多因素的影响（Edmans、Gabaix，2009）。

中国资本市场上市公司的高管薪酬制度安排表现出与西方发达市场不同的特点。在股权分置时代，由于资本市场发展的早期阶段大多数上市公司是由国有企业改制而成，高管人员“零报酬”、“零持股”现象比较普遍（魏刚，2000），薪酬管制导致在职消费成为高管人员的替代性选择（陈冬华、陈信元、万华林，2005），因此，高管薪酬与业绩几乎不存在敏感性。

随着中国资本市场市场化导向改制的深入发展，国有控股的上市公司行

政工资级别制度逐步瓦解，民营控股等非国有控股的上市公司数量越来越多，上市公司高管薪酬状况发生了巨大变化。推行年薪制和建立独立董事制度以来，越来越多的上市公司建立起“经营者收入与企业绩效挂钩”的激励性薪酬制度（杜兴强、王丽华，2007）。卢锐（2008）发现管理层权力较大公司的高管薪酬与盈利业绩敏感度更高，与亏损业绩敏感度更低。权小锋、吴世农和文芳（2010）发现公司高管的权力越大，越倾向于利用盈余操纵获取绩效薪酬。

在股权分置条件之前，大股东无法在二级市场上兑现股价收益，通过最优薪酬契约激励高管提高公司业绩的动机不足。大股东尽可能地将上市公司作为从二级市场“圈钱”的工具。股权分置改革之后，大股东和高管的利益实现方式发生重大改变，大股东直接掏空上市公司的动机削弱，此外市场化的改革进程导致国有企业的薪酬管制、承担的政策性负担减弱以及预算约束硬化等（夏立军、陈信元，2007）。因此，公司股东有直接的利益驱动去监督和激励高管的行为，从而形成有效的公司治理机制，推动公司长期稳定地发展（廖理、沈红波、郦金梁，2008）。为了更好地激励高管，大股东和董事会更倾向于在公司治理安排中采用各种使高管薪酬与业绩相挂钩的薪酬方案（吴林祥，2008）。在国有控股的公司中，政府近年来一方面不断降低对公司的控制权，让公司拥有更多的经营自主权；另一方面，政府重视加强以高管薪酬为主的公司治理机制，高管薪酬业绩的敏感性在不断增加（辛清泉、谭伟强，2009）。因此，国有控股公司中高管薪酬业绩敏感性的提高幅度在股权分置改革后不会表现得太大。然而，与国有控股公司相比，非国有控股公司大股东在股权分置改革前侵占中小股东利益的动机明显，之后，大股东与中小股东的利益基础一致，大股东出于提高私有收益而改善公司经营业绩的动机增加明显。因此，非国有控股公司提高高管薪酬业绩敏感性的动机会显得更加强烈。由此，本章提出如下研究假设：

H1a：其他条件不变，与股权分置改革前相比，股权分置改革后公司的高管业绩薪酬敏感性明显提高。

H1b：其他条件不变，相对于国有控股公司，非国有控股公司股权分置改革后高管业绩薪酬敏感性有更加明显的提高。

二、盈余管理与高管薪酬

对于公司高管薪酬制度的设计而言，其设计本身可能会受到代理问题的影响（Bebchuk、Fried，2003）。盈余管理研究认为与会计指标相关的薪酬安排会导致公司高管人员使用会计操控权向上调整报告收益（Watts、Zimmerman，1986；Christie，1990）。早期的经验研究考察公司高管薪酬契约诱发高管盈余管理行为，并发现了支持的经验证据（Healy，1985；Guidry、Leone、Rock，1999）。

Balsam（1998）尝试在控制公司盈余其他组成部分的条件下，考察公司盈余管理对高管薪酬水平的影响。笔者把公司盈余分解为现金流量、非操控性应计和操控性应计，结果表明操控性应计和高管薪酬水平显著正相关。美国 SOX 法案颁布之后，公司高管在更高程度上保证公司财务报告的可靠性，进行盈余管理的风险大大增加。随着公司盈余可靠性的增强和盈余操控性的减小，公司高管的薪酬契约对盈余指标的依赖性预期应该得以加强。Carter、Lynch 和 Zechman（2009）把研究样本划分为两个期间：1996～2001 年和 2002～2005 年，检验结果表明 SOX 法案实施后高管薪酬与报告盈余的关系更强，薪酬契约中对报告盈余的权重也得以提高。

中国资本市场股权分置改革实施后，大股东和中小股东在逐渐趋同的利益基础上共同推进和完善上市公司治理机制。值得注意的是，股权分置改革在促进上市公司完善公司治理机制的同时，很可能带来一些未预期的经济后果。例如，公司股东在推行高管最优薪酬契约激励高管提高公司业绩的同时，很可能诱发公司高管通过盈余管理等方式操纵公司业绩，以提高自身薪酬水平。早期的盈余管理研究主要关注上市公司通过盈余管理达到上市发行新股、扭亏、配股等目的（Aharony、Lee、Wong，2000），考察公司高管薪酬与盈余管理关系的相对较少。李延喜等（2007）以 2002～2004 年上市公司为研究对象进行考察，认为高管薪酬激励构成了公司盈余管理的诱因，而且，董事会对盈余管理的制约作用并不明显。王克敏和王志超（2007）发现当高管控制权监督和制衡机制相对健全时，高管进行盈余管理获取私人收益的动机更强。这两项研究都认为高管薪酬激励已经成为公司盈余管理的基本诱因之一，但并没有直接考察公司盈余管理对高管薪酬水平的影响。

股权分置改革完成后，国有控股公司与非国有控股公司在盈余管理行为上具有不同的动机。Ding、Zhang 和 Zhang（2007）认为非国有控股股东更有动机来操纵上市公司盈余，因为其相应的利益所得直接归属于其自身。申慧慧、黄张凯和吴联生（2009）指出股权分置改革完成后非国有控股公司收益增加盈余管理的程度显著提高，而国有控股公司的盈余管理程度没有显著变化。如果股权分置改革促进公司完善治理机制，同时诱发公司高管通过盈余管理增加自身薪酬水平，与国有控股的公司相比，非国有控股公司中这一现象很可能更加明显。由此，本章提出以下研究假设：

H2：其他条件不变，相对于国有控股公司，非国有控股公司股权分置改革后盈余管理行为增加高管薪酬水平的作用更大。

三、高管薪酬与真实业绩的敏感性

针对西方发达资本市场的研究表明，上市公司中存在普遍的盈余管理现象（Cohen、Dey、Lys，2005），而基于期权等高管薪酬激励制度的设计和实施是导致这一现象的主要原因（Cheng、Warfield，2005；Bergstresser、Philippon，2006）。这意味着盈余管理对公司业绩的影响已经达到了不可忽视的程度。Cornett、Marcus 和 Tehranian（2008）使用操控性应计衡量公司盈余管理程度，剔除盈余管理影响后得到公司的真实业绩。他们重新考察了高管薪酬业绩的敏感性，结果显示高管薪酬与真实业绩的敏感性大大降低。

中国资本市场的股权分置改革一方面促进公司股东改善公司治理机制，制定最优高管薪酬契约激励高管提高公司业绩；另一方面，很可能诱发公司高管操纵盈余管理以提高自身薪酬水平。一旦公司高管普遍使用会计操控权进行盈余管理，那么盈余管理行为对公司业绩的影响就不能被忽视。如果股权分置改革后最优薪酬契约激励高管提高公司业绩的作用大于公司高管通过盈余管理影响公司业绩的作用，那么可以观察到股权分置改革后高管薪酬与真实业绩的敏感性得到显著提高，否则，就无法得到高管薪酬与真实业绩的敏感性显著提高的证据。因此，本章提出以下研究假设：

H3：其他条件不变，剔除盈余管理对公司业绩的影响后，股权分置改革后公司的高管薪酬与真实业绩的敏感性明显提高。

第三节　研究设计

一、研究变量

1. 高管薪酬业绩敏感性

2001 年 12 月 18 日，中国证监会发布修订后的《公开发行证券的公司信息披露内容与格式准则第 2 号——年度报告的内容与格式（2001 年修订）》要求上市公司披露公司金额在前三名的高管人员的薪酬总额。黄志忠、冯燕金和郗群（2008）调查研究了中国上市公司前三名高管的薪酬及结构，发现货币薪酬仍然是最主要的方式，股票期权等激励方式并不普遍。使用高管货币薪酬构建变量的方式也常见于研究高管薪酬的文献中（Cadman、Carter、Hillegeist，2010；Conyon、He，2011）。

Jensen 和 Murphy（1990）建议使用公司高管薪酬水平值变动额与公司股东财富变动（使用市场价值）的关系衡量高管薪酬业绩敏感性。由于中国上市公司在股权分置改革之前存在大量非流通股，股权分置改革之后大股东的非流通股往往要满足一定锁定期和交易比例条件才能流通，因此不宜使用股东财富衡量公司业绩。本章采用 Kato、Kim 和 Lee（2007）使用的半弹性模型衡量高管薪酬业绩的敏感性。这一衡量高管薪酬业绩敏感性的方法常见于高管薪酬相关研究中（Cadman、Carter、Hillegeist，2010）。本章选择上市公司薪酬最高三位高管薪酬之和取自然对数形式构建高管薪酬变量 Salary。使用自然对数转换可以使被解释变量更符合正态分布，还能够得到相对更加稳定的高管薪酬业绩敏感性（Murphy，1999）。与以前的文献一致，本章公司业绩变量 Perf 分别使用公司股东权益回报率 ROE 和资产回报率 ROA（Firth、Fung、

Rui, 2006; Kato、Long, 2006; Zhang、Cahan、Allen, 2005) 来衡量。

2. 公司盈余组成

为了考察不同盈余组成部分的具体作用，本章把公司盈余分解为现金流量 CFO（为了控制异方差的影响，该变量除以期初总资产）、非操控性应计 NDAC 与操控性应计 DAC。其中，操控性应计用来衡量公司高管的盈余管理行为。本章使用现金流量表方法计算操控性应计。操控性应计的计算实际上是使用调整的 Jones 模型分别针对不同年度、不同行业的观察值进行回归而估计出的残差（Defond、Jiambalvo, 1994; Fan, 2007)。Kothari、Leone 和 Wasley（2005）比较了以 Jones 模型为基础的一系列模型估计操控性应计的效果，发现效果最好的是使用当年 ROA 进行业绩配比的调整 Jones 模型。这一方法在目前的盈余管理研究中得到了大量应用（Lawrence、Minutti – Meza、Zhang, 2011)。因此，本章使用当年 ROA 进行业绩配比的调整 Jones 模型估计出公司当年的操控性应计。

3. 剔除盈余管理后的公司业绩

Cornett、Marcus 和 Tehranian（2008）认为操控性应计反映公司高管对公司会计业绩的操纵程度，因此，他们从公司会计业绩中剔除操控性应计得到衡量公司业绩的指标，认为该指标是未经操纵的公司业绩指标，能够反映公司真实业绩。为了剔除盈余管理对公司业绩的影响，本章借鉴他们的方法，将使用当年 ROA 进行业绩配比的调整 Jones 模型计算得出的操控性应计乘以上年总资产得到操控性应计水平值，使用公司当年净利润扣除操控性应计水平值之后再计算出反映公司真实业绩水平的变量 UnPerf。

4. 其他控制变量

考虑到重要缺失变量会带来的偏误，参考以前研究（Chang、Choy、Wan, 2008; 方军雄, 2009; 辛清泉、谭伟强, 2009; Chen、Liu、Li, 2010)，本章设置如下控制变量：①公司规模变量 Size，取公司总资产的自然对数。②公司销售收入增长率变量 SalesR。③资产负债率变量 Lev，取公司负债总额与资产总额的比率。④公司风险变量 Risk，取公司当年股票月回报率的标准差。⑤公司资产的市场价值与账面价值比率变量 MTB。⑥公司成长机会变量 CTD，取公司资本支出与折旧、摊销的比率。⑦董事长与总经理两职兼任状态变量 CEOD，兼任取值为 1，否则为 0。⑧董事会规模变量 BSize，取公司董事会人数的自然对数。⑨独立董事比例变量 IndepR，取公司独立董事人数与董事会人数的比率。⑩薪酬委员会虚拟变量 Commit，如果公司当年设立了薪酬委员会，取值为 1，否则为 0。⑪交叉上市变量 Exch，如果公司当年还在境外其他交易所上市交易，取值为 1，否则为 0。⑫特别处理变量 ST，如果公司当年处于 ST、*ST 或 PT 状态，取值为 1，否则为 0。

二、研究模型

为了检验假设 H1a 和假设 H1b，本章根据每家上市公司公告的股权分置改革完成实际时间设置一个股权分置改革虚拟变量 Post，如果公司当年已经完成股权分置改革取值为 1，否则取值为 0。研究模型引入 Post 和 Perf 的交互项以观察股权分置改革前后高管薪酬业绩敏感性的变化。为了控制不同行业对公司高管薪酬的影响，本章根据中国证监会 2001 年颁布的《上市公司行业分类指引》设置行业虚拟变量（制造业按两位代码设置）。为了控制不同年度宏观因素的影响，本章设置了年度虚拟变量。而且，为了控制内生性问题，还使用公司层面的固定效应模型消除可能产生的缺失变量偏误。研究模型如下：

$$\begin{aligned} Salary = {} & \beta_0 + \beta_1 Post + \beta_2 Perf + \beta_3 Post \times Perf + \beta_4 Size + \beta_5 SalesR + \beta_6 Lev + \\ & \beta_7 Risk + \beta_8 MTB + \beta_9 CTD + \beta_{10} CEOD + \beta_{11} BSize + \beta_{12} IndepR + \\ & \beta_{13} Commit + \beta_{14} Exch + \beta_{15} ST + Year\ Fixed\ Effect + \\ & Industry\ Fixed\ Effect + \varepsilon \end{aligned} \tag{1}$$

$$\begin{aligned} Salary = {} & \beta_0 + \beta_1 Post + \beta_2 Perf + \beta_3 SOE + \beta_4 Post \times Perf + \beta_5 SOE \times Post + \\ & \beta_6 SOE \times Perf + \beta_7 SOE \times Post \times Perf + \beta_8 Size + \beta_9 SalesR + \\ & \beta_{10} Lev + \beta_{11} Risk + \beta_{12} MTB + \beta_{13} CTD + \beta_{14} CEOD + \beta_{15} BSize + \\ & \beta_{16} IndepR + \beta_{17} Commit + \beta_{18} Exch + \beta_{19} ST + \\ & Year\ Fixed\ Effect + Industry\ Fixed\ Effect + \varepsilon \end{aligned} \tag{2}$$

为了检验假设 H2，借鉴 Balsam（1998）的方法把公司盈余分解为现金流量 CFO、非操控性应计 NDAC 和操控性应计 DAC，分别考察不同盈余组成部分的作用。模型如下：

$$\begin{aligned} Salary = {} & \beta_0 + \beta_1 Post + \beta_2 CFO + \beta_3 NDAC + \beta_4 DAC + \beta_5 SOE + \beta_6 Post \times CFO + \\ & \beta_7 Post \times NDAC + \beta_8 Post \times DAC + \beta_9 SOE \times Post + \beta_{10} SOE \times CFO + \\ & \beta_{11} SOE \times NDAC + \beta_{12} SOE \times DAC + \beta_{13} SOE \times Post \times CFO + \\ & \beta_{14} SOE \times Post \times NDAC + \beta_{15} SOE \times Post \times DAC + \beta_{16} Size + \\ & \beta_{17} SalesR + \beta_{18} Lev + \beta_{19} Risk + \beta_{20} MTB + \beta_{21} CTD + \beta_{22} CEOD + \\ & \beta_{23} BSize + \beta_{24} IndepR + \beta_{25} Commit + Year\ Fixed\ Effect + \\ & Industry\ Fixed\ Effect + \varepsilon \end{aligned} \tag{3}$$

为了检验假设 H3，本章仍然使用模型（1），但使用公司真实业绩变量 UnPerf 替换原公司业绩变量 Perf。在剔除了盈余管理的影响后，如果公司薪酬业绩敏感性在股权分置改革后得到提高，可以预期虚拟变量 Post 与剔除盈余管理影响后公司真实业绩变量的交互项显著为正。然而，如果公司薪酬业绩敏感性的提高主要是由于盈余管理的影响所导致，那么剔除了盈余管理的影响后，可以预期虚拟变量 Post 与公司真实业绩变量的交互项并不显著。

第四节　实证结果与分析

一、研究样本和描述性统计

为了考察股权分置改革带来的影响，本章首先选择中国资本市场 A 股上市公司 2002～2009 年的数据作为研究样本。考虑到金融、保险行业的特殊性，剔除了这个行业的上市公司，最后得到 9126 个观察值。上市公司数据来源于深圳国泰安信息技术有限公司（CSMAR），其中，中国股权分置改革数据库提供了上市公司实际完成股权分置改革的时间。由于样本是由不同公司在不同的年度组成的混合数据（Pool Data），给定公司的年度观察值不满足独立性要求，这会导致回归结果的统计显著性被高估。为了纠正这个统计问题，每个回归都使用对每个公司进行“聚类”（Cluster）的方法来调整系数估计值的标准误（Petersen，2009）。

为了控制极端值对检验结果带来的偏误和影响，所有连续的解释变量在1%和99%的分位数上实施了缩尾处理（Winsorize）。变量描述性统计结果见表6－1。公司高管薪酬变量Salary的均值由股权分置改革前的12.725提高到股权分置改革后的13.288，意味着公司前三名高管薪酬水平值的均值提高了254027.21元［exp（13.288）－exp（12.725）］。观察盈余组成变量可以发现，公司现金流量和非操控性应计在股权分置改革后有显著增加，而操控性应计并没有显著增加。观察公司业绩变量可以发现，股权分置改革后公司的业绩变量具有显著的提升。

表6－1 描述性统计

	全样本（n＝9126）			股权分置改革前子样本（n＝4292）			股权分置改革后子样本（n＝4834）			均值差异
	Mean	P50	SD	Mean	P50	SD	Mean	P50	SD	
高管薪酬										
Salary	13.023	13.044	0.925	12.725	12.743	0.882	13.288	13.337	0.880	0.563*
盈余组成										
CFO	0.061	0.056	0.097	0.055	0.051	0.093	0.067	0.060	0.100	0.013*
NDAC	－0.020	－0.022	0.107	－0.023	－0.022	0.102	－0.017	－0.021	0.112	0.007*
DAC	－0.002	－0.002	0.123	0.000	－0.001	0.119	－0.003	－0.002	0.126	－0.003
公司业绩										
ROE	0.048	0.063	0.134	0.028	0.054	0.209	0.065	0.073	0.195	0.037*
UnROE	0.060	0.062	0.380	0.038	0.050	0.378	0.079	0.076	0.380	0.041*
ROA	0.026	0.029	0.075	0.017	0.025	0.076	0.034	0.033	0.073	0.017*
UnROA	0.029	0.030	0.135	0.018	0.024	0.132	0.038	0.036	0.136	0.020*
控制变量										
Size	21.355	21.273	1.054	21.129	21.072	0.945	21.556	21.485	1.104	0.427*
SalesR	0.209	0.132	0.600	0.207	0.144	0.622	0.211	0.123	0.581	0.004
Lev	0.523	0.515	0.245	0.518	0.502	0.263	0.527	0.528	0.227	0.008
Risk	0.137	0.122	0.062	0.102	0.094	0.040	0.168	0.161	0.062	0.067*
MTB	1.638	1.317	0.905	1.351	1.212	0.519	1.892	1.521	1.082	0.541*

续表

	全样本（n=9126）			股权分置改革前子样本（n=4292）			股权分置改革后子样本（n=4834）			均值差异
	Mean	P50	SD	Mean	P50	SD	Mean	P50	SD	
CTD	2.594	1.543	3.303	2.704	1.620	3.349	2.496	1.477	3.258	-0.208
CEOD	0.122	0.000	0.327	0.112	0.000	0.315	0.131	0.000	0.337	0.019*
BSize	2.228	2.197	0.209	2.248	2.197	0.215	2.210	2.197	0.202	-0.038*
IndepR	0.340	0.333	0.059	0.320	0.333	0.066	0.357	0.333	0.045	0.037*
Commit	0.601	1.000	0.490	0.358	0.000	0.480	0.817	1.000	0.387	0.459*
Exch	0.025	0.000	0.155	0.025	0.000	0.156	0.024	0.000	0.154	-0.001
ST	0.102	0.000	0.303	0.102	0.000	0.303	0.102	0.000	0.302	-0.001

注：*表示在5%的显著性水平下显著（双尾检验）。

二、回归分析

本章首先考察股权分置改革对公司高管薪酬业绩敏感性的影响。表6-2给出了相应的回归结果。我们分别对混合数据进行OLS回归（控制行业固定效应和年度固定效应）以及对面板数据进行固定效应回归。表格的第（1）列和第（2）列中公司业绩变量Perf使用ROE衡量。在第（1）列中，股权分置改革虚拟变量Post的系数为0.048，不具有统计显著性；Perf的系数为0.296，在1%的显著性水平下显著（t=4.49）；交互项Post×Perf的系数为0.624，在1%的显著性水平下显著（t=5.32），表明股权分置改革后公司业绩与高管薪酬的敏感性得到显著提高。变量MTB和CTD都表现出对高管薪酬的显著正向影响。董事会治理变量也表现出对高管薪酬的显著正向影响，与已有研究结果一致（Chen、Liu、Li，2010）。在第（2）列的回归中，同时控制公司固定效应和年度固定效应。由于交叉上市变量Exch不随时间的变化而变化，固定效应模型会自动剔除该变量。Post的系数为0.084，在1%的显著性水平下显著（t=2.69）；Perf的系数为0.101，在5%的显著性水平下显著（t=2.25）；交互项Post×Perf系数为0.224，在1%的显著性水平下显著（t=2.72）。表格的第（3）列和第（4）列中公司业绩变量Perf使用ROA衡量，检验结果与第（1）列和第（2）列的结果基本一致。可见，与股权分置改革前相比，股权分置改革后公司的高管业绩薪酬敏感性显著提高，研究假设 1a 得到支持。

表 6-2　股权分置改革对高管薪酬业绩敏感性的影响

被解释变量：Salary								
	Perf = ROE				Perf = ROA			
	(1) OLS		(2) FE		(3) OLS		(4) FE	
	系数	t 值	系数	t 值	系数	t 值	系数	t 值
Post	0.048	(1.03)	0.084***	(2.69)	0.045	(0.99)	0.083***	(2.62)
Perf	0.296***	(4.49)	0.101**	(2.25)	1.668***	(7.14)	0.685***	(3.96)
Post × Perf	0.624***	(5.32)	0.224***	(2.72)	1.366***	(4.39)	0.637***	(2.75)
Size	0.299***	(14.35)	0.235***	(8.50)	0.279***	(13.41)	0.222***	(8.07)
SalesR	-0.009	(-0.67)	0.005	(0.52)	-0.032**	(-2.30)	-0.005	(-0.43)
Lev	-0.139**	(-1.98)	-0.261***	(-4.25)	0.086	(1.19)	-0.127**	(-1.97)
Risk	-1.032***	(-4.59)	-0.636***	(-4.33)	-0.855***	(-3.84)	-0.584***	(-3.98)
MTB	0.098***	(5.29)	0.045***	(3.57)	0.074***	(4.09)	0.035***	(2.75)
CTD	0.012***	(3.49)	0.005**	(2.42)	0.010***	(2.81)	0.005**	(2.10)
CEOD	0.092**	(2.15)	0.002	(0.05)	0.096**	(2.27)	0.002	(0.07)
BSize	0.299***	(3.84)	0.313***	(4.08)	0.288***	(3.71)	0.306***	(4.01)
IndepR	0.059	(0.22)	-0.282	(-1.51)	0.063	(0.24)	-0.293	(-1.57)
Commit	0.100***	(2.93)	0.079***	(3.55)	0.094***	(2.77)	0.074***	(3.35)
Exch	0.336***	(2.88)			0.353***	(3.11)		
ST	-0.215***	(-4.18)	-0.018	(-0.42)	-0.219***	(-4.29)	-0.039	(-0.92)
截距	5.645***	(11.94)	6.988***	(11.84)	5.986***	(12.61)	7.223***	(12.19)
公司			控制				控制	
行业	控制				控制			
年度	控制		控制		控制		控制	
N	9126		9126		9126		9126	
Adj. R-sq	0.330		0.341		0.340		0.346	
F	58.778		84.501		60.394		86.159	

注：所有回归都使用异方差调整和公司聚类（Cluster）调整得到稳健性标准误，括号内给出调整后的 t 值。*、**、***分别表示在 10%、5%、1% 的显著性水平下显著（双尾检验）。

为了进一步考察国有控股公司和非国有控股公司股权分置改革前后高管薪酬业绩敏感性的变化，本章使用股权性质变量 SOE 以及交互项进行检验。表 6 - 3 给出了相应的回归结果。表格的第（1）列和第（2）列中公司业绩变量 Perf 使用 ROE 衡量。在第（1）列中，交互项 Post × Perf 的系数为 0.935，在 1% 的显著性水平下显著（t = 5.37）；交互项 SOE × Post × Perf 的系数为 - 0.771，在 1% 显著性水平下显著（t = - 2.81）。在第（2）列中，交互项 Post × Perf 的系数为 0.437，在 1% 的显著性水平下显著（t = 3.34）；交互项 SOE × Post × Perf 的系数为 - 0.493，在 5% 的显著性水平下显著（t = - 2.43）。这表明相对于国有控股公司而言，非国有控股公司股权分置改革后高管薪酬业绩敏感性的提高更加明显。

表格的第（3）列和第（4）列中公司业绩变量 Perf 使用 ROA 衡量。在第（3）列中，交互项 Post × Perf 的系数为 1.999，在 1% 的显著性水平下显著（t = 4.28）；交互项 SOE × Post × Perf 的系数为 - 1.358，在 5% 的显著性水平下显著（t = - 2.08）。在第（4）列中，交互项 Post × Perf 的系数为 1.008，在 1% 的显著性水平下显著（t = 2.86）；交互项 SOE × Post × Perf 的系数为 - 0.755，不具有统计显著性。这表明在固定效应回归中，国有控股公司与非国有控股公司相比，股权分置改革后高管薪酬业绩敏感性提高程度差异的显著性有所下降。总体而言，结果表明相对于国有控股公司，非国有控股公司股权分置改革后高管业绩薪酬敏感性有更加明显的提高，这为研究假设 1b 提供了支持的证据。

表 6 - 3　股权分置改革与股权性质对高管薪酬业绩敏感性的影响

被解释变量：Salary								
	Perf = ROE				Perf = ROA			
	(1) OLS		(2) FE		(3) OLS		(4) FE	
	系数	t 值	系数	t 值	系数	t 值	系数	t 值
Post	0.021	(0.40)	0.044	(1.15)	0.012	(0.23)	0.041	(1.07)
Perf	- 0.095	(- 1.14)	- 0.149**	(- 2.50)	0.756**	(2.37)	0.083	(0.38)
SOE	- 0.236***	(- 5.37)	- 0.083**	(- 1.97)	- 0.229***	(- 5.20)	- 0.075*	(- 1.77)

续表

被解释变量：Salary								
	Perf = ROE				Perf = ROA			
	(1) OLS		(2) FE		(3) OLS		(4) FE	
	系数	t 值	系数	t 值	系数	t 值	系数	t 值
Post × Perf	0.935 ***	(5.37)	0.437 ***	(3.34)	1.999 ***	(4.28)	1.008 ***	(2.86)
SOE × Post	0.025	(0.56)	0.067 *	(1.90)	0.029	(0.66)	0.062 *	(1.74)
SOE × Perf	0.903 ***	(5.49)	0.616 ***	(5.44)	1.640 ***	(3.69)	1.198 ***	(4.02)
SOE × Post × Perf	-0.771 ***	(-2.81)	-0.493 **	(-2.43)	-1.358 **	(-2.08)	-0.755	(-1.57)
Size	0.313 ***	(15.09)	0.240 ***	(8.64)	0.296 ***	(14.27)	0.228 ***	(8.21)
SalesR	-0.017	(-1.28)	0.001	(0.11)	-0.035 **	(-2.55)	-0.006	(-0.57)
Lev	-0.147 **	(-2.11)	-0.248 ***	(-4.09)	0.052	(0.73)	-0.137 **	(-2.12)
Risk	-0.976 ***	(-4.41)	-0.638 ***	(-4.34)	-0.826 ***	(-3.76)	-0.587 ***	(-4.00)
MTB	0.090 ***	(4.90)	0.045 ***	(3.60)	0.067 ***	(3.72)	0.035 ***	(2.80)
CTD	0.010 ***	(2.83)	0.005 **	(2.19)	0.008 **	(2.32)	0.004 **	(1.96)
CEOD	0.076 *	(1.83)	0.000	(0.01)	0.082 **	(1.99)	0.005	(0.14)
BSize	0.336 ***	(4.37)	0.312 ***	(4.07)	0.325 ***	(4.24)	0.303 ***	(3.97)
IndepR	-0.067	(-0.26)	-0.323 *	(-1.73)	-0.040	(-0.16)	-0.317 *	(-1.69)
Commit	0.110 ***	(3.26)	0.081 ***	(3.68)	0.104 ***	(3.10)	0.076 ***	(3.46)
Exch	0.336 ***	(2.96)			0.350 ***	(3.14)		
ST	-0.216 ***	(-4.25)	-0.026	(-0.63)	-0.220 ***	(-4.35)	-0.040	(-0.95)
截距	5.455 ***	(11.55)	6.963 ***	(11.76)	5.747 ***	(12.14)	7.167 ***	(12.01)
公司	—		控制		—		控制	
行业	控制		—		控制		—	
年度	控制		控制		控制		控制	
N	9126		9126		9126		9126	
Adj. R-sq	0.343		0.345		0.350		0.348	
F	55.839		73.736		56.721		74.564	

注：所有回归都使用异方差调整和公司聚类（Cluster）调整得到稳健性标准误，括号内给出调整后的 t 值。*、**、***分别表示在 10%、5%、1% 的显著性水平下显著（双尾检验）。

表 6-4 给出了股权分置改革、盈余管理与高管薪酬的回归结果。在第

(1）列中，混合数据回归结果显示交互项 Post × DAC 的系数为 1.048，在 1% 的显著性水平下显著（t = 3.74），交互项 SOE × Post × DAC 的系数为 -1.331，在 1% 的显著性水平下显著（t = -3.19）。在第（2）列中，面板数据回归结果显示交互项 Post × DAC 的系数为 0.677，在 1% 的显著性水平下显著（t = 3.17），交互项 SOE × Post × DAC 的系数为 -0.888，在 1% 的显著性水平下显著（t = -2.79）。这个结果表明，相对于国有控股公司，非国有控股公司股权分置改革后盈余管理行为对增加高管薪酬水平的作用更大。这个结果为研究假设 2 提供了支持的证据。这意味着在股权分置改革后，国有控股的上市公司高管并不存在通过盈余管理提高自身薪酬水平的普遍行为，但对于非国有控股的上市公司而言，却存在通过盈余管理提高自身薪酬水平的普遍行为。申慧慧、黄张凯和吴联生（2009）发现股权分置改革后国有控股上市公司盈余管理行为没有显著变化，而非国有控股上市公司盈余管理显著提高。本章进一步发现股权分置改革后国有控股上市公司高管通过盈余管理提高自身薪酬水平的作用没有显著变化，但非国有控股上市公司普遍存在通过盈余管理提高公司高管薪酬水平的行为。

表 6-4　股权分置改革与盈余管理对高管薪酬的影响

被解释变量：Salary				
	(1) OLS		(2) FE	
	系数	t 值	系数	t 值
Post	0.076	(1.49)	0.071 *	(1.87)
CFO	1.929 ***	(6.37)	0.670 ***	(3.35)
NDAC	0.723 **	(2.54)	0.047	(0.24)
DAC	0.766 ***	(2.70)	0.293	(1.49)
SOE	-0.175 ***	(-3.83)	-0.062	(-1.42)
Post × CFO	0.058	(0.42)	0.135	(1.21)
Post × NDAC	1.346 ***	(4.13)	0.894 ***	(3.67)
Post × DAC	1.048 ***	(3.74)	0.677 ***	(3.17)
SOE × Post	-0.028	(-0.63)	0.030	(0.82)
SOE × CFO	-0.023	(-0.06)	0.301	(1.10)

续表

被解释变量：Salary				
	(1) OLS		(2) FE	
	系数	t 值	系数	t 值
SOE × NDAC	1.324***	(3.60)	1.014***	(3.84)
SOE × DAC	1.136***	(3.14)	0.677***	(2.58)
SOE × Post × CFO	0.041	(0.11)	-0.089	(-0.31)
SOE × Post × NDAC	-1.728***	(-3.76)	-1.191***	(-3.42)
SOE × Post × DAC	-1.331***	(-3.19)	-0.888***	(-2.79)
Size	0.295***	(14.14)	0.224***	(8.10)
SalesR	-0.051***	(-3.56)	-0.015	(-1.35)
Lev	0.053	(0.74)	-0.154**	(-2.38)
Risk	-0.910***	(-4.15)	-0.628***	(-4.32)
MTB	0.071***	(3.92)	0.035***	(2.82)
CTD	0.007**	(2.14)	0.004*	(1.85)
CEOD	0.082**	(2.00)	0.006	(0.18)
BSize	0.331***	(4.29)	0.301***	(3.91)
IndepR	-0.022	(-0.09)	-0.332*	(-1.77)
Commit	0.106***	(3.15)	0.076***	(3.45)
Exch	0.356***	(3.14)	—	—
ST	-0.199***	(-3.95)	-0.025	(-0.61)
截距	5.697***	(12.02)	7.270***	(12.23)
公司	—		控制	
行业	控制		—	
年度	控制		控制	
N	9126		9126	
Adj. R-sq	0.349		0.348	
F	48.452		58.428	

注：所有回归都使用异方差调整和公司聚类（Cluster）调整得到稳健性标准误，括号内给出调整后的 t 值。*、**、***分别表示在 10%、5%、1% 的显著性水平下显著（双尾检验）。

以上研究结果表明股权分置改革后，公司高管薪酬业绩敏感性得到提高，同时，制度安排的变化在一定程度上增强了公司高管通过盈余管理行为增加自身薪酬水平的动机。而且，这一现象在非国有控股的公司中更加明显。一旦剔除了公司盈余管理的影响，高管薪酬业绩敏感性在股权分置改革后是否有明显的提高呢？表6-5给出了股权分置改革对高管薪酬与公司真实业绩敏感性影响的回归结果。借鉴Cornett、Marcus和Tehranian（2008）的方法，剔除盈余管理影响后，得到反映公司真实业绩的变量UnPerf。表格的第（1）列和第（2）列中公司业绩变量Perf使用ROE衡量。在第（1）列中，混合数据回归结果显示公司真实业绩UnPerf的系数为0.099，在1%的显著性水平下显著（t=2.95）；股权分置改革虚拟变量Post的系数为0.097，在5%的显著性水平下显著（t=2.12）。交互项Post×UnPerf的系数为0.065，不具有统计显著性（t=1.26）。与表6-2中第（1）列的回归结果相比，交互项的系数由0.624下降到0.065，t值由5.32下降到1.26。在第（2）列的面板数据回归结果中，交互项Post×UnPerf的系数为0.001，不具有统计显著性（t=0.03）。与表6-2中第（2）列的回归结果相比，交互项的系数由0.224下降到0.001，t值由2.72下降到0.03。表格的第（3）列和第（4）列中公司业绩变量Perf使用ROA衡量。与表6-2的第（3）列和第（4）列相比，交互项Post×UnPerf的系数和t值也都出现大幅下降。

由此可见，一旦剔除了盈余管理对公司业绩的影响，股权分置改革对高管薪酬业绩敏感性的影响无论是在经济显著性还是在统计显著性上都有大幅下降，股权分置改革后高管薪酬业绩敏感性显著提高的现象消失了。结果表明高管薪酬与真实业绩敏感性并没有在股权分置改革后得到显著提高，所以没有为研究假设3提供支持的证据。

表6-5　股权分置改革对高管薪酬与公司真实业绩敏感性的影响

被解释变量：Salary								
	Perf = ROE				Perf = ROA			
	(1) OLS		(2) FE		(3) OLS		(4) FE	
	系数	t值	系数	t值	系数	t值	系数	t值
Post	0.097**	(2.12)	0.101***	(3.02)	0.095**	(2.10)	0.099***	(2.99)
UnPerf	0.099***	(2.95)	0.041	(1.61)	0.392***	(3.80)	0.096	(1.25)

续表

被解释变量：Salary								
	Perf = ROE				Perf = ROA			
	(1) OLS		(2) FE		(3) OLS		(4) FE	
	系数	t 值	系数	t 值	系数	t 值	系数	t 值
Post × UnPerf	0.065	(1.26)	0.001	(0.03)	0.238 *	(1.77)	0.104	(1.04)
Size	0.321 ***	(15.44)	0.261 ***	(8.80)	0.315 ***	(15.22)	0.259 ***	(8.73)
SalesR	0.017	(1.25)	0.011	(1.01)	0.010	(0.71)	0.010	(0.87)
Lev	-0.205 ***	(-2.92)	-0.300 ***	(-4.58)	-0.155 **	(-2.22)	-0.280 ***	(-4.26)
Risk	-1.103 ***	(-4.78)	-0.655 ***	(-4.11)	-1.048 ***	(-4.56)	-0.644 ***	(-4.03)
MTB	0.117 ***	(6.20)	0.052 ***	(3.82)	0.111 ***	(6.00)	0.050 ***	(3.71)
CTD	0.015 ***	(4.22)	0.006 **	(2.38)	0.014 ***	(4.14)	0.006 **	(2.39)
CEOD	0.087 **	(2.02)	0.002	(0.06)	0.088 **	(2.04)	0.002	(0.06)
BSize	0.295 ***	(3.73)	0.309 ***	(3.71)	0.295 ***	(3.73)	0.309 ***	(3.70)
IndepR	0.050	(0.19)	-0.281	(-1.39)	0.045	(0.17)	-0.282	(-1.39)
Commit	0.104 ***	(2.99)	0.079 ***	(3.30)	0.103 ***	(3.00)	0.078 ***	(3.28)
Exch	0.311 ***	(2.64)	—	—	0.319 ***	(2.74)	—	—
ST	-0.207 ***	(-4.01)	0.001	(0.02)	-0.210 ***	(-4.05)	0.001	(0.01)
截距	5.202 ***	(11.02)	6.469 ***	(10.23)	5.306 ***	(11.25)	6.502 ***	(10.27)
公司	—		控制		—		控制	
行业	控制		—		控制		—	
年度	控制		控制		控制		控制	
N	9126		9126		9126		9126	
Adj. R-sq	0.319		0.338		0.321		0.338	
F	56.749		72.063		58.430		73.249	

注：所有回归都使用异方差调整和公司聚类（Cluster）调整得到稳健性标准误，括号内给出调整后的 t 值。*、**、***分别表示在 10%、5%、1% 的显著性水平下显著（双尾检验）。

三、稳健性检验

为了检验研究结论的稳健性，本章进行了以下检验：

第一，本章的第一个研究问题是考察股权分置改革对公司高管薪酬业绩敏感性的影响，但伴随着股权分置改革发生的其他制度因素（如会计准则变迁）也有可能对公司高管薪酬业绩敏感性产生影响。为了进一步考察公司高管薪酬业绩敏感性的变化是否主要受股权分置改革的影响，本章使用上市公司最终控制人现金流权与控制权是否分离、最终控制人控制链长短、最终控制人现金流权集中度分组检验第一个研究问题结论的稳健性。

La Porta、Lopez - de - Silanes 和 Shleifer（1999）首先使用最终控制人现金流权与控制权分离程度作为衡量公司大股东与中小股东代理问题的变量，他们发现两权分离程度越大，公司大股东与中小股东代理成本越大。对中国上市公司最终控制人的相关研究也得出了类似的结论：最终控制人现金流权与控制权分离程度越大，最终控制人控制链越长，大股东与中小股东的代理问题就越严重（朱松，2006；王烨，2009）。当最终控制人现金流权集中度较小时，最终控制人更有可能通过转移公司资源的方式侵占中小股东财富。Wang 和 Xiao（2011）发现中国上市公司终极股东的“掏空”行为降低了上市公司高管薪酬业绩敏感性。股权分置改革旨在为上市公司大股东和中小股东提供共同的利益基础，如果股权分置改革能够提高公司高管薪酬业绩敏感性，那么对于最终控制人控制权和现金流权相分离的公司、最终控制人控制链较长的公司以及最终控制人现金流权集中度较小的公司而言，这种预期影响应该更为明显。

2004 年 12 月 13 日，中国证监会发布修订后的《公开发行证券的公司信息披露内容与格式准则第 2 号——年度报告的内容与格式（2004 年修订)》，明确要求上市公司以方框图的形式披露公司与实际控制人之间的产权和控制关系。因此，我们设立两个虚拟变量：最终控制人现金流权与控制权是否分离虚拟变量 CVD，当公司最终控制人现金流权与控制权的比值小于 1 时取值为1，否则为0；最终控制人控制链长短虚拟变量 ChainD，当公司最终控制人控制链大于 2 层时取值为 1，否则为 0。使用这 2 个虚拟变量，我们把研究样本中 2004 ~2009 年的观察值分别分为 2 组，把最终控制人现金流权变量 *CFR* 划分为 3 个区间：较低水平（0 ~0. 25）、中等水平（0. 25 ~0. 50）和较高水平（0. 50 ~1）。这样可以把研究样本中 2004 ~2009 年的观察值分为 3 组。

对第一个研究问题进行重新检验的回归结果见表 6 -6、表 6 -7 和表 6 -8。

表6-6的回归结果表明在最终控制人现金流权与控制权相分离组，股权分置改革虚拟变量与公司业绩交互项的系数分别为2.170和0.471，该系数不仅相对较大，而且显著性水平较高；但在最终控制人现金流权与控制权不分离组，交互项的系数分别为0.622和0.306，该系数较小，统计显著性较低。这意味着对于最终控制人现金流权与控制权相分离的公司而言，股权分置改革提高公司高管薪酬业绩敏感性的作用更加明显。

表6-6　按公司最终控制人控制权与现金流权是否分离分组的子样本回归结果

	被解释变量：Salary			
	Perf = ROA		Perf = ROE	
	CVD = 1	CVD = 0	CVD = 1	CVD = 0
	(1)	(2)	(3)	(4)
Post	-0.031	0.128**	-0.014	0.129**
	(-0.45)	(2.02)	(-0.20)	(2.04)
Perf	0.489	2.317***	0.156	0.429***
	(1.35)	(6.11)	(1.44)	(3.50)
Post × Perf	2.170***	0.622	0.471***	0.306**
	(5.36)	(1.51)	(3.02)	(2.07)
截距	6.360***	6.217***	6.103***	5.764***
	(8.39)	(9.77)	(8.04)	(9.08)
其他变量	控制	控制	控制	控制
行业	控制	控制	控制	控制
地区	控制	控制	控制	控制
N	3223	3981	3223	3981
Adj. R-sq	0.303	0.344	0.290	0.329
F	22.267	33.496	20.237	32.123

注：所有回归都使用异方差调整和公司聚类（Cluster）调整得到稳健性标准误，括号内给出调整后的t值。*、**、***分别表示在10%、5%、1%的显著性水平下显著（双尾检验）。

表6-7的回归结果表明在最终控制人控制链较长组，交互项的系数分别为2.187和0.514，该系数都在1%的显著性水平下显著；但在最终控制人控制链较短组，交互项的系数分别为0.791和0.212，该系数相对较小，统计

显著性较低。这意味着对于最终控制人控制链较长的公司而言，股权分置改革提高公司高管薪酬业绩敏感性的作用更加明显。

表 6 – 7 按公司最终控制人控制链层级长短分组的子样本回归结果

	被解释变量：Salary			
	Perf = ROA		Perf = ROE	
	ChainD = 1	ChainD = 0	ChainD = 1	ChainD = 0
	(1)	(2)	(3)	(4)
Post	−0.058	0.097	−0.046	0.116 **
	(−0.76)	(1.68)	(−0.60)	(2.00)
Perf	0.520	2.000 ***	0.007	0.562 ***
	(1.30)	(5.35)	(0.07)	(4.84)
Post × Perf	2.187 ***	0.791 **	0.514 ***	0.212
	(5.00)	(2.02)	(3.39)	(1.43)
截距	5.513 ***	6.953 ***	5.218 ***	6.603 ***
	(7.82)	(10.57)	(7.37)	(10.13)
其他变量	控制	控制	控制	控制
行业	控制	控制	控制	控制
地区	控制	控制	控制	控制
N	3127	4077	3127	4077
Adj. R – sq	0.338	0.320	0.321	0.313
F	24.748	31.710	21.004	31.342

注：所有回归都使用异方差调整和公司聚类（Cluster）调整得到稳健性标准误，括号内给出调整后的 t 值。*、**、***分别表示在 10%、5%、1% 的显著性水平下显著（双尾检验）。

表 6 – 8 的回归结果表明当最终控制人现金流权集中度水平较低时，而业绩变量分别为 ROA 和 ROE 时，交互项 Post × Perf 的系数分别为 2.322 和 0.493，都在 1% 的显著性水平下显著；当最终控制人现金流权集中度为中等水平时，交互项的系数分别为 1.290 和 0.327，ROA 模型在 5% 的显著水平下显著，ROE 模型在 10% 的显著性水平下显著；当最终控制人现金流权集中度水平较高时，交互项的系数分别为 −0.227 和 −0.071，不具有统计显著性。

这意味着对于最终控制人现金流权集中度水平较低的公司而言，股权分置改革提高公司高管薪酬业绩敏感性的作用更加明显。以上补充检验从公司大股东与中小股东代理问题的视角为本章第一个研究问题提供了补充证据。

表6-8　按公司最终控制人现金流权集中度大小分组的子样本回归结果

Panel A　Perf = ROA

	被解释变量：Salary					
	(1)		(2)		(3)	
	0 < CFR ≤0.25		0.25 < CFR ≤ 0.50		0.50 < CFR ≤ 1	
	系数	t值	系数	t值	系数	t值
Post	-0.086	(-1.20)	0.133*	(1.82)	0.120	(1.28)
Perf	0.179	(0.49)	2.100***	(4.48)	2.608***	(4.65)
Post × Perf	2.322***	(5.20)	1.290**	(2.52)	-0.227	(-0.39)
截距	4.554***	(5.88)	6.513***	(9.51)	7.264***	(8.00)
其他变量	控制		控制		控制	
N	2685		3039		1480	
Adj. R-sq	0.336		0.324		0.350	
F	19.490		24.079		14.101	

Panel B　Perf = ROE

	被解释变量：Salary					
	(1)		(2)		(3)	
	0 < CFR ≤0.25		0.25 < CFR ≤ 0.50		0.50 < CFR ≤ 1	
	系数	t值	系数	t值	系数	t值
Post	-0.088	(-1.21)	0.164**	(2.25)	0.094	(0.98)
Perf	0.146	(1.30)	0.381***	(2.68)	0.629***	(2.72)
Post × Perf	0.493***	(3.21)	0.327*	(1.70)	-0.071	(-0.28)
截距	4.355***	(5.61)	6.010***	(8.77)	6.945***	(7.66)
其他变量	控制		控制		控制	
N	2114		2467		1181	
Adj. R-sq	0.324		0.296		0.308	
F	14.675		18.523		11.215	

注：所有回归都使用异方差调整和公司聚类（Cluster）调整得到稳健性标准误，括号内给出调整后的t值。*、**、***分别表示在10%、5%、1%的显著性水平下显著（双尾检验）。

第二，考虑到高管薪酬与公司业绩之间可能存在联立因果问题，我们构建了联立方程模型，使用3SLS 回归方法进行回归。联立方程模型如下：

$$Perf_t = f(Perf_{t-1}, Size_t, SaleR_t, Lev_t, MTB_t, CTD_t, Exch, ST_t, YearDummy, IndustryDummy)$$

$$Salary = f(Perf_t, Post, Post * Perf_t, Size_t, Saler_t, Lev_t, MTB_t, CTD_t, CEOD_t, BSize_t, IndepR_t, Commit_t, YearDummy, IndustryDummy)$$

联立方程模型的回归结果见表9。结果表明股权分置改革后高管薪酬业绩敏感性显著提高，这表明本章第一个研究问题的结论具有稳健性，并没有受到内生性问题的严重影响。

表6-9　联立方程回归结果

	Perf = ROA		Perf = ROE		Perf = ROS	
	Perf 模型	Salary 模型	Perf 模型	Salary 模型	Perf 模型	Salary 模型
截距	-0.187***	5.994***	-0.541***	5.583***	-0.949***	5.615***
	(-12.28)	(20.15)	(-11.27)	(18.46)	(-12.95)	(20.72)
$Perf_{t-1}$	0.314***		0.244***		0.130***	
	(28.91)		(21.12)		(12.77)	
$Perf_t$		4.293***		0.872**		0.872**
		(4.21)		(2.27)		(2.27)
$Post_t$		0.030		0.039		0.052
		(0.65)		(0.91)		(1.15)
$Post_t \times Perf_t$		1.788**		3.013***		2.146***
		(2.12)		(5.24)		(4.35)
$Size_t$	0.011***	0.270***	0.029***	0.297***	0.055***	0.294***
	(15.60)	(19.16)	(12.72)	(21.88)	(15.87)	(23.78)
$SalesR_t$	0.029***	-0.129***	0.076***	-0.086***	0.105***	-0.076***
	(25.27)	(-5.50)	(20.84)	(-3.41)	(19.04)	(-3.45)
Lev_t	-0.100***	0.381***	-0.120***	0.013	-0.483***	0.216**
	(-32.34)	(4.20)	(-13.09)	(0.31)	(-33.10)	(2.17)
$Exch_t$	-0.001		0.000		-0.001	
	(-0.28)		(0.03)		(-0.05)	

续表

	Perf = ROA		Perf = ROE		Perf = ROS	
	Perf 模型	Salary 模型	Perf 模型	Salary 模型	Perf 模型	Salary 模型
ST_t	0.019***		0.035***		0.042***	
	(7.81)		(4.69)		(3.65)	
$Risk_t$		-0.959***		-1.126***		-1.107***
		(-4.46)		(-5.54)		(-5.65)
MTB_t		0.075***		0.086***		0.092***
		(5.46)		(6.52)		(6.99)
CTD_t		0.010***		0.014***		0.012***
		(3.21)		(4.61)		(3.92)
$CEOD_t$		0.091***		0.098***		0.091***
		(3.55)		(3.89)		(3.64)
$BSize_t$		0.301***		0.311***		0.298***
		(6.63)		(7.11)		(6.47)
$IndepR_t$		0.138		0.179		0.133
		(0.76)		(1.01)		(0.75)
$Commit_t$		0.114***		0.114***		0.114***
		(5.42)		(5.56)		(5.51)
年度	控制	控制	控制	控制	控制	控制
行业	控制	控制	控制	控制	控制	控制
N	8658	8658	8658	8658	8659	8659
R - sq	0.384	0.299	0.163	0.314	0.264	0.297

注：所有回归都使用异方差调整和公司聚类（Cluster）调整得到稳健性标准误，括号内给出调整后的 t 值。*、**、***分别表示在 10%、5%、1% 的显著性水平下显著（双尾检验）。

第三，笔者还使用 Jones 调整模型计算操控性应计，在对本章的所有回归进行重新测试后，发现检验结果并没有出现显著的差异，表明本章研究结论具有稳健性。Gow、Ormazabal 和 Taylor（2010）指出混合样本回归时同时存在的横截面相关性和时间序列相关性（Cross - sectional and Time - series Dependence）很可能导致低估系数标准误，从而高估显著性水平，这样很可能会做出错误的推断。他们比较了几种不同的标准误调整方法，发现二维聚类方法（Two - way Cluster）能够同时对横截面相关性和时间序列相关性进行调整，得到相对稳健的标准误。我们使用这种方法对所有回归全部重新检验，并比较了使用一维聚类方法和二维聚类方法的回归结果，但并未发现显著的差异。

第五节　本章小结

股权分置改革的实施为中国资本市场优化资源配置奠定了市场化基础，为上市公司完善公司治理创造了条件。为了更好地激励公司高管，大股东和董事会更倾向于在公司治理安排中采用各种使高管薪酬与业绩相挂钩的薪酬方案。本章使用 2002 ~ 2009 年中国资本市场上市公司作为样本对比考察股权分置改革前后高管薪酬业绩敏感性的变化。结果表明股权分置改革后公司高管薪酬业绩敏感性明显提高；区分产权性质后发现，相对于国有控股公司而言，非国有控股公司股权分置改革后高管薪酬业绩敏感性的提高更加明显。

盈余管理研究表明，最优高管薪酬契约很可能诱发高管机会主义盈余管理行为。因此，本章考察了股权分置改革前后盈余管理对高管薪酬的影响。结果表明股权分置改革后非国有控股公司盈余管理对高管薪酬的影响大幅提高，而且显著高于国有控股公司。这意味着制度安排上的改变大大诱发了非国有控股公司的高管通过盈余管理增加自身薪酬水平的动机。

为了考察高管薪酬与真实业绩的敏感性，本章剔除了盈余管理对公司业绩的影响，重新检验高管薪酬与真实业绩的关系，结果发现剔除了盈余管理影响之后，高管薪酬与真实业绩敏感性并没有在股权分置改革后得到显著的提高。这表明在研究期间，股权分置改革表面上提高了高管的薪酬业绩敏感性，但同时也刺激了高管利用盈余管理获得了本不该获得的薪酬。从真实业绩角度看，股权分置改革并没有显著提高高管薪酬业绩敏感性。可见，公司在使用最优高管薪酬契约激励高管的同时还应该设置相应的监督机制，约束高管的机会主义盈余管理行为，以便在更大程度上激励高管提高公司真实经济业绩。民营控股公司在股改前后薪酬业绩敏感性和盈余管理行为的显著变化，尤其值得监管层关注。

参考文献：

[1] Aharony, J. , Lee, J. C. and Wong, T. J. Financial Packaging of IPO Firms in China [J]. Journal of Accounting Research, 2000 (38): 103 - 126.

[2] Balsam, S. Discertionary Accounting Choices and CEO Compensation [J]. Contemporary Accounting Research, 1998 (15): 229 - 252.

[3] Bebchuk, L. A. and Fried, J. M. Executive Compensation as an Agency Problem [J]. Journal of Economics Perspectives, 2003 (17): 71 - 92.

[4] Bergstresser, D. and Philippon, T. CEO Incentives and Earnings Management [J]. Journal of Financial Economics, 2006 (80): 511 - 529.

[5] Cadman, B. , Carter, M. E. and Hillegeist, S. The Incentives of Compensation Consultants and CEO Pay [J]. Journal of Accounting and Economics, 2010 (49): 263 - 280.

[6] Carter, M. E. , Lynch, L. J. and Zechman, S. L. C. Changes in Bonus Contracts in the Post - Sarbanes - Oxley era [J]. Review of Accounting Studies, 2009 (14): 480 - 506.

[7] Chang, H. , Choy, H. L. and Wan, K. Effect of the Sarbanes - Oxley Act on CEOs' Stock Ownership and Pay - Performance Sensitivity [R]. Working Paper, 2008.

[8] Chen, J. J. , Liu, X. and Li, W. The Effect of Insider Control and Global Benchmarks on Chinese Executive Compensation [J]. Corporate Governance: An International Review, 2010 (18): 107 - 123.

[9] Cheng, Q. and Warfield, T. D. Equity Incentives and Earnings Management [J]. The Accounting Review, 2005 (80): 441 - 476.

[10] Christie, A. Aggregation of Test Statistics: An Evaluation of the Evidence on Contracting and Size Hypotheses [J]. Journal of Accounting and Economics, 1990 (12): 15 - 36.

[11] Cohen, D. A., Dey, A. and Lys, T. Z. Trends in Earnings Management and Informativeness of Earnings Announcements in the Pre – and Post – Sarbanes Oxley periods [R]. Working Paper, 2005.

[12] Conyon, M. J. and He, L. Executive Compensation and Corporate Governance in China [J]. Journal of Corporate Finance, 2011 (17): 1158 – 1175.

[13] Cornett, M. M., Marcus, A. J. and Tehranian, H. Corporate Governance and Pay – for – performance: The Impact of Earnings Management [J]. Journal of Financial Economics, 2008 (87): 357 – 373.

[14] Defond, M. and Jiambalvo, J. Debt Covenant Violation and Manipulation of Accruals [J]. Journal of Accounting and Economics, 1994 (17): 145 – 176.

[15] Ding, Y., Zhang, H. and Zhang, J. Private vs. State Ownership and Earnings Management: Evidence from Chinese Listed Companies [J]. Corporate Governance: An International Review, 2007 (15): 223 – 238.

[16] Edmans, A. and Gabaix, X. Is CEO Pay Inefficient? A Survey of New Optimal Contracting Theories [J]. European Financial Management, 2009 (15): 486 – 496.

[17] Fan, Q. T. Earnings Management and Ownership Retention for Initial Public Offering Firms: Theory and Evidence [J]. The Accounting Review, 2007 (82): 27 – 64.

[18] Firth, M., Fung, P. M. Y. and Rui, O. M. Corporate Performance and CEO Compensation in China [J]. Journal of Corporate Finance, 2006 (12): 693 – 714.

[19] Gow, I. D., Ormazabal, G. and Taylor, D. J. Correcting for Cross – Sectional and Time – Series Dependence in Accounting Research [J]. Accounting Review, 2010 (85): 483 – 512.

[20] Guidry, F., Leone, A. and Rock, S. Earnings – based Bonus Plans and Earnings Management by Business Units Managers [J]. Journal of Accounting and Economics, 1999 (26): 113 – 142.

[21] Healy, P. M. The Effect of Bonus Schemes on Accounting Decisions

[J]. Journal of Accounting and Economics, 1985 (7): 85 - 107.

[22] Hoitash, R., Hoitash, U. and Johnstone, K. M. Internal Control Material Weaknesses and CFO Compensation [R]. Contemporary Accounting Research. Forthcoming, 2011.

[23] Holmström, B. Moral Hazard and Observability [J]. Bell Journal of Economics, 1979 (10): 74 - 91.

[24] Jensen, M. C. and Murphy, K. J. Performance Pay and Top - management Incentives [J]. Journal of Political Economy, 1990 (98): 225 - 264.

[25] Kato, T. and Long, C. Executive Compensation, Firm Performance, and Corporate Governance in China: Evidence from Firms Listed in the Shanghai and Shenzhen stock exchanges [J]. Economic Development and Cultural Change, 2006 (54): 945 - 983.

[26] Kato, T., Kim, W. and Lee, J. H. Executive Compensation, Firm Performance, and Chaebols in Korea: Evidence from New Panel Data [J]. Pacific - Basin Finance Journal, 2007 (15): 36 - 55.

[27] Kothari, S. P., Leone, A. J. and Wasley, C. E. Performance Matched Discretionary Accrual Measures [J]. Journal of Accounting and Economics, 2005 (39): 163 - 197.

[28] La Porta, R., Lopez - de - Silanes, F., and Shleifer, A. Corporate Ownership Around the World [J]. The Journal of Finance, 1999 (54): 471 - 517.

[29] Lawrence, A., Minutti - Meza, M. and Zhang, P. Can Big 4 Versus Non - Big 4 Differences in Audit - Quality Proxies Be Attributed to Client Characteristics? [J]. The Accounting Review, 2011 (86): 259 - 286.

[30] Murphy, K. J. Executive Compensation [J]. Handbook of Labor Economics, 1999 (36): 2485 - 2563.

[31] Peng, E. Y. Accruals Quality and the Incentive Contracting Role of Earnings [J]. Journal of Accounting and Public Policy, 2011 (30): 460 - 480.

[32] Petersen, M. A. Estimating Standard Errors in Finance Panel Data Sets: Comparing Approaches [J]. Review of Financial Studies, 2009 (22): 435 - 480.

[33] Tosi, H. L., Werner, S., Katz, J. P. and Gomez – Mejia, L. R. How Much Does Performance Matter? A Meta – analysis of CEO Pay Studies [J]. Journal of Management, 2000 (26): 301 – 339.

[34] Wang, K. and Xiao, X. Controlling Shareholders' Tunneling and Executive Compensation: Evidence from China [J]. Journal of Accounting and Public Policy, 2011 (30): 89 – 100.

[35] Watts, R. L. and Zimmerman, J. L. Positive Accounting Theory [M]. Englewood Cliffs, NJ: Prentice Hall, 1986.

[36] Zhang, W., Cahan, S. F. and Allen, A. C. Insider Trading and Pay – Performance Sensitivity: An Empirical Analysis [J]. Journal of Business Finance and Accounting, 2005 (32): 1887 – 1919.

[37] 陈冬华，陈信元，万华林．国有企业中的薪酬管制与在职消费 [J]．经济研究，2005 (2): 92 – 101.

[38] 杜兴强，王丽华．高层管理当局薪酬与上市公司业绩相关性的实证研究 [J]．会计研究，2007 (1): 58 – 65.

[39] 方军雄．我国上市公司高管的薪酬存在粘性吗？[J]．经济研究，2009 (3): 110 – 124.

[40] 黄志忠，冯燕金，郗群．基于上市公司高管薪酬结构的调查研究 [J]．市场研究，2008 (6): 48 – 51.

[41] 李延喜，包世泽，高锐，孔宪京．薪酬激励、董事会监管与上市公司盈余管理 [J]．南开管理评论，2007 (10): 55 – 61.

[42] 廖理，沈红波，郦金梁．股权分置改革与上市公司治理的实证研究 [J]．中国工业经济，2008 (5): 99 – 108.

[43] 卢锐．管理层权力、薪酬激励与企业绩效——基于中国证券市场的理论与实证研究 [M]．北京：经济科学出版社，2008.

[44] 权小锋，吴世农，文芳．管理层权力、私有收益与薪酬操纵 [J]．经济研究，2010 (11): 73 – 86.

[45] 申慧慧，黄张凯，吴联生．股权分置改革的盈余质量效应 [J]．会计研究，2009 (8): 40 – 48.

［46］汪昌云，孙艳梅，郑志刚，罗凯．股权分置改革是否改善了上市公司治理机制的有效性［J］．金融研究，2010（12）：131－145.

［47］王克敏，王志超．高管控制权、报酬与盈余管理——基于中国上市公司的实证研究［J］．管理世界，2007（7）：111－119.

［48］王烨．股权控制链、代理冲突与审计师选择［J］．会计研究，2009（6）：65－72.

［49］魏刚．高级管理层激励与上市公司经营绩效［J］．经济研究，2000（3）：32－39.

［50］吴林祥．股份全流通后高管行为变化及监管对策［J］．证券市场导报，2008（5）：10－15.

［51］吴振信，张雪峰．股权分置改革后大股东与管理者合谋的博弈分析［J］．经济问题，2009（1）：55－57.

［52］伍利娜，朱春燕．股权分置改革的审计治理效应［J］．审计研究，2010（5）：73－81.

［53］夏立军，陈信元．市场化进程、国企改革策略与公司治理结构的内生决定［J］．经济研究，2007（7）：82－95.

［54］辛清泉，谭伟强．市场化改革、企业业绩与国有企业薪酬［J］．经济研究，2009（11）：68－81.

［55］朱松．最终控制人特征与盈余信息含量［J］．中国会计与财务研究，2006（1）：3－24.

第七章　股东委派董事与高管薪酬差距

第一节　引言

公司薪酬体系是现代公司制度的重要组成部分，大部分相关研究侧重考察公司高管薪酬的高低以及高管薪酬的不同组成部分，而没有对公司薪酬差距进行深入探讨。早期的薪酬差距现象主要使用锦标赛理论进行解释，适当的薪酬差距可以提高员工的积极性和生产率。然而，近年来公司薪酬差距持续扩大，这很可能是因为公司高管运用自己的权力影响薪酬制度的制定，使自己获取的薪酬超过最优薪酬水平（Bebchuk 和 Fried，2003）。高管权力理论认为高管通过自身权力获取了过度薪酬，并带来了一系列负面的经济后果，如薪酬激励机制失效、公司业绩下滑等（Bebchuk、Cremers 和 Peyer，2011）。

随着中国经济持续发展，公司高管薪酬快速提高，薪酬差距也表现出扩大的趋势。如中集集团（股票代码：000039）2010 年的年报显示，公司最高薪酬为 596. 22 万元，员工平均年薪仅为 6. 58 万元，最高年薪超过员工平均年薪的 90 倍；而 2011 年公司最高薪酬达到 957. 74 万元，员工平均年薪酬为 7. 86 万元，薪酬差距增加到 121 倍。考虑到过度薪酬差距可能带来的负面影响，有必要考察公司治理机制是否能够有效降低公司薪酬差距，缓解公司薪酬制定过程中的代理问题。

在中国特定的制度背景下，股东委派人员到公司担任董事是股东监督公司高管的一种主要方式。这意味着股东一旦认识到薪酬制定过程中存在代理问题就会委派人员到公司担任董事，并且负责监督公司高管的机会主义行为。然而，股东委派董事的治理作用往往又会因其领取薪酬方式的差异而有所不同。目前，股东委派董事在其担任董事职务的上市公司中领取薪酬或不领取薪酬的现象都比较普遍。领薪股东委派董事很可能由于对上市公司高管的依赖程度较大而降低独立性，从而导致监督公司高管的效果减弱；相反，非领薪股东委派董事独立性较强，更能够代表股东利益监督高管，最终实现较好的治理效果。这意味着只有不在公司领取薪酬的股东委派董事才有可能缓解公司代理问题、显著降低公司薪酬差距。

本章关注股东委派董事这一公司治理机制对公司薪酬差距的影响。具体而言，我们使用2005~2011年中国A股上市公司为研究样本，首先考察了股东委派董事对公司薪酬差距的影响，结果表明平均而言股东委派董事对公司薪酬差距有一定的负向影响。然后，按照股东委派董事是否在上市公司领取薪酬，我们进一步区分了领薪股东委派董事与非领薪股东委派董事。结果表明，在上市公司领取薪酬的股东委派董事不仅没有显著降低公司薪酬差距，反而显著加大了公司薪酬差距；而不在上市公司领取薪酬的股东委派董事则能够显著降低公司薪酬差距。由此可见，在上市公司领取薪酬的股东委派董事由于缺乏独立性而难以执行对公司高管的监督职能；不在上市公司领取薪酬的股东委派董事更能够代表股东利益行使监督职能。为了减轻内生性问题可能带来的影响，本章使用工具变量方法进行检验，结果表明在考虑内生性因素的干扰后本章研究结论仍然成立。

此外，本章还进行了如下附加测试：第一，考察了行业竞争程度不同时股东委派董事对薪酬差距的影响。结果发现当行业竞争较为激烈时，非领薪股东委派董事并没有加大公司薪酬差距，反而进一步降低公司薪酬差距。这为否定本章的竞争性假说——薪酬差距是薪酬激励的后果提供了支持的经验证据，同时也表明非领薪股东委派董事与外部行业竞争对公司薪酬差距的治理作用具有互补效应。第二，考察了不同股权性质下股东委派董事对薪酬差距的影响，发现国有企业和非国有企业中领薪以及非领薪股东委派董事的治理作用并没有显著差异。第三，考虑到控股股东与非控股股东委派董事动机的差异，本章分别考察了控股股东委派董事和非控股股东委派董事对薪酬差距的影响。结果表明委派董事对公司薪酬差距的治理效果在控股股东与非控股股东之间并没有显著差异。第四，考察了行政职务对本章研究结果的可能影响，结果表明行政职务的差别并不会影响股东委派董事的治理效应。附加测试的结果为本章的研究结论提供了进一步支持的证据，表明本章研究结论具有稳健性。

第二节　文献综述与研究假设

一、文献综述

近年来，高管薪酬的快速增长引致了公司内部薪酬差距的持续扩大。Bebchuk 和 Grinstein（2005）调查美国上市公司 1993～2003 年高管薪酬的变化情况，发现公司高管薪酬增长远远超过公司规模和业绩的增长，其中，CEO 薪酬增长幅度又超过公司第 2 至第 5 名高管的薪酬增长幅度。具体而言，CEO 薪酬在公司前 5 名高管薪酬总额中所占的比例由 1993 年的 39% 上升至 2003 年的 43%。Li（2011）考察美国资本市场上市公司 1993～2006 年的高管薪酬数据发现，CEO 与第 2 名高管之间的薪酬差距呈现出逐步扩大的趋势，由 1993 年的 40% 增长至 2006 年的 60%。Sapp（2008）以加拿大上市公司2000～2005 年的数据为研究样本，考察发现 6 年之内公司 CEO 与其他高管之间的薪酬差距翻倍增长。以中国上市公司为例，1999～2000 年公司 CEO 薪酬是其他高管薪酬的 1.43 倍（林浚清、黄祖辉、孙永祥，2003），2001～2009 年薪酬差距扩大了 2.328 倍（鲁海帆，2011）。

不仅公司高管之间的薪酬差距呈现出扩大的趋势，高管与员工之间的薪酬差距也在逐渐扩大。Hall 和 Murphy（2003）以 S&P 500 为研究样本，考察发现高管与员工的相对薪酬从 1970 年的 30 倍扩大至 2002 年的 90 倍。对中国资本市场上市公司的研究也发现了类似的现象。与原来体制相比，高管薪酬为员工薪酬 1～5 倍的比例减少，8 倍以上的比例由 10% 增长至 24.53%（张正堂，2008）。最近，刘春和孙亮（2010）发现 2007 年国有控股公司高管与员工的绝对薪酬差距达到 29 万元，与 2004 年相比，薪酬差距几乎扩大一倍。公司内部薪酬差距扩大已成为全球范围内的一种普遍现象。

早期的薪酬差距主要可以使用“锦标赛理论”来解释。该理论认为，加大薪酬差距可以增强高管的工作热情、降低监督成本，最终提高公司绩效。公司根据“锦标赛理论”设计的薪酬方案，高管获得的薪酬水平取决于相对业绩而非绝对业绩，并且随着职位的升高，薪酬差距逐渐加大（Lazear、Rosen，1981；Rosen，1986）。这种薪酬结构能够对高管产生正面的激励效应，促使高管在公司职位竞争中付出更多的努力。由于经济活动复杂性的提高、监管难度的加大以及监督成本的上升，也产生了对公司内部薪酬差距的需要。适当的薪酬差距有助于高管在竞争中减少机会主义行为，从而降低公司的监督成本。此外，相关研究还从构建公司内部 CEO 候选人团队以及 CEO 继任风险视角考察了公司薪酬差距的必要性（Schwarz、Severinov，2010）。总之，在这种情况下，公司内部薪酬差距是激励员工和吸引人才的重要举措，是股东自愿承担的一部分价值损失，能够对公司业绩产生积极影响。

然而，近年来出现的薪酬差距持续扩大现象引起人们反思“锦标赛理论”的正面激励效应。“高管权力理论”认为薪酬差距持续扩大导致过度薪酬差距的产生，这种过度薪酬差距是高管运用自身较大的权力提高薪酬水平、攫取私人利益的结果（Bebchuk、Fried，2003）。从根本上讲，公司高管，尤其是 CEO 热衷于对权力的追逐，期望获取较大的权力，例如同时兼任董事长、作为唯一的内部董事以及掌握薪酬制定权等。因为高管一旦拥有较大的权力，就可以通过控制董事会影响薪酬契约的设计、获取超额薪酬水平而不受股东与监管者的约束和限制，从而导致公司内部薪酬差距不断扩大（Adams、Almeida、Ferreira，2005）。这意味着过度薪酬差距更可能是高管权力影响薪酬方案设计的结果。

最近的经验研究也为高管权力理论提供了支持的证据。Bebchuk、Cremers 和 Peyer（2011）以美国 1993～2004 年的 12011 个观测值为研究样本进行考察，结果表明公司前 5 名高管之间的薪酬差距越大，公司价值越低。

Chen、Huang 和 Wei（2011）考察了美国上市公司 1993 ~ 2007 年的数据，发现高管之间的薪酬差距向公司外部传递了公司具有严重代理问题的信号，从而导致公司资本成本的显著提高。而且，当公司现金流较多或者高管发生变更等代理问题严重时，这两者之间的正相关关系更强。

二、研究假设

1992 年及以前，中国政府虽然鼓励企业在设计员工薪酬方案时合理拉开薪酬差距，但还是对其进行明确限制：高管的薪酬不能超过普通员工的 3 倍。平均主义的薪酬设计倾向降低了员工的积极性，进而阻碍了生产率的提高。为了促进市场经济发展，1993 ~ 2003 年，政府倡导秉承“效率优先、兼顾公平”的发展态势，并且出台鼓励“拉开各类人员薪酬差距”的相关法规，旨在通过使用合理的薪酬差距激励公司员工的积极性，实现社会财富最大化。在政府的鼓励下，公司内部的薪酬差距迅速扩大。国资委披露的数据显示，2002 年央企高管薪酬是员工平均薪酬的 12 倍，2003 年已扩大至 13.6 倍，并且还将继续扩大。

然而，薪酬差距的持续扩大引发了人们新的顾虑：过大的薪酬差距合理吗？特别是在金融危机时期，上市公司普遍表现出“利润巨亏，薪酬大增”的现象，这使人们更加质疑薪酬差距的设计是为了激励员工的积极性还是少数高管利用权力影响薪酬制定的结果。相关研究为高管权力引发公司内部过度薪酬差距提供了经验证据。高文亮、罗宏和程培先（2011）分别使用两职合一、股权分散程度和高管任期衡量管理层权力，结果发现高管权力型公司的高管薪酬水平显著高于非高管权力型公司的高管薪酬水平，进而导致高管权力型公司内部薪酬差距过大。而这种过度薪酬差距是以损失公司利益为代价的，会阻碍公司未来业绩的提高，对公司产生严重的负面影响（石永拴、杨红芬，2013）。

过度薪酬差距带来的负面影响受到政府高度关注，并在各大会议中提出调整政策导向。2009 年中共十一届人大一次会议中提出要“逐步扭转”薪酬分配差距的扩大趋势，中共十一届人大二次会议中再次指出要“坚决扭转”

薪酬差距的扩大趋势，2012 年中共召开的十一届人大五次会议提出要“尽快扭转”薪酬差距扩大的趋势。分析会议指导思想，可以发现政府对过度薪酬差距的调整力度逐渐增强，容忍度从“鼓励”到“逐步扭转”最后成为“坚决扭转”和“尽快扭转”。由此可见，过度薪酬差距对于经济发展的负面效应已经发展为亟须解决的问题。

一旦股东认识到公司内部过度薪酬差距是高管权力的代理成本，就会引入相应的治理机制以缓解这类代理问题。Fama 和 Jensen（1983）指出公司董事会在监督公司高管和降低高管代理成本方面发挥着重要作用。为了保证董事能够有效代表公司大股东利益对公司高管实施监督，常见的方式是大股东直接委派人员到公司担任董事职务（Yeh、Woidtke，2005）。当股东委派董事参与公司治理时，公司治理效果会得到显著提升。例如，Colpan 和 Yoshikawa（2012）以日本上市公司为研究样本，发现股东委派董事通过增强薪酬业绩敏感性以减少公司代理问题。这意味着股东委派董事能够代表股东利益实施监督职能，并且针对公司高管代理问题引发的薪酬差距问题发挥相应的治理作用，从而减少高管谋取过高薪酬的机会主义行为，最终降低公司薪酬差距。基于上述分析，本章提出如下研究假设：

H1：其他条件不变，股东委派董事比率越高，公司薪酬差距越小。

一般认为，公司董事主要有两种职能：一种是监督职能，另一种是战略建议（Brickley、Zimmerman，2010）。董事在履行某一职能时，有可能会影响另一职能的履行。Masulis、Wang 和 Xie（2012）发现美国上市公司聘请的外国独立董事能够较好地履行战略建议职能，如帮助公司高管实施跨国并购战略并取得较高的回报。但外国独立董事并没有较好地履行监督职能，他们缺席公司董事会会议的频率较高，公司 CEO 往往获取过高的薪酬，当公司业绩较差时，外国独立董事也没能及时解聘不称职的 CEO。Faleye、Hoitash 和 Hoitash（2011）考察董事监督职能时发现，董事监督力较强的公司中 CEO 变更业绩敏感性更强、CEO 获取超额薪酬更少、盈余管理程度更低。然而，这些公司中董事发挥战略建议职能的作用则比较弱。在中国资本市场上市公司实务中，股东委派董事有领薪和不领薪两种。领薪股东委派董事往往会参与公司经营，为高管提供经营战略建议，负责经营管理公司。这类董事与股东的独立性更强，但更容易受到上市公司其他高管的影响，从而难以有效执行股东赋予的职责。然而，非领薪股东委派董事直接从股东单位领取薪酬，主要负责监督工作，代表股东利益参与公司治理、监督高管行为。这类董事不容易受到上市公司其他高管的影响，因此其与上市公司其他高管相比，其独立性更强。这意味着当股东委派董事在上市公司领取薪酬时，参与公司治理与经营决策时更容易受到高管权力的制约，更可能与高管协同利益，从而以牺牲股东利益为代价获取更多的私人收益，反而加大公司薪酬差距；当股东委派董事在股东单位领取薪酬时，股东委派董事与高管没有直接的经济关联，更可能与股东利益达成一致，代表股东利益加强对高管行为的监督，最终降低公司薪酬差距。基于上述分析，本章提出如下研究假设：

H2：其他条件不变，领薪的股东委派董事比率越高，公司薪酬差距越大。

H3：其他条件不变，不领薪的股东委派董事比率越高，公司薪酬差距越小。

第三节　研究设计

一、研究样本

2005 年修订的《年度报告准则》首次要求披露上市公司高管人员的薪酬要细化到个人。考虑到样本数据的完整性以及有效考察上市公司股东委派董事和薪酬差距之间的关系，本章选择 2005 ~ 2011 年作为研究期间，A 股资本市场上所有非金融、保险业上市公司作为初始研究样本。剔除数据不全观察值后，最后得到 9186 个观察值。样本公司的股权性质特征数据是根据年报手工整理得到，公司薪酬和财务数据来源于国泰安 CSMAR 研究数据库。由于样本是由不同公司在不同的年度组成的混合数据（Pool Data），给定公司的年度观察值不满足独立性要求，会导致回归结果的统计显著性被高估。为了纠正这个统计问题，我们使用对每个公司进行“聚类”（Cluster）的方法来调整系数估计值的标准误（Petersen，2009）。

二、研究变量

1. 公司薪酬差距变量

根据已有研究，我们使用公司高管和员工薪酬相对差距和公司高管薪酬相对差距两种测量方式衡量公司薪酬差距（Bu、Peng，2010；Banker、Bu、Mehta，2011；Kato、Long，2011）。

（1）公司高管与员工薪酬相对差距的计算公式如下：

$$LEGap = Ln\left[MaxMPay \Big/ \frac{CashPay + SalPayCh - TotMPay}{EmpNum - TotMNum}\right] \tag{1}$$

（2）公司高管薪酬相对差距的计算公式如下：

$$LMGap = Ln\left[MaxMPay \Big/ \frac{TotMPay - MaxMPay}{TotMNum - 1}\right] \tag{2}$$

上述公式中，LEGap 表示公司高管与员工薪酬相对差距的自然对数；LMGap 表示公司内部高管薪酬相对差距的自然对数；MaxMPay 表示每个公司中高管的最高薪酬；CashPay 表示公司支付给员工以及为员工支付的现金；SalPayCh 表示公司应付职工薪酬的变动额；TotMPay 表示公司支付给公司高管的总薪酬；EmpNum 表示公司员工的总人数；TotMNum 表示公司高管的总人数。

2. 股东委派董事变量

股东委派董事变量用股东委派董事人数与公司董事会总人数的比率来表示（Yeh、Woidtke，2005；Chen、Gray、Nowland，2012）。在中国上市公司实务中，股东委派董事的薪酬领取方式分为直接从其所担任董事职务的上市公司中领取和不直接从其所担任董事职务的上市公司中领取。因此，我们设置以下 3 个变量：①股东委派董事比率变量 TPR，用股东委派的董事人数与公司董事会总人数的比率来表示；②领薪股东委派董事比率变量 PR，用股东委派且直接从其担任董事职务的上市公司中领取薪酬的董事人数与董事会总人数的比率来表示；③非领薪股东委派董事比率变量 NPR，用股东委派且不直接从其担任董事职务的上市公司中领取薪酬的董事人数与董事会总人数的比率来表示。

3. 控制变量

参照已有的研究，我们设置了以下控制变量（方军雄，2009；辛清泉、谭伟强，2009；Chen、Ezzamel、Cai，2011）：①董事长与总经理两职兼任状态 CEOD，当董事长与总经理两职兼任时取值为 1，否则为 0；②董事会规模 Bsize，取公司董事会人数的自然对数；③独立董事比例 IndepR，取公司独立董事人数与董事会人数的比率；④薪酬委员会虚拟变量 Commit，如果公司当年设立了薪酬委员会，取值为 1，否则取值为 0；⑤公司业绩 ROA，取公司的净利润与期末总资产的比率；⑥公司规模 Size，取公司该年期末总资产的自然对数；⑦公司资产负债率 Lev，取公司期末长期负债与期末总资产的比率；⑧公司风险 Risk，取公司当年股票月回报率的标准差；⑨公司成长性 Q，取公司流通股市值、非流通股市值与负债之和与上期末总资产的比率；⑩交叉上市 Exch，当公司当年还在境外其他交易所上市交易时取值为 1，否则取值为 0；⑪特别处理 ST，当公司当年处于 ST 或者 *ST 状态时取值为 1，否则取值为 0。

三、研究模型

为了考察股东委派董事与薪酬差距之间的关系，本章建立以下回归模型：

$$Gap = \alpha + \beta_1 TPR + \beta_2 CEOD + \beta_3 Bsize + \beta_4 IndepR + \beta_5 Commit + \beta_6 ROA + \beta_7 Size + \beta_8 Lev + \beta_9 Risk + \beta_{10} Q + \beta_{11} Exch + \beta_{12} ST + Year\ Fixed\ Effect + Industry\ Fixed\ Effect + \varepsilon \quad (3)$$

为了进一步考察领薪股东委派与非领薪股东委派董事对薪酬差距的不同影响，我们建立以下回归模型：

$$Gap = \alpha + \beta_1 PR + \beta_2 NPR + \beta_3 CEOD + \beta_4 Bsize + \beta_5 IndepR + \beta_6 Commit + \beta_7 ROA + \beta_8 Size + \beta_9 Lev + \beta_{10} Risk + \beta_{11} Q + \beta_{12} \mathrm{Exch} + \beta_{13} ST + Year\ Fixed\ Effect + Industry\ Fixed\ Effect + \varepsilon \quad (4)$$

上述模型中使用的变量具体定义说明见表 7 - 1，模型中变量 Gap 为分别使用变量 LEGap 和 LMGap。

表 7 - 1　变量定义说明

变量名称	定义说明
薪酬差距	
EGap	公司高管最高薪酬与除高管以外员工平均薪酬的比率
LEGap	对 EGap 取自然对数
MGap	公司高管最高薪酬与其他高管平均薪酬的比率
LMGap	对 MGap 取自然对数
股东委派董事	
TPR	股东委派的董事人数与董事会总人数的比率
PR	股东委派并且在上市公司领取薪酬的董事人数与董事会总人数的比率
NPR	股东委派并且不在上市公司领取薪酬的董事人数与董事会总人数的比率
董事会特征	
CEOD	当董事长与总经理两职兼任时取值为 1；否则为 0
Bsize	公司董事会人数的自然对数
IndepR	公司独立董事人数与董事会人数的比率
Commit	当公司当年设立了薪酬委员会时取值为 1；否则取值为 0
公司特征	
ROA	公司的净利润与期末总资产的比率
Size	公司该年期末总资产的自然对数
Lev	公司期末长期负债与期末总资产的比率
Risk	公司当年股票月回报率的标准差
Q	公司流通股市值、非流通股市值和负债之和与上期期末总资产的比率
Exch	当公司当年还在境外其他交易所上市交易时取值为 1；否则取值为 0
ST	当公司当年处于 ST 或者 * ST 状态时取值为 1；否则取值为 0

第四节　实证结果与分析

一、描述性统计

为了控制极端值对检验结果带来的偏误和影响，我们对样本中所有连续的解释变量在1%和99%分位数上进行了缩尾处理（Winsorize）。表7－2给出样本的描述性统计结果。Panel A报告了有无股东委派董事样本中薪酬差距的描述性统计结果，可以发现在有股东委派董事组中，高管与员工之间薪酬差距的均值（中位数）为2.003（1.978）；在没有股东委派董事组中，高管与员工之间薪酬差距的均值（中位数）为1.916（1.875），并且均值和中位数差异均在1%的水平下通过显著性检验（t＝3.575，z＝3.912）。有股东委派董事组和没有股东委派董事组中高管与高管之间薪酬差距的均值和中位数也具有显著差异。Panel B进一步将股东委派董事组区分为领薪股东委派董事和非领薪股东委派董事两组，分组描述公司薪酬差距变量。可以发现在领薪股东委派董事组中，高管与员工之间薪酬差距均值（中位数）为2.085（2.065），高管与高管之间薪酬差距均值（中位数）为0.998（0.956）；在非领薪股东委派董事组中，高管与员工之间薪酬差距均值（中位数）为1.810（1.761），高管与高管之间薪酬差距均值（中位数）为0.872（0.805）。而且领薪股东委派董事组的薪酬差距显著大于非领薪股东委派董事组（t＝15.731，z＝15.430；t＝15.768，z＝16.299）。这很可能是由于领薪股东委派董事会加大公司薪酬差距，非领薪股东委派董事会降低公司薪酬差距。

Panel C报告了本章主要变量的描述性统计结果。高管与员工之间薪酬差距平均值为9.385，最高达到53.735；高管与高管之间薪酬差距平均为2.706，最大值为8.290。股东委派董事比率的均值为0.296，其中领薪股东委派董事比率均值为0.103，非领薪股东委派董事比率均值为0.192，领薪股东委派董事比率大约是非领薪股东委派董事比率的2倍，可见不在上市公司领取薪酬的股东委派董事多于在上市公司领取薪酬的股东委派董事。从董事会特征变量看，董事长与总经理两职兼任的情况不多，董事会规模整体差异不大，公司独立董事基本上是董事会人数的1/3，并且大体上都设有薪酬委员会。样本公司中有3.2%的公司交叉上市，有9.3%的公司被ST。

表7-2 描述性统计

Panel A 有无股东委派董事组薪酬差距描述性统计

	股东委派董事组 N=8053			无股东委派董事组 N=1133			均值差异检验（t值）	中位数差异检验（z值）
变量	Mean	Median	SD	Mean	Median	SD		
LEGap	2.003	1.978	0.777	1.916	1.875	0.774	3.575***	3.912***
LMGap	0.942	0.890	0.357	0.921	0.860	0.361	1.826*	2.408**

Panel B 股东委派董事是否领薪组薪酬差距描述性统计

	领薪股东委派董事组 N=3078			非领薪股东委派董事组 N=4975			均值差异检验（t值）	中位数差异检验（z值）
变量	Mean	Median	SD	Mean	Median	SD		
LEGap	2.085	2.065	0.785	1.810	1.761	0.748	15.731***	15.430***
LMGap	0.998	0.956	0.370	0.872	0.805	0.347	15.768***	16.299***

Panel C 本章主要变量的描述性统计

变量	样本数	均值	标准差	最小值	25%	中位数	75%	最大值
薪酬差距								
EGap	9186	9.385	8.724	1.268	4.036	6.600	11.602	53.735
LEGap	9186	1.926	0.775	0.237	1.395	1.887	2.451	3.984
MGap	9186	2.706	1.183	1.364	1.937	2.371	3.089	8.290
LMGap	9186	0.923	0.361	0.310	0.661	0.864	1.128	2.115
股东委派董事								
TPR	9186	0.296	0.184	0.000	0.143	0.300	0.444	0.667
PR	9186	0.103	0.138	0.000	0.000	0.000	0.167	0.556
NPR	9186	0.192	0.176	0.000	0.000	0.167	0.333	0.600

续表

变量	样本数	均值	标准差	最小值	25%	中位数	75%	最大值
董事会特征								
CEOD	9186	0.162	0.368	0.000	0.000	0.000	0.000	1.000
Bsize	9186	2.204	0.202	1.609	2.197	2.197	2.303	2.708
IndepR	9186	0.361	0.049	0.250	0.333	0.333	0.375	0.556
Commit	9186	0.784	0.411	0.000	1.000	1.000	1.000	1.000
公司特征								
ROA	9186	0.039	0.072	-0.265	0.011	0.038	0.072	0.233
Size	9186	21.604	1.182	19.140	20.783	21.457	22.251	25.303
Lev	9186	0.074	0.104	0.000	0.000	0.026	0.110	0.471
Risk	9186	0.143	0.058	0.057	0.101	0.131	0.174	0.353
Q	9186	1.668	1.472	-2.795	0.883	1.345	2.096	9.169
Exch	9186	0.032	0.175	0.000	0.000	0.000	0.000	1.000
ST	9186	0.093	0.290	0.000	0.000	0.000	0.000	1.000

二、相关性分析

表7-3报告了主要变量的相关性分析，TPR与LEGap、LMGap的相关系数分别为-0.046和-0.043，并在5%的水平下负显著；PR与LEGap、LMGap的相关系数分别为0.140和0.141，通过5%水平的显著性检验；NPR与LEGap、LMGap的相关系数分别为-0.158、-0.155，均在5%的水平下负显著。结果显示股东委派董事比率与薪酬差距负相关，具体而言，领薪股东委派董事比率与薪酬差距正相关，非领薪股东委派董事比率与薪酬差距负相关。这表明股东委派董事会因其领取薪酬方式的不同而对上市公司薪酬差距产生不同的影响，当股东委派董事在上市公司领取薪酬时，上市公司薪酬差距会加大。相反，当股东委派董事不在上市公司领取薪酬时，上市公司薪酬差距会降低。公司风险变量Risk、成长性变量Q和特别处理变量ST与LEGap负相关，并且在5%的水平下显著，其他变量与LEGap则正相关。董事会规模变量Bsize、公司规模变量Size、资产负债率变量Lev、公司风险变量Risk和成长性变量Q与LMGap负相关，其他变量则与LMGap正相关。

表 7-3 相关系数矩阵

	LEGap	LMGap	TPR	PR	NPR	CEOD	Bsize	IndepR	Commit	ROA	Size	Lev	Risk	Q	Exch
LMGap	0.505 *														
TPR	-0.046 *	-0.043 *													
PR	0.140 *	0.141 *	0.433 *												
NPR	-0.158 *	-0.155 *	0.699 *	-0.339 *											
CEOD	0.059 *	0.087 *	-0.174 *	0.006	-0.187 *										
Bsize	0.051 *	-0.017	0.186 *	0.015	0.184 *	-0.141 *									
IndepR	0.029 *	0.069 *	-0.186 *	-0.022 *	-0.175 *	0.079 *	-0.327 *								
Commit	0.089 *	0.088 *	-0.054 *	0.026 *	-0.076 *	0.040 *	-0.039 *	0.096 *							
ROA	0.217 *	0.070 *	0.029 *	0.058 *	-0.015	0.013	0.053 *	-0.013	0.059 *						
Size	0.182 *	-0.048 *	0.152 *	0.059 *	0.111 *	-0.133 *	0.265 *	0.052 *	0.119 *	0.184 *					
Lev	0.003	-0.023 *	0.107 *	0.0429 *	0.079 *	-0.116 *	0.136 *	0.011	0.033 *	-0.074 *	0.423 *				
Risk	-0.062 *	-0.006	0.013	-0.009	0.021 *	-0.035 *	-0.022 *	-0.009	-0.017	-0.117 *	-0.110 *	-0.014			
Q	-0.044 *	-0.064 *	0.079 *	0.018	0.068 *	-0.087 *	0.072 *	-0.016	-0.035 *	-0.197 *	0.248 *	0.276 *	0.086 *		
Exch	0.067 *	0.003	0.038 *	0.067 *	-0.016	-0.042 *	0.121 *	0.060 *	0.036 *	0.020	0.332 *	0.124 *	-0.048 *	0.053 *	
ST	-0.109 *	0.015	-0.008	-0.039 *	0.024 *	0.023 *	-0.084 *	0.005	0.009	-0.247 *	-0.215 *	-0.022 *	0.118 *	0.077 *	-0.026 *

注：* 表示在 5% 的显著性水平下显著（双尾检验）。

三、回归分析

表 7 -4 分别给出了股东委派董事、领薪股东委派董事与非领薪股东委派董事对薪酬差距影响的回归结果。本章首先考察了股东委派董事比率对薪酬差距的影响，表中第（1）列和第（2）列报告了相应的回归结果。当被解释变量为 LEGap 时，TPR 的回归系数为 -0.197，并且在 5%（t = -2.53）的水平下通过显著性检验，结果表明股东委派董事比率每增加 1 个标准差，高管与员工之间薪酬差距能够显著降低 3.63%。当被解释变量为 LMGap 时，TPR 的回归系数为 -0.006，这意味着股东委派董事比率每增加 1 个标准差，高管与高管之间薪酬差距能够降低 1.10%，但并没有通过显著性检验（t = -0.15）。结果显示股东委派董事比率越高，公司薪酬差距越小。这意味着股东委派董事在一定程度上能够代替股东行使监督职能，减少高管谋取过高薪酬的机会主义行为，从而降低公司薪酬差距。上述回归结果为本章的研究假设 H1 提供了部分支持的证据。

股东委派董事按其是否在担任董事职务的上市公司领取薪酬又可区分为领薪股东委派董事和非领薪股东委派董事，接着本章考察了领薪股东委派董事与非领薪股东委派董事对公司薪酬差距的单独治理效应，表 7 -4 的第（3）列和第（4）列报告了相应的回归结果。当被解释变量为 LEGap 时，变量 PR 的回归系数为 0.403，NPR 的回归系数为 -0.532，均在 1%（t = 4.01；t = -6.10）的水平下通过显著性检验。结果表明领薪股东委派董事比率每增加 1 个标准差，高管与员工之间薪酬差距加大 5.56%，非领薪股东委派董事比率每增加 1 个标准差，高管与员工之间薪酬差距降低 9.36%。当被解释变量为 LMGap 时，变量 PR 的回归系数为 0.282，NPR 的回归系数为 -0.165，均在 1%（t = 5.51；t = -4.07）的水平下显著，与第（3）列回归结果一致。上述结果显示公司领薪股东委派董事比率越高，公司薪酬差距越大；非领薪股东委派董事比率越高，公司的薪酬差距越小。这意味着非领薪股东委派董事能够执行监督职能，从而实现较好的治理效果——降低公司薪酬差距。这主要是因为当股东委派的董事在上市公司领取薪酬时更可能依赖公司高管，从而使其独立性受到影响，不仅没有降低公司薪酬差距，反而进一步加大了公司薪酬差距；相反，当股东委派董事不在上市公司领取薪酬时其独立性更强，能够代表股东利益监督高管谋取过高薪酬的机会主义行为，从而减少公司代理成本、降低公司薪酬差距。检验结果为本章研究假设 H2 和 H3 提供了支持的经验证据。

表 7－4　股东委派董事对薪酬差距的回归结果

	被解释变量：LEGap（1）	被解释变量：LMGap（2）	被解释变量：LEGap（3）	被解释变量：LMGap（4）
TPR	－0.197**	－0.006		
	（－2.53）	（－0.15）		
PR			0.403***	0.282***
			（4.01）	（5.51）
NPR			－0.532***	－0.165***
			（－6.10）	（－4.07）
CEOD	0.114***	0.064***	0.089**	0.052***
	（3.14）	（3.45）	（2.47）	（2.82）
Bsize	0.131	0.079**	0.161**	0.093**
	（1.58）	（2.10）	（1.98）	（2.51）
IndepR	0.061	0.470***	－0.018	0.432***
	（0.21）	（3.23）	（－0.06）	（2.97）
Commit	0.067**	0.054***	0.064**	0.052***
	（2.10）	（3.62）	（2.03）	（3.59）
ROA	1.763***	0.363***	1.704***	0.334***
	（10.12）	（4.36）	（9.88）	（4.07）
Size	0.112***	－0.024***	0.117***	－0.022***
	（6.15）	（－2.92）	（6.60）	（－2.67）
Lev	0.221	0.128*	0.184	0.110
	（1.41）	（1.72）	（1.19）	（1.51）
Risk	－0.337*	－0.071	－0.267	－0.038
	（－1.68）	（－0.74）	（－1.34）	（－0.40）
Q	－0.017**	－0.007	－0.018**	－0.007*

续表

	被解释变量：LEGap（1）	被解释变量：LMGap（2）	被解释变量：LEGap（3）	被解释变量：LMGap（4）
	(-2.07)	(-1.57)	(-2.30)	(-1.79)
Exch	0.105	0.047	0.052	0.021
	(1.00)	(0.94)	(0.50)	(0.44)
ST	-0.089**	0.023	-0.070	0.033
	(-2.01)	(1.08)	(-1.59)	(1.57)
截距	-0.905**	1.009***	-1.025**	0.952***
	(-2.17)	(5.31)	(-2.53)	(5.04)
行业	控制	控制	控制	控制
年度	控制	控制	控制	控制
N	9186	9186	9186	9186
Adj. R-sq	0.124	0.040	0.145	0.063
F	15.176	6.426	18.289	9.251

注：所有回归都使用异方差调整和公司聚类（Cluster）调整得到稳健性标准误，括号内给出调整后的t值。*、**、***分别表示在10%、5%、1%的显著性水平下显著（双尾检验）。

为了消除内生性问题可能带来的影响，接下来使用工具变量回归方法进行检验。借鉴已有文献，选择股东委派董事比率（领薪股东委派董事比率和非领薪股东委派董事比率）的行业均值与上一年度值作为工具变量进行两阶段最小二乘回归，这一选取方法常见于最近的相关研究（Hoechle等，2012；Wintoki、Linck、Netter，2012；Jayaraman、Milbourn，2012）。另外，依据Larcker和Rusticus（2010）的建议，我们对所使用的这两个工具变量的相关性条件和外生性条件进行了有效性检验。

表7-5报告了工具变量相关性检验、外生性检验和工具变量回归结果。当被解释变量为LEGap时，在工具变量的相关性检验中，PR和NPR工具变量检验的F值均大于10（F=963.62>10；F=1531.82>10），这意味着本章选取的工具变量满足相关性条件。工具变量的外生性检验结果不具有统计显著性（J=3.170，P=0.2049），这意味着不能拒绝这两个工具变量不具有外生性的原假设，即工具变量外生性检验得以通过。相关性条件和外生性条件

的满足表明本章使用的工具变量是有效的。使用工具变量后，PR 和 NPR 的回归系数分别为 0.572 和 -0.667，均在 1%（t=3.88，t=-5.29）的水平下显著。当被解释变量为 LMGap 时，结果基本一致。由此可知，在考虑内生性问题后本章的研究结论仍然成立，即领薪股东委派董事会显著加大公司薪酬差距，非领薪股东委派董事会显著降低公司薪酬差距。

表 7-5　工具变量回归结果

	被解释变量：LEGap（1）	被解释变量：LMGap（2）
PR	0.572***	0.385***
	(3.88)	(5.08)
NPR	-0.667***	-0.174***
	(-5.29)	(-2.95)
CEOD	0.079*	0.061***
	(1.83)	(2.75)
Bsize	0.126	0.085**
	(1.40)	(2.08)
IndepR	-0.184	0.501***
	(-0.59)	(3.17)
Commit	0.067*	0.043**
	(1.82)	(2.54)
ROA	1.715***	0.405***
	(9.14)	(4.56)
Size	0.128***	-0.022**
	(6.82)	(-2.41)
Lev	0.098	0.085
	(0.60)	(1.09)
Risk	-0.178	0.035
	(-0.83)	(0.34)
Q	-0.020**	-0.007
	(-2.52)	(-1.60)
Exch	0.022	0.022
	(0.20)	(0.42)

续表

	被解释变量：LEGap（1）	被解释变量：LMGap（2）
ST	-0.062	0.039*
	(-1.34)	(1.73)
截距	-0.848*	1.039***
	(-1.91)	(4.88)
行业	控制	控制
年度	控制	控制
N	7266	7266
Adj. R-sq	0.143	0.069
F	14.784	7.184
弱工具变量检验	PR：F=963.62 NPR：F=1531.82	PR：F=963.62 NPR：F=1531.82
过度识别约束J检验及P值	J=3.170，P=0.2049	J=5.236，P=0.0729

注：所有回归都使用异方差调整和公司聚类（Cluster）调整得到稳健性标准误，括号内给出调整后的t值。*、**、***分别表示在10%、5%、1%的显著性水平下显著（双尾检验）。

四、附加测试

1. 行业竞争的影响

表7-6给出了不同程度的行业竞争对股东委派董事治理效应影响的回归结果。其中行业竞争变量使用行业内公司总数，这一衡量方法常见于已有文献（Li，2010），并且依据公司外部的行业竞争程度将样本分为高竞争和低竞争两组。当被解释变量为LEGap时，高竞争组和低竞争组中PR的回归系数分别为0.414和0.405，均在1%（t=2.85，t=3.05）的水平下显著为正。这两组中的回归系数差异并没用通过显著性检验（P-value=0.89），即领薪股东委派董事在行业竞争激烈程度不同时对公司高管与员工之间的薪酬差距的影响并没有显著性差异。高竞争组和低竞争组中NPR的回归系数分别为-0.664和-0.432，在1%（t=-5.40，t=-3.68）水平下通过显著性检验。可以发现当行业竞争激烈时，非领薪股东委派董事对公司薪酬差距的降低更多，并且通过显著性检验（P-value=0.09）。当被解释变量为LMgap

时，回归结果与上述结果基本一致，即高行业竞争下非领薪股东委派董事对代理问题引发的薪酬差距的治理效果更明显。回归结果表明，中国上市公司呈现出的薪酬差距现象是公司代理问题的体现，而非薪酬激励的结果。这与本章的竞争性假说——薪酬差距是薪酬激励的结果是相悖的。同时也表明非领薪股东委派董事与外部行业竞争对薪酬差距的治理作用表现出互补效应。

表7-6　产品市场竞争对股东委派董事效应的回归结果

	被解释变量：LEGap		被解释变量：LMGap	
	(1) 高竞争	(2) 低竞争	(3) 高竞争	(4) 低竞争
PR	0.414***	0.405***	0.199***	0.368***
	(2.85)	(3.05)	(2.69)	(5.65)
NPR	-0.664***	-0.432***	-0.255***	-0.088
	(-5.40)	(-3.68)	(-4.54)	(-1.59)
CEOD	0.050	0.115**	0.030	0.070***
	(1.04)	(2.23)	(1.32)	(2.62)
Bsize	-0.051	0.329***	0.078	0.109**
	(-0.41)	(3.17)	(1.46)	(2.21)
IndepR	-0.085	0.006	0.574**	0.329*
	(-0.18)	(0.02)	(2.34)	(1.94)
Commit	0.104**	0.025	0.062***	0.042**
	(2.31)	(0.60)	(2.97)	(2.17)
ROA	2.080***	1.349***	0.575***	0.110
	(8.52)	(6.01)	(4.96)	(1.03)
Size	0.102***	0.131***	-0.025**	-0.020*
	(3.91)	(5.62)	(-2.16)	(-1.78)
Lev	0.265	0.080	0.137	0.061
	(1.08)	(0.42)	(1.19)	(0.67)
Risk	-0.427	-0.026	-0.170	0.118
	(-1.52)	(-0.09)	(-1.28)	(0.88)
Q	-0.014	-0.021**	-0.005	-0.009*
	(-1.09)	(-2.22)	(-0.76)	(-1.78)

续表

	被解释变量：LEGap		被解释变量：LMGap	
	(1) 高竞争	(2) 低竞争	(3) 高竞争	(4) 低竞争
Exch	0.027	0.063	-0.027	0.060
	(0.18)	(0.48)	(-0.42)	(0.93)
ST	-0.070	-0.064	0.072**	-0.005
	(-1.11)	(-1.10)	(2.36)	(-0.18)
截距	-0.185	-1.747***	1.013***	0.875***
	(-0.32)	(-3.32)	(3.84)	(3.43)
行业	控制	控制	控制	控制
年度	控制	控制	控制	控制
N	4240	4946	4240	4946
Adj. R-sq	0.133	0.162	0.065	0.065
F	12.158	14.018	7.794	7.099
不同程度产品市场竞争下委派董事系数差异的F检验	PR：P-value=0.94 NPR：P-value=0.09		PR：P-value=0.08 NPR：P-value=0.03	

注：所有回归都使用异方差调整和公司聚类（Cluster）调整得到稳健性标准误，括号内给出调整后的t值。*、**、***分别表示在10%、5%、1%的显著性水平下显著（双尾检验）。

2. 终极股东股权性质的影响

考虑到国有企业与非国有企业之间的差异，本章又分组考察了终极股东股权性质对股东委派董事治理效应的影响。表7-7报告了在国有企业和非国有企业中领薪股东委派董事与非领薪股东委派董事对薪酬差距的回归结果。可以发现，当被解释变量为LEGap时，国有组和非国有组中PR回归系数分别为0.482和0.256，分别在1%（t=3.26）和5%（t=2.00）的水平下通过显著性检验；NPR回归系数分别为-0.247和-0.497，分别在5%（t=-2.13）和1%（t=-3.69）的水平下通过显著性检验。当被解释变量为LMGap时，国有组和非国有组中PR回归系数分别为0.392和0.150，分别在1%（t=5.64）和5%（t=2.10）的水平下通过显著性检验；NPR回归系数分别为-0.053和-0.097，但并没有通过显著性检验（t=-1.05；t=

-1.35)。由回归结果可知，领薪股东委派董事会加大公司薪酬差距，非领薪股东委派董事会降低公司薪酬差距，并且这种关系并没有在国有企业与非国有企业之间表现出差异。即股东委派董事与公司薪酬差距之间的关系并不会受到公司股权性质的影响。

表7-7 终极股东股权性质对股东委派董事效应的回归结果

	被解释变量：LEGap		被解释变量：LMGap	
	(1) 国有	(2) 非国有	(3) 国有	(4) 非国有
PR	0.482***	0.256**	0.392***	0.150**
	(3.26)	(2.00)	(5.64)	(2.10)
NPR	-0.247**	-0.497***	-0.053	-0.097
	(-2.13)	(-3.69)	(-1.05)	(-1.35)
CEOD	0.077	0.034	0.017	0.044*
	(1.29)	(0.81)	(0.61)	(1.86)
Bsize	0.068	0.426***	0.070	0.184***
	(0.67)	(3.73)	(1.60)	(3.13)
IndepR	-0.325	0.947**	0.412**	0.690***
	(-0.97)	(2.19)	(2.58)	(2.79)
Commit	0.070*	0.066	0.065***	0.040*
	(1.73)	(1.51)	(3.69)	(1.70)
ROA	1.440***	1.620***	0.356***	0.116
	(6.05)	(7.25)	(3.37)	(0.95)
Size	0.110***	0.220***	-0.023**	0.013
	(5.03)	(8.10)	(-2.35)	(0.94)
Lev	0.099	0.649***	0.086	0.225*
	(0.53)	(2.75)	(0.99)	(1.73)
Risk	-0.217	-0.301	-0.011	-0.026
	(-0.82)	(-1.08)	(-0.09)	(-0.18)
Q	-0.013	-0.027**	-0.004	-0.010*
	(-1.28)	(-2.53)	(-0.79)	(-1.68)
Exch	0.149	0.259	0.039	0.209*

续表

	被解释变量：LEGap		被解释变量：LMGap	
	(1) 国有	(2) 非国有	(3) 国有	(4) 非国有
	(1.47)	(1.13)	(0.81)	(1.67)
ST	-0.076	-0.042	0.035	0.030
	(-1.31)	(-0.71)	(1.37)	(0.91)
截距	-0.787	-3.809***	0.939***	-0.003
	(-1.55)	(-6.28)	(4.28)	(-0.01)
行业	控制	控制	控制	控制
年度	控制	控制	控制	控制
N	5301	3885	5301	3885
Adj. R-sq	0.127	0.206	0.058	0.044
F	8.602	12.349	4.734	3.097

注：所有回归都使用异方差调整和公司聚类（Cluster）调整得到稳健性标准误，括号内给出调整后的t值。*、**、***分别表示在10%、5%、1%的显著性水平下显著（双尾检验）。

3. 控股股东和非控股股东委派董事的影响

考虑到控股股东与非控股股东委派董事动机的差异，本章分别考察了控股股东委派董事和非控股股东委派董事对薪酬差距的影响。笔者手工收集了控股股东委派董事变量和非控股股东委派董事变量的相关数据。具体做法是：从CSMAR数据库中取出股东委派董事的兼职单位以及公司的控股股东，并进行一一核对，从而区分出控股股东委派董事和非控股股东委派董事。具体而言，我们将领薪股东委派董事比率（PR）分为控股股东领薪委派董事比率（CPR）和非控股股东领薪委派董事比率（NCPR），非领薪股东委派董事比率（NPR）分为控股股东非领薪委派董事比率（CNPR）和非控股股东非领薪委派董事比率（NCNPR），进而考察其对薪酬差距的影响是否具有差异。

表7-8报告了相应的回归结果。当被解释变量为LEGap时，第（1）列中PR和NPR的回归系数分别为0.403和-0.532，均在1%的水平下通过显著性检验（t=4.01，t=-6.10）；第（2）列中CPR的回归系数为0.392，在1%（t=3.41）的水平下显著，NCPR的回归系数为0.309，但没有通过

显著性检验（t=1.62）；CNPR的回归系数为-0.774，在1%（t=-7.57）的水平下显著，NCNPR的回归系数为-0.113，但没有通过显著性检验（t=-0.91）。当被解释变量为LMGap时，第（3）列中PR和NPR的回归系数分别为0.282和-0.165，均在1%的水平下通过显著性检验（t=5.51，t=-4.07）；第（4）列中CPR和NCPR的回归系数都显著为正，CNPR和NCNPR的回归系数都显著为负。综合上述结果可知，在对代理问题引发的薪酬差距的治理中，控股股东委派董事与非控股股东委派董事之间并没有显著差异。

表7-8　控股股东与非控股股东委派董事对薪酬差距的回归结果

	被解释变量：LEGap		被解释变量：LMGap	
	(1)	(2)	(3)	(4)
PR	0.403***		0.282***	
	(4.01)		(5.51)	
NPR	-0.532***		-0.165***	
	(-6.10)		(-4.07)	
CPR		0.392***		0.233***
		(3.41)		(3.98)
NCPR		0.309		0.464***
		(1.62)		(4.78)
CNPR		-0.774***		-0.194***
		(-7.57)		(-4.06)
NCNPR		-0.113		-0.113*
		(-0.91)		(-1.90)
CEOD	0.089**	0.079**	0.052***	0.050***
	(2.47)	(2.22)	(2.82)	(2.74)
Bsize	0.161**	0.133	0.093**	0.084**
	(1.98)	(1.64)	(2.51)	(2.26)
IndepR	-0.018	-0.040	0.432***	0.429***
	(-0.06)	(-0.14)	(2.97)	(2.96)
Commit	0.064**	0.063**	0.052***	0.051***

续表

	被解释变量：LEGap		被解释变量：LMGap	
	（1）	（2）	（3）	（4）
	（2.03）	（2.00）	（3.59）	（3.53）
ROA	1.704 ***	1.721 ***	0.334 ***	0.341 ***
	（9.88）	（10.00）	（4.07）	（4.15）
Size	0.117 ***	0.127 ***	-0.022 ***	-0.020 **
	（6.60）	（7.09）	（-2.67）	（-2.36）
Lev	0.184	0.188	0.110	0.112
	（1.19）	（1.22）	（1.51）	（1.53）
Risk	-0.267	-0.276	-0.038	-0.043
	（-1.34）	（-1.38）	（-0.40）	（-0.45）
Q	-0.018 **	-0.019 **	-0.007 *	-0.007 *
	（-2.30）	（-2.44）	（-1.79）	（-1.84）
Exch	0.052	0.052	0.021	0.016
	（0.50）	（0.51）	（0.44）	（0.33）
ST	-0.070	-0.064	0.033	0.032
	（-1.59）	（-1.47）	（1.57）	（1.55）
截距	-1.025 **	-1.163 ***	0.952 ***	0.927 ***
	（-2.53）	（-2.87）	（5.04）	（4.88）
行业	控制	控制	控制	控制
年度	控制	控制	控制	控制
N	9186	9186	9186	9186
Adj. R-sq	0.145	0.151	0.063	0.065
F	18.289	17.698	9.251	9.051

注：所有回归都使用异方差调整和公司聚类（Cluster）调整得到稳健性标准误，括号内给出调整后的t值。*、**、***分别表示在10%、5%、1%的显著性水平下显著（双尾检验）。

4. 行政职务的影响

考虑到公司最高薪酬高管的行政职位有可能对本章结果产生影响，我们将公司最高薪酬人员按其职位划分为董事长（包括副董事长）、总经理（包括副总经理）和其他，并且使用子样本考察股东委派董事对薪酬差距的治理效应。表 7－9 报告了相应的回归结果。结果表明在 3 个子样本中领薪股东委派董事都会显著加大公司薪酬差距，非领薪股东委派董事都会显著降低公司薪酬差距。区分董事长、总经理和其他的分组回归表现出相似的结果，说明行政级别的安排对本章结果没有重要影响。

表 7－9　最高薪酬人员职位不同时股东委派董事对薪酬差距的回归结果

	被解释变量：LEGap			被解释变量：LMGap		
	最高薪酬：董事长	最高薪酬：总经理	最高薪酬：其他	最高薪酬：董事长	最高薪酬：总经理	最高薪酬：其他
PR	0.265**	0.438***	0.535**	0.170***	0.390***	0.305**
	(2.11)	(3.37)	(2.12)	(2.85)	(5.66)	(2.32)
NPR	－0.459***	－0.395***	－0.711***	－0.159***	－0.170***	－0.201*
	(－3.70)	(－3.62)	(－3.40)	(－2.70)	(－3.38)	(－1.77)
CEOD	0.054	0.150***	0.083	0.064***	0.041*	0.099**
	(1.30)	(3.59)	(1.01)	(2.94)	(1.88)	(2.17)
Bsize	0.233**	0.080	0.456**	0.094**	0.076*	0.084
	(2.15)	(0.85)	(2.27)	(2.00)	(1.77)	(0.80)
IndepR	0.437	－0.315	－0.073	0.365*	0.445***	－0.141
	(1.09)	(－0.96)	(－0.11)	(1.76)	(2.76)	(－0.41)
Commit	0.071*	0.066*	0.061	0.060***	0.048***	0.083*
	(1.75)	(1.68)	(0.71)	(3.09)	(2.65)	(1.92)
ROA	1.723***	1.771***	1.119***	0.394***	0.317***	－0.130
	(7.09)	(8.29)	(2.86)	(3.34)	(3.33)	(－0.62)
Size	0.170***	0.108***	0.016	－0.019*	－0.024**	－0.007
	(7.15)	(5.13)	(0.42)	(－1.72)	(－2.36)	(－0.33)
Lev	－0.007	0.284	0.437	0.111	0.140	－0.058
	(－0.03)	(1.50)	(1.25)	(1.01)	(1.52)	(－0.33)
Risk	－0.124	－0.288	0.424	－0.080	－0.155	0.486*
	(－0.47)	(－1.07)	(0.76)	(－0.62)	(－1.26)	(1.67)
Q	－0.029***	－0.011	－0.028	－0.009	－0.006	－0.008
	(－2.65)	(－1.14)	(－1.37)	(－1.62)	(－1.15)	(－0.86)
Exch	－0.099	0.050	0.364**	0.040	－0.024	0.104

续表

	被解释变量：LEGap			被解释变量：LMGap		
	最高薪酬：董事长	最高薪酬：总经理	最高薪酬：其他	最高薪酬：董事长	最高薪酬：总经理	最高薪酬：其他
	(-0.61)	(0.47)	(2.24)	(0.47)	(-0.49)	(1.20)
ST	-0.026	-0.053	-0.185*	0.058*	0.038	-0.006
	(-0.44)	(-0.99)	(-1.83)	(1.90)	(1.52)	(-0.11)
截距	-2.422***	-0.586	0.348	0.893***	1.087***	0.735
	(-4.47)	(-1.21)	(0.39)	(3.54)	(4.70)	(1.45)
行业	控制	控制	控制	控制	控制	控制
年度	控制	控制	控制	控制	控制	控制
N	4833	5307	832	4833	5307	832
Adj. R-sq	0.150	0.151	0.132	0.055	0.080	0.072
F	10.790	13.563	3.290	5.277	7.532	1.869

注：所有回归都使用异方差调整和公司聚类（Cluster）调整得到稳健性标准误，括号内给出调整后的t值。*、**、***分别表示在10%、5%、1%的显著性水平下显著（双尾检验）。

第五节　本章小结

早期的薪酬差距现象主要使用“锦标赛理论”进行解释，适当的薪酬差距可以提高员工的积极性和生产率。然而，近年来公司薪酬差距持续扩大，这很可能是公司高管运用自己的权力影响薪酬制定的结果。因此，本章基于高管权力理论考察了公司治理机制对公司薪酬差距的影响。高管权力理论认为公司CEO倾向于运用自己的权力影响薪酬的制定，使其获取的薪酬超过最优薪酬水平，从而产生过度薪酬差距。这种过度公司薪酬差距往往会产生薪酬激励机制失效、公司业绩下滑等负面效应，因此，有必要考察公司治理机制如何降低过度薪酬差距，从而缓解公司薪酬制定过程中的代理问题。

以2005~2011年中国A股上市公司为研究样本，本章首先考察了股东委派董事对公司薪酬差距的影响，结果表明平均而言股东委派董事对公司薪酬差距有一定的负向影响。然后，按照股东委派董事是否在上市公司领取薪酬，本章进一步区分了领薪股东委派董事与非领薪股东委派董事。结果表明在上市公司领取薪酬的股东委派董事不仅没有降低公司薪酬差距，反而显著加大了公司薪酬差距；而不在上市公司领取薪酬的股东委派董事则能够显著降低公司薪酬差距。由此可见，在上市公司领取薪酬的股东委派董事由于缺乏独立性而难以执行对公司高管的监督职能；不在上市公司领取薪酬的股东委派董事更能够代表股东利益行使监督职能。此外，本章使用工具变量回归方法以消除内生性问题的干扰，进行一些附加测试以减少相关因素对本章结果的可能影响。本章的研究结论有助于深入理解中国上市公司薪酬差距现象，也为股东委派领薪董事或者委派非领薪董事履行监督职能的决策行为提供了参考依据。

参考文献：

[1] Adams, R., Almeida, H. and Ferreira, D. Powerful CEOs and Their Impact on Corporate Performance [J]. Review of Financial Studies, 2005 (18): 1403 - 1432.

[2] Banker, R. D., Bu, D. and Mehta, M. N. Pay Gaps and Performance: Differences across Cultures [R]. Working Paper, 2011.

[3] Bebchuk, L. A., Cremers, M. and Peyer, U. The CEO Pay Slice [J]. Journal of Financial Economics, 2011 (102): 199 - 221.

[4] Bebchuk, L. A. and Fried, J. M. Executive Compensation as an Agency Problem [J]. Journal of Economics Perspectives, 2003 (17): 71 - 92.

[5] Bebchuk, L. A. and Grinstein, Y. The Growth in Executive Pay [J]. Oxford Review of Economic Policy, 2005 (21): 283 - 303.

[6] Brickley, J. A. and Zimmerman, J. L. Corporate Governance Myths: Comments on Armstrong, Guay, and Weber [J]. Journal of Accounting and Economics, 2010 (50): 235 - 245.

[7] Bu, D. L. and Peng, S. B. Pay Gap, Social Equality and Corporate Per-

formance [R]. Working Paper, 2010.

[8] Chen, J., Ezzamel, M. and Cai, Z. Managerial Power Theory, Tournament Theory, and Executive Pay in China [J]. Journal of Corporate Finance, 2011 (17): 1176 - 1199.

[9] Chen, E. T., Gray, S. and Nowland, J. Family Representatives in Family Firms [R]. Working Paper, 2012.

[10] Chen, Z., Huang, Y. and Wei, K. C. J. Executive Pay Disparity and the Cost of Equity Capital [R]. Working Paper, 2011.

[11] Colpan, A. M. and Yoshikawa, T. Performance Sensitivity of Executive Pay: The Role of Foreign Investors and Affiliated Directors in Japan [J]. Corporate Governance: An International Review, 2012 (20): 547 - 561.

[12] Faleye, O., Hoitash, R. and Hoitash, U. The Costs of Intensive Board Monitoring [J]. Journal of Financial Economics, 2011 (101): 160 - 181.

[13] Fama, E. F. and Jensen, M. C. Separation of Ownership and Control [J]. Journal of Law and Economics, 1983 (26): 301 - 325.

[14] Hall, B. J. and Murph, K. J. The Trouble with Stock Option [J]. Journal of Economic Perspectives, 2003 (17): 49 - 70.

[15] Hoechle, D., Schmid, M., Walter, I. and Yermack, D. How Much of the Diversification Discount can be Explained by Poor Corporate Governance [J]. Journal of Financial Economics, 2012 (103): 41 - 60.

[16] Jayaraman, S. and Milbourn, T. T. The Role of Stock Liquidity in Executive Compensation [J]. The Accounting Review, 2012 (87): 537 - 563.

[17] Kato, T. and Long, C. Tournaments and Managerial Incentives in China's Listed Firms: New Evidence [J]. China Economic Review, 2011 (22): 1 - 10.

[18] Larcker, D. and Rusticus, T. On the Use of Instrumental Variables in Accounting Research [J]. Journal of Accounting and Economics, 2010 (49): 186 - 205.

[19] Lazear, E. and Rosen, S. Rank - order Tournaments as Optimum Labor

Contracts [J]. Journal of Political Economy, 1981 (89): 841 -864.

[20] Li, X. The Impacts of Product Market Competition on the Quantity and Quality of Voluntary Disclosures [J]. Review of Accounting Studies, 2010 (15): 663 -711.

[21] Li, Z. C. Pay Gap, Corporate Governance, and Firm Performance [R]. Working Paper, 2011.

[22] Masulis, R. W., Wang, C. and Xie, F. Globalizing the Boardroom - The Effects of Foreign Directors on Corporate Governance and Firm Performance [J]. Journal of Accounting and Economics, 2012 (53): 527 -554.

[23] Petersen, M. A. Estimating Standard Errors in Finance Panel Data Sets: Comparing Approaches [J]. Review of Financial Studies, 2009 (22): 435 -480.

[24] Rosen, S. Prizes and Incentives in Elimination Tournaments [J]. American Economic Review, 1986 (76): 701 -715.

[25] Sapp, S. The Impact of Corporate Governance on Executive Compensation [J]. European Financial Management, 2008 (14): 710 -746.

[26] Schwarz, M. and Severinov, S. Investment Tournaments: When Should a Rational Agent Put all Eggs in One Basket? [J]. Journal of Labor Economics, 2010 (28): 893 -922.

[27] Wintoki, M. B., Linck, J. S. and Netter, J. M. Endogeneity and the Dynamics of Internal Corporate Governance [J]. Journal of Financial Economics, 2012 (105): 581 -606.

[28] Yeh, Y. H., and Woidtke, T. Commitment or Entrenchment: Controlling Shareholders and Board Composition [J]. Journal of Banking and Finance, 2005 (29): 1857 -1885.

[29] 方军雄. 我国上市公司高管的薪酬存在粘性吗? [J]. 经济研究, 2009 (3): 110 -124.

[30] 高文亮, 罗宏, 程培先. 管理层权力与高管薪酬粘性 [J]. 经济经纬, 2011 (6): 82 -86.

[31] 林浚清, 黄祖辉, 孙永祥. 高管团队内薪酬差距、公司绩效和治

理结构［J］. 经济研究，2003（4）：31－41.

［32］刘春，孙亮. 薪酬差距与企业绩效：来自国企上市公司的经验证据［J］. 南开管理评论，2010（2）：30－39.

［33］鲁海帆. 高管团队内薪酬差距、风险与公司业绩——基于锦标赛理论的实证研究［J］. 经济管理，2011（33）：93－99.

［34］石永拴，杨红芬. 高管团队内外部薪酬差距对公司未来绩效影响的实证研究［J］. 经济经纬，2013（1）：104－108.

［35］辛清泉，谭伟强. 市场化改革、企业业绩与国有企业薪酬［J］. 经济研究，2009（11）：68－81.

［36］张正堂. 企业内部薪酬差距对组织未来绩效影响的实证研究［J］. 会计研究，2008（9）：81－87.

第八章　控股股东委派董事与盈余管理

第一节　引言

在新兴市场中，公司股权集中度较高以及被控股股东所控制的现象较为普遍。例如，Claessens 和 Yurtoglu（2013）的调查显示，东亚的一些新兴市场（如中国香港、印度尼西亚和马来西亚），控股股东对上市公司的直接控制权基本上在 50% 左右，控股股东被认为在公司经营和治理等方面具有重要影响。由于公司会计信息可以嵌入公司经营和治理的具体环节之中，控股股东与公司会计信息质量的关系构成公司治理研究领域中的一个重要研究话题。

控股股东可以通过控制权获取两种不同的收益：第一种是共享收益，通过加强对公司高管的监督，降低代理成本，提高公司业绩，从而获取控制权共享收益的一部分（Shleifer、Vishny，1986）。在获取共享收益的动机下，控股股东倾向于提高会计信息质量以加强对公司高管的监督。第二种是私人收益，控股股东通过侵占中小投资者或者债权人利益来获取这种收益（Shleifer、Vishny，1997）。在获取私人收益的动机下，控股股东倾向于降低会计信息质量，以阻碍外部投资者发现自己获取私人收益的行为。近年来，已有研究侧重考察了控股股东为了追求私人收益如何降低会计信息质量（Fan、Wong，2001；Leuz、Nanda、Wysogki，2003；Gopalan、Jayaraman，2012）。然而，已有研究存在两个主要的缺陷：第一，只关注控股股东的某一个动机，忽视了控股股东如何协调这两种不同的动机，从而对公司会计信息质量产生影响。第二，缺乏对控股股东影响公司决策具体渠道的考察（Crongvist、Fahlenbrach，2009；Becker、Cronqvist、Fahlenbrach，2011）。

在中国资本市场中，也普遍存在公司股权高度集中以及控股股东影响公司经营和治理决策的现象。由于公司外部治理环境不完善和内部治理机制不成熟，公司控股股东同时具有获取共享收益和私人收益的动机。为了协调这两种不同的动机，控股股东需要特定的渠道来完成这一使命。控股股东向公司董事会直接委派的董事很可能就是为了达到以上目的的一种特定渠道。通过对 2004 ~2011 年上市公司进行统计，结果表明平均有 55.09% 的公司至少存在一个控股股东委派的董事，控股股东委派董事人数占董事会人数的比例平均为 12.39% 。这意味着控股股东可以通过委派董事达到影响公司经营和治理决策的效果。

为了克服已有研究的主要缺陷，我们讨论了控股股东如何协调共享收益动机和私人收益动机以及对公司会计信息质量的影响。具体而言，控股股东为了获取私人收益而不被外部投资者发现，倾向于向上操纵公司盈余，以美化公司业绩。同时，控股股东担心公司高管利用这一动机过度地向上操纵公司盈余使自身利益最大化（如获取更多的薪酬），从而增加代理成本，导致控股股东共享收益的份额下降。在共享收益动机的驱动下，控股股东通过委派董事监督公司高管的盈余管理行为。当公司高管向上操纵盈余时，控股股东委派董事适当地降低一部分向上的操纵，避免高管乘机追求私人收益；当公司高管向下操纵盈余时，控股股东委派董事并不进行干涉。这意味着控股股东委派董事在对公司盈余管理进行监督时将表现出非对称性。

使用中国资本市场上市公司 2004 ~2011 年的数据进行检验，研究结果表明，当公司高管向上操纵盈余时，控股股东委派董事实施了有效的监督职能，显著降低了高管的盈余管理行为；但当公司高管向下操纵盈余时，控股股东委派董事并没有实施重要影响。考虑到内生性问题可能带来的负面影响，我们使用工具变量回归进行测试，结果并没有发生显著变化。而且，分组测试的结果也同样支持我们的推断。最后，把公司高管薪酬业绩敏感性作为附加测试，结果表明当公司高管向下操纵盈余时，控股股东委派董事加强了高管薪酬业绩敏感性。这意味着当公司高管向上操纵盈余时，为了防止公司高管利用调增的公司盈余获取更多的薪酬，控股股东委派董事降低了薪酬业绩敏感性。

本章研究贡献主要表现在以下方面：第一，本章贡献于控股股东的相关研究。最近的研究往往侧重于分析控股股东的私人收益动机（Gopalan、Jayaraman，2012），本章则讨论了控股股东如何协调私人收益动机和共享收益动机。第二，本章贡献于对公司董事会构成的相关研究。已有研究主要考察了独立董事的治理效果，而忽视了很可能发生更大作用的委派董事。Erkens、Subramanyam 和 Zhang（2012）考察了银行委派董事的监督作用，与此不同，我们考察了控股股东委派董事的监督作用。第三，本章贡献于公司治理与盈余管理的研究。已有研究考察了董事会独立性对盈余管理的约束作用，本章发现控股股东委派董事在不影响控股股东私人收益时，帮助控股股东获取共享收益，从而对公司盈余管理表现出非对称性的影响。

第二节　文献综述与研究假设

一、文献综述

在 La Porta、Lopez - de - Silanes 和 Shleifer（1999）考察了 27 个国家大型公司的控股股东之后，后续的研究都表明控股股东在公司经营和治理决策等方面具有重要影响。例如，Claessens 和 Yurtoglu（2013）的调查显示，东亚的一些新兴市场（如中国香港、印度尼西亚和马来西亚），控股股东对上市公司的直接控制权基本上在50%左右。由于公司会计信息可以嵌入公司经营和治理的具体环节之中，控股股东与公司会计信息质量的关系构成公司治理研究领域的一个重要研究话题。

控股股东可以通过控制权获取两种不同的收益：第一种是共享收益，通过加强对公司高管的监督，降低代理成本，提高公司业绩，从而获取控制权共享收益的一部分（Shleifer、Vishny，1986）。第二种是私人收益，控股股东通过侵占中小投资者或者债权人利益来获取这种收益（Shleifer、Vishny，1997）。Fan 和 Wong（2002）对东亚 7 个国家的公司进行考察，发现外部投资者察觉到控股股东很可能为了掩盖自己获取私人收益的行为而操纵公司盈余，因此公司盈余的信息含量较低。Leuz、Nanda 和 Wysogki（2003）把视角集中在公司盈余管理行为上。他们指出，控股股东为了掩盖由于获取私人收益导致公司业绩损失的部分，很可能向上操纵公司盈余来美化公司业绩，避免外部投资者从公司真实业绩发现控股股东获取私人收益的行为。由于公司外部法律环境对控股股东获取私人收益的行为具有重要影响，那么不同国家的投资者保护法律的差异很可能导致公司盈余管理的差异。他们用了来自 31 个国家的数据进行检验，结果表明较强的投资者保护法律能够有效限制控股股东获取私人收益的行为，从而降低了公司通过盈余管理美化公司业绩的程度。考虑到使用国家层面数据进行考察得到的结论很可能会受到缺失变量的影响，Gopalan 和 Jayaraman（2012）使用 22 个国家公司层面的数据进行考察。结果表明，在投资者保护法律保护较弱的国家，控股股东导致公司盈余管理程度较高，但在投资者保护法律保护较强的国家，控股股东导致公司盈余管理程度较低。这意味着控股股东的存在不是必然导致较高的盈余管理，控股股东会根据外部环境协调共享收益动机和私人收益动机。

由于已有研究表明独立董事能够有效监督公司高管，降低公司高管的盈余管理程度（Klein，2002；Peasnell、Pope、Young，2005）。一些研究开始关注当控股股东为了获取私人收益而倾向于加强公司盈余管理时，公司独立董事是否能够发挥有效的监督作用。例如，Jaggi、Leung 和 Gul（2009）使用中国香港资本市场的数据，考察在家族控股股东的影响下，独立董事是否能降低公司盈余管理。由于家族控股股东聘请独立董事的主要目标是战略咨询，而不是监督高管，而且家族控股股东为了获取私人收益很可能限制独立董事的监督作用，因此，独立董事对公司盈余管理的影响会被削弱。然而，实证结果与作者的推断有一定差异，虽然独立董事对公司盈余管理具有显著负向影响，但家族控股股东对公司盈余管理也同时具有显著负向影响，那么交互项显著为正表示家族控股股东与独立董事在降低公司盈余管理的作用上存在此消彼长的替代关系。这意味着家族控股股东并不是一味地追求私人收益动机，而是在协调私人收益动机和共享收益动机。

二、研究假设

在中国资本市场中，也普遍存在公司股权高度集中以及控股股东影响公司经营和治理决策的现象。由于公司外部治理环境不完善和内部治理机制不成熟，公司控股股东同时具有获取共享收益和私人收益的动机。一方面，随着高管薪酬激励制度在上市公司中逐步实施与完善，大多数公司采取了以薪酬与业绩挂钩为主的高管薪酬激励方案。这种方案虽然在很大程度上激励了高管的工作热情，但同时也诱发了高管向上操纵盈余以获取超额薪酬的动机。近年来的相关数据表明上市公司高管薪酬增长速度远远高于 GDP 增长速度和公司业绩增长速度。因此，如何在激励高管的同时有效约束高管的机会主义行为仍然是目前公司控股股东急需解决的重要问题。如果这个问题解决不好，就会产生巨额的代理成本，无论是从短期还是长期而言，都会降低控股股东共享收益的份额。另一方面，中国资本市场还处在发展之中，对投资者保护的法律制度在短期内还不能发挥有效的作用。Pistor 和 Xu（2005）分析了影响法律制度保护投资者利益的两点重要原因。第一，法律改革很大程度上是通过对发达经济的法律体系进行移植而完成，导致了移植后的法律体系在很大程度上具有不完善性。第二，法律的有效执行依赖于可靠的公司层面信息，公司层面信息存在较大的噪声，也降低了法律执行的效果。在这种外部环境下，获取私人收益成为上市公司控股股东的首要动机。相关研究发现了中国资本市场上控股股东“掏空”上市公司的大量证据（如李增泉、余谦、王晓坤，2005；卢闯等，2011）。为了掩盖这种以损害外部投资者利益为代价的行为，控股股东倾向于向上操纵公司盈余以美化公司业绩（Liu、Lu，2007）。然而，控股股东也注意到自己获取私人收益的同时也为公司高管获取私人收益提供了机会。高管可以乘机过多地向上操纵公司盈余，从而达到获取私人收益的目的。例如，高管可以利用薪酬与业绩挂钩的激励方案获取超额薪酬。为了协调和平衡控股股东的共享收益动机和私人收益动机，控股股东需要特定的渠道和方式来达到这一目的。

为了有效影响公司的经营和治理决策，一种常见的方式是控股股东直接委派人员到公司董事会担任董事职务（Yeh、Woidtke，2005）。控股股东对公司盈余管理的监督很可能表现出非对称性。在公司会计实务中，向上操纵的盈余管理在频率上高于向下操纵的盈余管理。例如，Nelson 等（2002）的调查表明 53% 的盈余管理是向上操纵，31% 是向下操纵。当控股股东在私人收益动机下影响高管向上操纵公司盈余时，公司高管很有可能乘机过度操纵盈余，以寻求私人收益。这时，控股股东委派董事的作用在于限制公司高管的这种机会主义行为，控制公司向上操纵公司盈余的程度。然而，当公司高管向下操纵盈余时，很可能是为未来期间的向上操纵创造机会（Levitt，1998）。这时，控股股东委派董事并不需要干涉公司高管。基于以上分析，本章提出如下研究假设：

H1：其他条件不变，当公司存在向上操纵盈余行为时，控股股东委派董事能够显著降低公司的盈余管理行为。

H2：其他条件不变，当公司存在向下操纵盈余行为时，控股股东委派董事没有显著降低公司的盈余管理行为。

第三节　研究设计

一、研究变量

1. 控股股东委派董事变量

本章尝试从控股股东委派董事这一视角考察其对公司治理的影响，其中控股股东委派董事是指董事会中那些在控股股东单位兼职并不在上市公司领取薪酬的董事。具体而言，本章设置如下 2 个变量：①控股股东委派董事虚拟变量 ADD，公司当年董事会中有控股股东委派董事取值为 1，否则取值为 0；②控股股东委派董事连续变量 ADR，本章使用控股股东委派董事人数与公司董事会总人数的比率来衡量，这一构建方法常见于已有文献（Yeh、Woidtke，2005；Chen、Grey、Nowland，2013）。

2. 盈余管理变量

借鉴已有研究，本章使用盈余管理变量——业绩配比操控性应计 PDAC 作为公司会计信息质量的一个衡量指标（Kothari、Leone、Wasley，2005）。首先，将每一公司与同年度、同行业、公司业绩 ROA 最接近的公司进行配比。其次，分别使用调整的 Jones 模型估计出的残差计算出样本公司和配比公司的操控性应计 DAC。最后，用样本公司的 DAC 减去配比公司的 DAC，计算出业绩配比操控性应计 PDAC。

3. 控制变量

考虑到重要缺失变量会带来的偏误，参考以前的研究（赵德武、曾力、谭莉川，2008；雷光勇、王文和金鑫，2012），本章设置如下控制变量：①公司规模变量 Size，取公司当年总资产的自然对数；②资产负债率变量 Lev，取公司负债总额与资产总额的比率；③公司成长性变量 Growth，取公司当年与上年的销售收入增长率；④第一大股东持股比例 Sh1；⑤董事长与总经理两职兼任状态变量 CEOD，兼任取值为 1，否则为 0；⑥董事会规模变量 BSize，取公司董事会人数的自然对数；⑦独立董事比例变量 IndepR，取公司独立董事人数与董事会人数的比率；⑧会计事务所审计特征变量 Big4，公司由国际“四大”会计师事务所审计时取值为 1，否则为 0。具体的变量定义说明见表 8－1。

表 8－1　变量定义说明

变量名称	定义说明
被解释变量	
PDAC	业绩配比操控性应计，按照 Kothari、Leone 和 Wasley（2005）业绩配比方法计算
解释变量	
ADD	控股股东是否委派董事，虚拟变量，公司当年董事会中有控股股东委派董事取值为 1，否则取值为 0

续表

变量名称	定义说明
ADR	控股股东委派董事比率，本章使用控股股东委派董事人数与公司董事会总人数的比率
公司特征	
Size	公司规模，取公司年末总资产自然对数
Lev	公司资产负债率，取公司年末总负债与总资产比率
Growth	公司成长性，取公司当年与上年的销售收入增长率
治理特征	
Sh1	公司第一大股东持股比例
CEOD	两职兼任，虚拟变量，当公司总经理和董事长两职兼任时取值为1，否则为0
BSize	公司董事会规模，公司董事会人数自然对数
IndepR	独董比例，公司独立董事人数与董事会人数比率
Big4	会计师事务所特征，虚拟变量，公司由国际“四大”会计师事务所审计时取值为1，否则为0

二、研究模型

为考察控股股东委派董事对公司盈余管理的影响，本章在模型中分别使用控股股东是否委派董事虚拟变量 ADD 和委派董事连续变量 ADR，考察对公司业绩配比操控性应计变量 PDAC 的影响。考虑到这种影响可能存在非对称性，本章分别考察了股东委派董事对向上操纵的操控性应计 PDAC（PDAC >0）和向下操纵的操控性应计 PDAC（PDAC <0）的影响。为便于解释，我们使用向下操纵的操控性应计 PDAC（PDAC <0）的绝对值进入回归。为了控制不同行业的影响，本章根据中国证监会2001 年颁布的《上市公司行业分类指引》设置行业虚拟变量（制造业按两位代码设置）。为了控制不同年度宏观因素的影响，本章设置了年度虚拟变量。研究模型如下：

$$PDAC_{i,t} = \alpha + \beta_1 ADD_{i,t}(ADR_{i,t}) + \beta_2 Size_{i,t} + \beta_3 Lev_{i,t} + \beta_4 Growth_{i,t} + \beta_5 Sh1_{i,t} + \beta_6 CEOD_{i,t} + \beta_7 BSize_{i,t} + \beta_8 IndepR_{i,t} + \beta_9 Big4_{i,t} + Year\ Fixed\ Effect + Industry\ Fixed\ Effect + \varepsilon_{i,t} \tag{1}$$

由于以上模型使用的样本是由不同公司在不同年度组成的混合数据（Pool Data），给定公司的年度观察值不满足独立性要求，这会导致回归结果的统计显著性被高估。为了纠正这个统计问题，每个回归都使用对每个公司进行“聚类”（Cluster）的方法来调整系数估计值的标准误（Petersen，2009）。

考虑到内生性问题对本章研究结果可能造成的影响，本章又使用手工收集的公司股权性质（SOE）和实际控制人的层级数（Chain）作为股东委派董事的工具变量，对上述模型进行工具变量回归。利用股权性质可以衡量公司产权问题，国有控股公司为保护国家资产更可能加强对公司高管的监督，提高控股股东委派董事的可能性，从而缓解代理问题。但公司股权性质却无法直接影响公司盈余管理，这意味着工具变量 SOE 同时满足相关性和外生性条件。实际控制人的层级数表示实际控制人与上市公司之间的控制链条的长短。当层级数越长时，控股股东对上市公司的相关信息以及决策行为的了解越困难，更可能委派董事参与公司监督管理和经营决策，但层级数长短并不会直接影响公司盈余管理。这意味着工具变量 Chain 同时满足相关性和外生性条件。

第四节　实证结果与分析

一、研究样本和描述性统计

本章从董事层面考察了控股股东委派董事对公司盈余管理程度的影响，并且使用工具变量回归方法对研究问题进行了进一步论证。由于使用手工收集的 2004～2011 年公司股权性质变量和实际控制人的层级数变量作为工具变量，因此本章选择中国资本市场 A 股上市公司 2004～2011 年数据作为初始研究样本。然后按照以下程序进一步筛选数据：①删除变量数据不全的观测值；②删除处于金融、保险行业上市公司的观测值。经过上述筛选，本章最后得到12190个观测值。上市公司数据来源于深圳国泰安信息技术有限公司（CSMAR）。

为了控制极端值对检验结果带来的偏误和影响，所有连续的解释变量都在1%和99%分位数上实施了缩尾处理（Winsorize）。表8-2的Panel A报告了控股股东委派董事分年度的描述性统计。可以发现，有控股股东委派董事的公司从2004年669家上升至2011年的1080家，平均而言，55.09%的公司有控股股东委派董事。其中控股股东委派董事比率2004年为12.14%，2011为10.82%，平均为12.39%。Panel B报告了各主要变量的描述性统计结果。可以发现，公司操控性应计PDAC的均值为-0.001，最小值为-0.381，最大值为0.381，其中向上操纵的操控性应计$PDAC^+$的均值为0.099，最小值为0.001，最大值为0.381，向下操纵的操控性应计$PDAC^-$的均值为-0.099，最小值为-0.381，最大值为-0.002。平均55.1%的公司有控股股东委派董事，控股股东委派董事比率平均为12.4%，最小值为0，最大值为55.6%。样本公司规模Size均值为21.485，公司资产负债率Lev平均为50.5%，增长率平均为23.3%，大约17.1%的公司中总经理同时兼任董事长，6.1%的公司聘请国际“四大”为其提供审计服务。

表8-2 描述性统计

Panel A 控股股东委派董事分年度描述性统计

年度	公司总数	控股股东委派董事公司数	所占百分比	控股股东委派董事比率（%）		
				均值	中位数	标准差
2004	1249	669	53.56	12.14	14.55	9.09
2005	1250	763	61.04	13.88	14.82	11.11
2006	1311	762	58.12	13.36	14.95	11.11
2007	1398	793	56.72	12.60	14.44	10.00
2008	1452	811	55.85	12.52	14.56	10.00
2009	1536	828	53.91	12.47	14.85	9.09
2010	1842	1009	54.78	12.40	14.75	9.09
2011	2152	1080	50.19	10.82	13.85	5.88
2004~2011	12190	6715	55.09	12.39	14.58	9.09

Panel B　各主要变量描述性统计

变量	样本数	均值	标准差	最小值	25%	中位数	75%	最大值
会计信息质量变量								
PDAC	12190	-0.001	0.133	-0.381	-0.074	-0.001	0.073	0.381
$PDAC^+$	6046	0.099	0.088	0.001	0.034	0.073	0.136	0.381
$PDAC^-$	6144	-0.099	0.089	-0.381	-0.138	-0.073	-0.034	-0.002
控股股东委派董事比率变量								
ADD	12190	0.551	0.497	0.000	0.000	1.000	1.000	1.000
ADR	12190	0.124	0.146	0.000	0.000	0.091	0.222	0.556
控制变量								
Size	12190	21.485	1.192	18.772	20.676	21.356	22.144	25.219
Lev	12190	0.505	0.270	0.047	0.333	0.498	0.641	1.899
Growth	12190	0.233	0.525	-0.730	0.009	0.161	0.341	3.509
Sh1	12190	0.371	0.154	0.092	0.249	0.351	0.490	0.744
BSize	12190	2.200	0.205	1.609	2.197	2.197	2.303	2.708
CEOD	12190	0.171	0.377	0.000	0.000	0.000	0.000	1.000
IndepR	12190	0.360	0.049	0.250	0.333	0.333	0.375	0.556
Big4	12190	0.061	0.240	0.000	0.000	0.000	0.000	1.000

二、回归结果

本章分别考察控股股东委派董事对向上操纵盈余和向下操纵盈余的影响，表8-3报告了相应的回归结果。当被解释变量 PDAC>0 时，ADD 的回归系数为-0.002，结果表明相比没有控股股东委派董事，有控股股东委派董事能够降低公司向上操纵的操控性应计，但并没有通过显著性检验（t=-0.92）。ADR 的回归系数为-0.018，在5%（t=-2.19）的水平下显著为负。结果表明公司董事会中控股股东委派董事比率越高，公司向上操纵盈余的程度越低。这意味着控股股东委派董事能够抑制高管向上操纵盈余的行为，降低盈余管理程度，从而减少代理成本。这为本章的研究假设 H1 提供了部分支持的经验证据。

当被解释变量 PDAC <0 时，ADD 的回归系数为 -0.000，ADR 的回归系数为 -0.005，均没有通过显著性检验（t = -0.20，t = -0.65）。结果表明，相比公司没有控股股东委派董事，公司控股股东委派董事对向下操纵的操控性应计并没有影响。这意味着控股股东委派董事发现高管向下操纵盈余时，并不会实施重要影响。该回归结果为本章的研究假设 H2 提供了支持的经验证据。

表 8-3 控股股东委派董事对盈余管理影响的回归结果

	被解释变量：PDAC > 0		被解释变量：PDAC < 0	
	(1)	(2)	(3)	(4)
ADD	-0.002		-0.000	
	(-0.92)		(-0.20)	
ADR		-0.018**		-0.005
		(-2.19)		(-0.65)
Size	-0.002*	-0.002*	-0.006***	-0.006***
	(-1.94)	(-1.78)	(-4.61)	(-4.55)
Lev	-0.003	-0.003	0.029***	0.029***
	(-0.52)	(-0.47)	(6.17)	(6.18)
Growth	0.011***	0.011***	0.014***	0.014***
	(4.18)	(4.18)	(5.25)	(5.25)
Sh1	0.018**	0.021**	0.010	0.011
	(2.15)	(2.49)	(1.22)	(1.31)
BSize	-0.007	-0.008	0.003	0.003
	(-1.15)	(-1.18)	(0.51)	(0.51)
CEOD	0.008**	0.008**	0.005	0.004
	(2.51)	(2.33)	(1.47)	(1.41)
IndepR	0.038	0.034	0.022	0.021
	(1.49)	(1.37)	(0.93)	(0.88)
Big4	-0.005	-0.005	0.004	0.004
	(-0.94)	(-0.98)	(0.81)	(0.80)
截距	0.162***	0.159***	0.190***	0.189***

续表

	被解释变量：PDAC ＞0		被解释变量：PDAC ＜0	
	（1）	（2）	（3）	（4）
	（5.49）	（5.39）	（6.89）	（6.83）
行业	控制	控制	控制	控制
年度	控制	控制	控制	控制
N	6046	6046	6144	6144
Adj. R - sq	0.057	0.058	0.064	0.064
F	9.576	9.670	11.950	11.910

注：所有系数估计值都使用异方差调整和公司聚类（Cluster）调整得到稳健性标准误，括号内给出调整后的 t 值。*、**、***分别表示在 10%、5%、1% 的显著性水平下显著（双尾检验）。

为了消除内生问题可能带来的影响，我们接下来使用工具变量回归方法对上述回归结果进行检验。依据选取工具变量的相关性条件和外生性条件，本章选取公司股权性质（SOE）和实际控制人层级数（Chain）作为控股股东委派董事的工具变量。这主要是由于股权性质和实际控制人层级数可能会影响控股股东委派董事，但又不会直接影响公司盈余管理程度。为进一步确认工具变量的有效性，依据 Larcker 和 Rusticus（2010）的建议，我们对所使用的这 2 个工具变量的相关性条件和外生性条件进行了有效性检验。

表 8 - 4 报告了工具变量相关性检验、外生性检验和第二阶段回归结果。当被解释变量为 PDAC >0 时，在工具变量的相关性检验中 ADD 和 ADR 的工具变量的 F 值均大于 10（F = 92.423 > 10；F = 94.449 > 10），这意味着本章选取的工具变量满足相关性条件。在工具变量的外生性检验中过度识别约束满足（J = 1.471，P = 0.225；J = 0.501，P = 0.479），这意味着不能拒绝这两个工具变量不具有外生性的原假设，即工具变量外生性检验得以通过。相关性条件和外生性条件的满足为本章使用工具变量的有效性提供了强有力的证据。使用工具变量后，ADD 和 ADR 的回归系数分别为 - 0.088 和 - 0.302，均在 1%（t = - 5.75，t = - 5.80）的水平下通过显著性检验。当被解释变量为 PDAC <0 时，ADD 和 ADR 的工具变量的相关性条件和外生性条件都得以满足。使用工具变量后，ADD 和 ADR 的回归系数分别为 - 0.021 和 - 0.071，

并没有通过显著性检验（t = -1.59，t = -1.59）。由此可知，在考虑内生性问题后本章的研究结论仍然成立，即控股股东委派董事对向上操纵盈余具有显著的降低作用，对向下操纵盈余并没有显著影响。

表 8-4　工具变量回归结果

	被解释变量：PDAC > 0		被解释变量：PDAC < 0	
	(1)	(2)	(3)	(4)
ADD	-0.088***		-0.021	
	(-5.75)		(-1.59)	
ADR		-0.302***		-0.071
		(-5.80)		(-1.59)
Size	-0.001	0.002	-0.005***	-0.005***
	(-0.62)	(0.93)	(-4.14)	(-3.47)
Lev	0.006	0.005	0.031***	0.030***
	(0.98)	(0.85)	(6.34)	(6.32)
Growth	0.011***	0.011***	0.014***	0.014***
	(3.70)	(3.76)	(5.28)	(5.25)
Sh1	0.069***	0.091***	0.022*	0.027*
	(5.16)	(5.47)	(1.89)	(1.92)
BSize	0.010	-0.004	0.007	0.004
	(1.26)	(-0.50)	(1.06)	(0.62)
CEOD	-0.007	-0.008*	0.002	0.002
	(-1.55)	(-1.73)	(0.63)	(0.49)
IndepR	-0.028	-0.044	0.004	0.001
	(-0.90)	(-1.38)	(0.15)	(0.03)
Big4	-0.005	-0.009	0.003	0.003
	(-0.86)	(-1.40)	(0.59)	(0.60)
截距	0.131***	0.096***	0.181***	0.174***
	(3.80)	(2.66)	(6.49)	(6.00)
行业	控制	控制	控制	控制
年度	控制	控制	控制	控制
N	6046	6046	6144	6144

续表

	被解释变量：PDAC ＞0		被解释变量：PDAC ＜0	
	(1)	(2)	(3)	(4)
Adj. R－sq	－0.155	－0.126	0.051	0.054
F	7.982	8.166	11.829	11.657
弱工具变量检验	F＝92.423	F＝94.449	F＝76.108	F＝93.396
过度识别约束 J检验及P值	J＝1.471，P＝0.225	J＝0.501，P＝0.479	J＝0.053，P＝0.818	J＝0.024，P＝0.877

注：所有系数估计值都使用异方差调整和公司聚类（Cluster）调整得到稳健性标准误，括号内给出调整后的t值。*、**、***分别表示在10%、5%、1%的显著性水平下显著（双尾检验）。

接下来，本章又将控股股东委派董事样本分为一直有控股股东委派董事子样本和有时有控股股东委派董事子样本，分别和从未有控股股东委派董事子样本进行合并后考察了控股股东委派董事对公司盈余管理的影响。表8－5报告了一直有和从未有控股股东委派董事子样本下回归结果。当被解释变量PDAC＞0时，ADD和ADR的回归系数分别为－0.114和－0.228，均在1%（t＝－22.18，t＝－12.14）的水平下通过显著性检验。当被解释变量PDAC＜0时，ADD和ADR的回归系数分别为0.001和－0.017，并没有通过显著性检验（t＝0.28，t＝－1.21）。上述结果表明，在一直有和从未有控股股东委派董事的子样本中，股东委派董事可以显著降低公司高管向上操纵盈余，但对向下操纵盈余却没有显著影响。

表8－5　一直有和从未有控股股东委派董事子样本的回归结果

	被解释变量：PDAC ＞0		被解释变量：PDAC ＜0	
	(1)	(2)	(3)	(4)
ADD	－0.114***		0.001	
	(－22.18)		(0.28)	
ADR		－0.228***		－0.017
		(－12.14)		(－1.21)
Size	0.002	－0.003	0.006**	－0.002
	(0.73)	(－1.27)	(2.06)	(－1.11)

续表

	被解释变量：PDAC ＞0		被解释变量：PDAC ＜0	
	(1)	(2)	(3)	(4)
Lev	-0.035***	0.015	-0.055***	0.016
	(-2.86)	(1.47)	(-4.16)	(1.56)
Growth	-0.003	0.020***	-0.004	0.020***
	(-0.44)	(3.62)	(-0.57)	(3.57)
Sh1	0.012	0.015	0.006	0.021
	(0.68)	(1.01)	(0.33)	(1.35)
BSize	-0.012	-0.001	-0.030**	0.000
	(-0.90)	(-0.10)	(-2.18)	(0.02)
CEOD	0.003	0.005	0.010	0.004
	(0.56)	(1.00)	(1.50)	(0.70)
IndepR	-0.016	0.013	0.023	0.004
	(-0.30)	(0.31)	(0.42)	(0.10)
Big4	-0.020*	0.001	-0.028**	-0.000
	(-1.73)	(0.13)	(-2.19)	(-0.01)
截距	0.126*	0.131***	0.027	0.126**
	(1.95)	(2.62)	(0.38)	(2.51)
行业	控制	控制	控制	控制
年度	控制	控制	控制	控制
N	3500	2087	3500	2087
Adj. R-sq	0.162	0.045	0.099	0.046
F	24.124	4.149	9.753	4.117

注：所有系数估计值都使用异方差调整和公司聚类（Cluster）调整得到稳健性标准误，括号内给出调整后的t值。*、**、***分别表示在10%、5%、1%的显著性水平下显著（双尾检验）。

表8-6报告了有时有和从未有控股股东委派董事子样本下回归结果。可以发现，当被解释变量PDAC＞0时，ADD和ADR的回归系数分别为-0.012和-0.043，均在1%（t=-2.96，t=-3.39）的显著水平下通过显著性检验。当被解释变量PDAC＜0时，ADD和ADR的回归系数分别为-0.002和-0.005，并没有通过显著性检验（t=-0.40，t=-0.39）。上述结果表

明，在有时有和从未有控股股东委派董事子样本中，股东委派董事可以显著降低公司高管向上操纵盈余，但对向下操纵盈余却没有显著影响。综合表8－5和表8－6的回归结果可知，控股股东委派董事能够显著降低向上操纵盈余，对向下操纵盈余却没有重要影响。这为本章的研究假设H1和假设H2提供了进一步支持的证据。

表8－6　有时有和从未有控股股东委派董事子样本的回归结果

	被解释变量：PDAC ＞0		被解释变量：PDAC ＜0	
	(1)	(2)	(3)	(4)
ADD	-0.012***		-0.002	
	(-2.96)		(-0.40)	
ADR		-0.043***		-0.005
		(-3.39)		(-0.39)
Size	-0.005**	-0.007***	-0.004**	-0.007***
	(-2.44)	(-4.01)	(-2.33)	(-3.98)
Lev	-0.008	0.025***	-0.010	0.025***
	(-0.98)	(3.48)	(-1.17)	(3.46)
Growth	0.011***	0.014***	0.011***	0.014***
	(2.95)	(3.72)	(3.03)	(3.72)
Sh1	0.021*	0.009	0.026**	0.010
	(1.81)	(0.83)	(2.21)	(0.84)
BSize	0.007	0.004	0.005	0.003
	(0.77)	(0.42)	(0.52)	(0.38)
CEOD	0.010**	0.006	0.010**	0.006
	(2.03)	(1.40)	(2.11)	(1.43)
IndepR	0.053	-0.022	0.049	-0.023
	(1.48)	(-0.66)	(1.36)	(-0.67)
Big4	0.003	0.007	0.004	0.007
	(0.41)	(1.08)	(0.46)	(1.10)
截距	0.179***	0.237***	0.175***	0.236***
	(4.16)	(5.87)	(4.09)	(5.85)
行业	控制	控制	控制	控制

续表

	被解释变量：PDAC ＞0		被解释变量：PDAC ＜0	
	(1)	(2)	(3)	(4)
年度	控制	控制	控制	控制
N	3059	2926	3059	2926
Adj. R－sq	0.068	0.056	0.068	0.056
F	6.213	6.045	6.315	6.042

注：所有系数估计值都使用异方差调整和公司聚类（Cluster）调整得到稳健性标准误，括号内给出调整后的t值。*、**、***分别表示在10%、5%、1%的显著性水平下显著（双尾检验）。

三、附加测试

为进一步检验控股股东委派董事对公司高管的约束作用，我们考察了当操控性应计方向不同时，控股股东委派董事对公司高管薪酬业绩敏感性的影响。具体研究模型如下：

$$Salary = \beta_0 + \beta_1 ADD(ADR) + \beta_2 ROA + \beta_3 ADD(ADR) \times ROA + \beta_4 Size + \beta_5 Growth + \beta_6 Lev + \beta_7 Risk + \beta_8 Q + \beta_9 CTD + \beta_{10} CEOD + \beta_{11} BSize + \beta_{12} IndepR + \beta_{13} Exch + \beta_{14} ST + Year\ Fixed\ Effect + Industry\ Fixed\ Effect + \varepsilon \quad (2)$$

其中，Salary 表示公司前三名高管薪酬总额的自然对数；ADD（ADR）表示控股股东委派董事虚拟变量（连续变量）；ROA 表示公司业绩变量；Size 表示公司规模；Growth 表示公司收入增长率；Lev 表示资产负债率；Risk 表示公司风险；Q 表示公司资产的市场价值与账面价值比率；CTD 表示公司成长机会；CEOD 表示董事长与总经理两职兼任状态；BSize 表示董事会规模变量；IndepR 表示独立董事比率；Exch 表示公司交叉上市状态；ST 表示公司处于特别处理状态；ε 表示残差项。

表8－7报告了相应的回归结果，可以发现，当 PDAC＞0 时，交互项 ADD×ROA 和 ADR×ROA 回归系数分别为－0.013 和 1.821，均没有通过显著性检验（t＝－0.04，t＝1.27）。当 PDAC＜0 时，交互项 ADD×ROA 和 ADR×ROA 回归系数分别为 0.718 和 3.131，均没有通过显著性检验（t＝

2.29，t=2.49）。结果表明，当公司高管向上操纵盈余时，控股股东委派董事对高管薪酬业绩敏感性没有影响，但当公司高管向下操纵盈余时，控股股东委派董事会增强高管薪酬业绩敏感性。这主要是由于当高管向上操纵盈余时，控股股东委派董事再增强薪酬业绩敏感性就会使高管获取超额薪酬，从而加大代理成本。但当高管向下操纵盈余时，控股股东委派董事通过增强高管薪酬业绩敏感性可以有效激励高管，增加公司价值。

表8-7 控股股东委派董事对公司薪酬业绩敏感性的影响

被解释变量：Salary				
	PDAC ＞ 0		PDAC ＜ 0	
	（1）	（2）	（3）	（4）
ROA	2.279***	2.093***	1.916***	1.943***
	（8.33）	（8.22）	（8.12）	（8.65）
ADD	0.021		-0.064**	
	（0.78）		（-2.33）	
ADD×ROA	-0.013		0.718**	
	（-0.04）		（2.29）	
ADR		-0.085		-0.316***
		（-0.77）		（-3.06）
ADR×ROA		1.821		3.131**
		（1.27）		（2.49）
Size	0.265***	0.267***	0.263***	0.266***
	（17.61）	（17.33）	（15.05）	（15.11）
Growth	-0.033	-0.033*	-0.047**	-0.047**
	（-1.65）	（-1.67）	（-2.56）	（-2.55）
Lev	0.023	0.021	-0.051	-0.055
	（0.39）	（0.36）	（-0.78）	（-0.84）
Risk	-0.548***	-0.541***	-0.272	-0.267
	（-2.66）	（-2.64）	（-1.28）	（-1.26）
Q	0.061***	0.060***	0.058***	0.058***
	（4.90）	（4.86）	（4.38）	（4.39）

续表

被解释变量：Salary				
	PDAC ＞0		PDAC ＜0	
	(1)	(2)	(3)	(4)
CTD	0.002	0.002	0.003	0.003
	(0.98)	(0.94)	(1.08)	(1.07)
CEOD	0.105***	0.101***	0.096***	0.092***
	(3.08)	(2.97)	(2.69)	(2.59)
BSize	0.328***	0.331***	0.230***	0.224***
	(4.90)	(4.96)	(3.09)	(3.01)
IndepR	0.726***	0.709***	-0.079	-0.107
	(2.93)	(2.85)	(-0.30)	(-0.41)
Exch	0.156**	0.151**	0.091	0.086
	(2.13)	(2.06)	(1.09)	(1.02)
ST	-0.232***	-0.232***	-0.229***	-0.228***
	(-4.81)	(-4.82)	(-4.97)	(-4.93)
截距	6.281***	6.269***	6.903***	6.851***
	(18.15)	(17.93)	(17.48)	(17.34)
行业	控制	控制	控制	控制
年度	控制	控制	控制	控制
N	5883	5883	5974	5974
Adj. R-sq	0.439	0.439	0.420	0.421
F	86.194	85.931	74.843	75.169

注：所有系数估计值都使用异方差调整和公司聚类（Cluster）调整得到稳健性标准误，括号内给出调整后的t值。*、**、***分别表示在10%、5%、1%的显著性水平下显著（双尾检验）。

综合回归结果可知，当公司向上操纵盈余时，控股股东委派董事会对公司高管这种盈余管理行为有一定的约束作用。而且，委派董事知道由于为了满足控股股东获取私人收益的需要，公司盈余存在向上的操纵，并没有反映公司真实业绩，因此不能加强高管薪酬业绩敏感性。否则，会使高管获取超额薪酬，损失控股股东共享收益。但公司向下操纵盈余时，为了更好地监督高管，可以通过增强高管薪酬业绩敏感性达到这一目的。

第五节　本章小结

在中国资本市场中，控股股东对公司经营和治理具有重要影响。已有研究表明控股股东为了获取私人收益倾向于向上操纵盈余以美化公司业绩。然而，相关研究忽视了对控股股东共享收益动机的讨论。虽然从短期来看，私人收益动机很可能是控股股东的主要动机，但从长期来看，共享收益动机才是控股股东的主要动机。

本章使用中国资本市场2004～2011年的数据，考察控股股东委派董事如何协调控股股东的共享收益动机和私人收益动机，并对公司盈余管理产生非对称性的影响。当公司向上操纵盈余时，公司高管很可能利用控股股东为了获取私人收益而美化公司业绩的机会过度操纵，从而追求自身利益。研究结果表明，控股股东委派董事在这种情况下有效地降低了向上操纵的盈余管理行为，从而减少公司代理成本，帮助控股股东实现更多的共享收益。而且，控股股东委派董事知道由于为了满足控股股东获取私人收益的需要，公司盈余存在向上的操纵，并没有反映公司真实业绩，因此不能加强高管薪酬业绩敏感性。当公司向下操纵盈余时，很可能是处于未来期间向上操纵盈余的需要。研究结果表明，控股股东委派董事在这种情况下并不对盈余管理行为实施重要影响。而且，为了更好地监督高管，控股股东委派董事增强了高管薪酬业绩敏感性。

本章研究结果对理解控股股东如何协调共享收益动机和私人收益动机具有一定意义，对控股股东委派董事这种控股股东实施影响的特定渠道如何发挥作用及其对公司盈余管理的非对称影响也具有一定意义。

参考文献：

[1] Becker, B., Cronqvist, H. and Fahlenbrach, R. Estimating the Effects of Large Shareholders Using A Geographic Instrument [J]. Journal of Financial

and Quantitative Analysis, 2011 (46): 907 -942.

[2] Chen, E. T., Gray, S. and Nowland, J. Family Representatives in Family Firms [J]. Corporate Governance: An International Review, 2013 (21): 242 -263.

[3] Claessens, S. and Yurtoglu, B. B. Corporate Governance in Emerging Markets: A Survey [J]. Emerging Markets Review, 2013 (15): 1 -33.

[4] Cronqvist, H. and Fahlenbrach, R. Large Shareholders and Corporate Policies [J]. Review of Financial Studies, 2009 (22): 3941 -3976.

[5] Erkens, D. H. Subramanyam, K. R., and Zhang, J. Affiliated Banker on Board and Conservative Accounting [R]. Working paper, 2012.

[6] Fan, J. and Wong, T. J. Corporate Ownership Structure and the Informativeness of Accounting Earnings in East Asia [J]. Journal of Accounting and Economics, 2001 (33): 401 -426.

[7] Gopalan, R. and Jayaraman, S. Private Control Benefits and Earnings Management: Evidence from Insider Controlled Firms [J]. Journal of Accounting Research, 2012 (50): 117 -157.

[8] Jaggi, B., Leung, S. and Gul, F. Family Control, Board Independence, and Earnings Management: Evidence Based on Hong Kong Firms [J]. Journal of Accounting and Public Policy, 2009 (28): 281 -300.

[9] Klein, A. Audit Committee, Board of Director Characteristics, and Earnings Management [J]. Journal of Accounting and Economics, 2002 (33): 375 -400.

[10] Kothari, S. P., Leone, A. J. and Wasley, C. E. Performance Matched Discretionary Accrual Measures [J]. Journal of Accounting and Economics, 2005 (39): 163 -197.

[11] La Porta, R., Lopez - de - Silanes, F. and Shleifer, A. Corporate Ownership around the World [J]. Journal of Finance, 1999 (54): 417 -518.

[12] Larcker, D. F. and Rusticus, T. O. On the Use of Instrumental Variables in Accounting Research [J]. Journal of Accounting and Economics, 2010 (49): 186 -205.

[13] Leuz, C. , Nanda, D. and Wysocki, P. D. Earnings Management and Investor Protection: An International Comparison [J]. Journal of Financial Economics, 2003 (69): 505 -527.

[14] Levitt, A. The Number Game. Remarks delivered at the NYU Center for Law and Business [M]. New York: NY, 1998.

[15] Liu, Q. and Lu, Z. Corporate Governance and Earnings Management in the Chinese Listed Companies: A Tunneling Perspective [J]. Journal of Corporate Finance, 2007 (13): 881 -906.

[16] Nelson, M. , Elliot, J. , and Tarpley, R. Evidence from Auditors about Managers' and Auditors' Earnings Management Decisions [J]. The Accounting Review, 2002 (77): 175 -202.

[17] Peasnell, K. V. , Pope, P. F. and Young, S. Board Monitoring and Earnings Management: Do Outside Directors Influence Abnormal Accruals? [J]. Journal of Business Finance and Accounting, 2005 (32): 1311 -1346.

[18] Petersen, M. A. Estimating Standard Errors in Finance Panel Data Sets: Comparing Approaches [J]. Review of Financial Studies, 2009 (22): 435 -480.

[19] Pistor K. and Xu, C. Governing Stock Market in Transition Economies: Lessons from China [J]. American Law and Economic Review, 2005 (7): 184 -210.

[20] Shleifer, A. , and Vishny, R. W. Large Shareholders and Corporate Control [J]. Journal of Political Economy, 1986 (94): 461 -488.

[21] Shleifer, A. and Vishny, R. W. A Survey of Corporate Governance [J]. Journal of Finance, 1997 (52): 737 -83.

[22] Yeh, Y. H. and Woidtke, T. Commitment or Entrenchment?: Controlling Shareholders and Board Composition [J]. Journal of Banking and Finance, 2005 (29): 1857 -1885.

[23] 雷光勇，王文，金鑫．公司治理质量、投资者信心与股票收益 [J]. 会计研究，2012 (2): 79 -86.

[24] 李增泉，余谦，王晓坤．掏空、支持与并购重组——来自我国上

市公司的经验证据［J］. 经济研究，2005（1）：95－105.

［25］卢闯，刘俊勇，孙健，杨棉之．控股股东掏空动机与多元化的盈余波动效应［J］. 南开管理评论，2011（14）：68－73.

［26］赵德武，曾力，谭莉川．独立董事监督力与盈余稳健性——基于中国上市公司的实证研究［J］. 会计研究，2008（9）：55－63.

第九章　控股股东委派董事与慈善捐赠

第一节　引言

慈善捐赠是公司履行社会责任的一种主要方式。然而，如果公司治理较弱，慈善捐赠很可能成为公司高管牟取私人收益的手段，从而产生高昂的代理成本（Brown 等，2006）。例如，一些高管通过提高公司的慈善捐赠提高自身的声誉或者获得某些俱乐部、社交圈的会员资格。基于高管权力理论，如果公司的高管权力过大，高管更可能通过向董事会施加压力来追求自身利益（Bebchuk、Fried，2003）。对于公司慈善捐赠而言，一旦公司董事会不能有效约束公司高管的权力，高管很可能通过提高公司慈善捐赠来达到某种私人目的，从而损害股东的利益。

为了有效约束高管的权力，一种常见的方式是控股股东直接委派人员到公司董事会担任董事职务（Yeh、Woidtke，2005）。在中国资本市场，控股股东向公司董事会直接委派的现象非常普遍。因此，本章考察的第一个问题是权力较大的高管是否会倾向于提高公司慈善捐赠以获取私人收益，第二个问题是控股股东委派董事能否有效监督高管，从而减少高管的过度慈善捐赠行为。

目前国内对公司捐赠的研究主要使用公司的灾难捐赠作为研究对象（山立威等，2008），而本文使用从上市公司公布的社会责任报告中收集与整理的公司捐赠数据进行研究，包括社区捐赠、灾难捐赠、教育捐赠、医疗捐赠、残疾人捐赠以及其他捐赠或赞助。相比之下，本文使用的数据能够更加全面地考察公司捐赠行为。

因此，通过收集 2008 ~2011 年中国上市公司发布的企业社会责任报告中的公司慈善捐赠数据，我们考察了高管权力与公司慈善捐赠的关系，并考察控股股东委派董事的影响。检验结果表明，高管权力对公司慈善捐赠具有显著的正向影响，这意味着权力较大的高管更倾向于提高公司慈善捐赠，从而获取私人收益。然而，控股股东委派董事在这一问题上具有明显的监督和治理作用，相比没有控股股东委派董事的公司，具有控股股东委派董事的公司中权力较大的高管提高慈善捐赠的幅度更小。而且，控股股东委派董事比率越大，约束权力较大高管提高慈善捐赠的效果越明显。

第二节　文献综述与研究假设

一、高管权力与公司慈善捐赠

基于公司慈善捐赠的早期研究认为公司高管主要出于利他主义动机而进行慈善捐赠。在这种观点下，公司慈善捐赠是一种自愿的、积极的、非互利性的行为。这种行为的目的仅仅是无条件帮助他人，而并不追求投资的回报。Friedman（1970）指出当政府职能失败时，公司承担社会责任作为政府公共职能的一种替代或者补充。Fombrun 等（2000）认为公司以社会公民的身份存在，是社会的一分子，因此应将社会标准作为其行动的基础，有义务以各种方式承担社会责任，为社会福利做贡献。公司捐赠是履行社会责任的一种有效手段（Seifert 等，2004）。

然而，另一种观点则认为公司慈善捐赠很可能受到公司高管追求私人收益的机会主义动机影响，从而产生严重的代理问题。Navarro（1998）阐述了代理成本理论和价值增值理论，发现捐赠的利润动机是嵌入管理的操控性动机。Porter 和 Kramer（2002）认为公司捐赠表现出发散的状态，并没有针对特定的社会公益目标或者公司战略目标，这意味着公司捐赠更可能反映的是公司高管的个人偏好。公益捐赠会加强管理层和董事会在社交圈的声誉并带来一些其他便利（如一些重大事件门票、参加一些庆典等），因此公司管理层和董事会可以通过捐赠增加他们的个人效用（Brown 等，2006）。

基于代理理论，很多研究者认为高管权力的大小很可能是影响公司慈善捐赠的重要因素。Bebchuk 和 Fried（2003）提出高管权力理论。传统的代理理论认为公司董事会在制定公司高管薪酬等决策时，往往采用对等交易的原则，把股东利益和高管利益联系在一起，降低公司代理成本。然而，高管权力理论却认为，董事会在制定公司高管薪酬等决策时很少采用对等交易的原则。公司高管往往通过之前的职业经历、教育背景以及其他形式的社会活动所发展的关系来影响董事会的决策过程，从而使董事会的决策更符合自身的利益，而不是股东的利益。一些研究为高管权力理论提供了支持的经验证据。Hoitash（2011）发现高管权力越大，越能获得超额薪酬。Bebchuk、Cremers 和 Peyer（2011）发现公司高管权力越大，公司业绩越差。

对于公司慈善捐赠而言，如果公司高管希望通过提高慈善捐赠来提高自身的声誉或者获得某些俱乐部、社交圈的会员资格等私人收益，那么，就可以观察到在公司高管权力较大的公司发生了更多的慈善捐赠。因为公司高管可以通过自身的权力来影响董事会通过更高金额的慈善捐赠决策，从而追求私人收益。由此，本章提出以下研究假设：

H1：其他条件不变，公司高管权力越大，公司慈善捐赠越多。

二、控股股东委派董事的影响

为了对上市公司实施有效的控制，一种直接的方式是控股股东委派人员到公司担任董事职务。

早期的研究关注控股股东与中小股东之间的代理冲突，认为控股股东通过向上市公司委派董事达到了侵占中小股东利益的目的。Yeh、Lee 和 Woidtke（2001）对中国台湾家族集团控制的上市公司进行考察，发现在这些公司中，家族集团向上市公司委派的董事超过董事会人数一半的现象比较普遍。而且相对委派董事比例没有过半的公司，委派董事比例过半的公司价值更低。

Yeh 和 Tracie（2005）进一步对中国台湾上市公司进行考察，他们把研究样本从家族集团控制的上市公司扩展非金融的所有上市公司。结果表明，当终极股东对于上市公司的控制权与现金流权分离度较高时，或者当上市公司第一大股东是家族集团公司的一个成员公司时，或者股东出任上市公司董事长或 CEO 时，上市公司董事会中委派董事的比例较高。最近，Chen、Gray 和 Nowland（2013）更仔细地考察了中国台湾家族集团控制的上市公司董事会构成的情况。他们发现，在第二代家族上市公司或者并购的家族上市公司中，控股股东委派董事成为家族控制上市公司的主要方式。而且，他们还区分了委派董事是家族成员还是家族集团公司聘请的高管，研究结果表明，如果委派董事是家族成员，那么，控股股东对少数股东的利益侵占较大；如果委派董事是家族集团聘请的高管，那么，控股股东对少数股东的利益侵占较小。

控股股东委派董事的另一个重要作用是监督上市公司高管，降低股东与高管之间的代理成本。Agrawal 和 Nasser（2012）分析指出，大股东委派的董事既有动机又有能力监督上市公司高管。他们使用手工收集的 1997～2006 年的数据确认美国资本市场上市公司的董事是否来自大股东。研究结果表明，大股东委派董事能够有效抑制公司高管获取超额薪酬，而且能够提升公司价值。使用日本大型制造业上市公司 1997～2007 年的数据，Colpan 和 Yoshikawa（2012）发现股东和银行委派的董事加强了上市公司高管薪酬与公司成长性的敏感性。这是由于委派董事代表了股东公司或者银行的利益，因此，他们在监督高管方面发挥了重要的作用。

以上分析表明，控股股东委派董事能够有效地约束公司高管利用权力追求私人收益。如果公司高管利用权力实施更多的慈善捐赠，以提高自身的声誉或者获得某些俱乐部、社交圈的会员资格等私人收益，那么，可以预期控股股东委派董事能够减少这些服务于高管私人收益的慈善捐赠，以降低公司代理成本。由此，本章提出以下研究假设：

H2a：其他条件不变，相对于没有控股股东委派董事的公司，具有控股股东委派董事的公司高管权力提高慈善捐赠的程度较小。

H2b：其他条件不变，随着控股股东委派董事比率的提高，公司高管权力提高慈善捐赠的程度降低。

第三节　研究设计

一、研究样本

我们收集了2008～2011年中国上市公司发布的企业社会责任报告，从中手工收集整理了社区捐赠金额、灾难捐赠金额、教育捐赠金额、医疗捐赠金额、残疾人捐赠金额以及其他捐赠或赞助金额数据，最终相加获得公司捐赠的总金额。财务数据和公司特征数据来自国泰安CSMAR数据库。剔除金融保险行业上市公司以及数据不完全观察值后，最终的观察值个数为1199个。上市企业数据来源于国泰安研究数据库（CSMAR）。

二、研究变量

1. 公司捐赠变量

借鉴Wang、Choi和Li（2008），王端旭和潘奇（2011）的研究成果，本章首先构建公司相对捐赠额变量Don，使用公司捐赠额与公司销售收入的比率的自然对数衡量。

2. 高管权力变量

从根本上讲，公司高管，尤其是CEO热衷于对权力的追逐，期望获取较大的权力并牟取私人利益。高管一旦享有较大的权力，就可以通过控制董事会影响薪酬契约的设计、获取超额薪酬水平而不受股东与监管者的约束和限制，从而导致公司内部薪酬差距不断扩大（Adams、Almeida、Ferreira，2005）。因此，本章使用高管薪酬差距衡量高管权力（Gap），具体而言，是指前三高管薪酬平均数与高管薪酬平均数的比率。这与黄辉（2012）的定义是一致的。

3. 控股股东委派董事变量

在中国资本市场上市公司实务中，控股股东委派董事有领薪和不领薪两种。领薪的控股股东委派董事往往会参与公司经营，为高管提供经营战略建议，负责经营管理公司。这类董事更容易受到上市公司其他高管的影响，从而难以有效约束高管的机会主义行为。然而，非领薪的控股股东委派董事直接从控股股东单位领取薪酬，主要负责监督工作，代表股东利益参与公司治理、监督高管行为。这类董事不容易受上市公司其他高管的影响，其独立性更强。因此，本章设置以下 2 个控股股东委派董事变量：①控股股东委派董事虚拟变量 NADD，若董事会中具有至少一个非领薪的控股股东委派董事则取值为 1，否则取值为 0；②控股股东委派董事连续变量 NADR，使用非领薪的控股股东委派董事人数与全部董事人数的比率来表示。

4. 其他控制变量

考虑到重要缺失变量会带来的缺失变量偏误，借鉴已有相关研究（Yeh、Woidtke，2005；Chen、Grey、Nowland，2013）。本文设置如下控制变量：①公司规模变量 Size，使用公司期末总资产的自然对数衡量；②公司资产负债率变量 Lev，使用公司期末负债总额与资产总额的比率衡量；③公司成长性变量 Growth，使用公司销售收入增长率衡量；④公司业绩变量 ROA，使用公司净利润与期末总资产的比率衡量；⑤公司员工规模 EmpN，使用公司员工总人数的自然对数衡量；⑥公司年龄变量 Age，使用公司上市年龄的自然对数衡量；⑦公司托宾 Q 变量，使用公司市场价值账面价值的比例；⑧公司独立董事比率变量 IndepR，使用公司独立董事人数与董事会总人数的比率衡量；⑨董事会规模变量 BSize，使用董事会总人数的自然对数衡量；⑩两职合一变量 CEOD，若董事会和总经理由一人担任取值为 1，否则为 0。另外，为了控制年度和行业固定效应，模型中加入年度虚拟变量和行业虚拟变量进行控制。具体的变量定义说明见表 9 - 1。

表 9-1　变量定义说明

变量名称	定义说明
被解释变量	
Don	公司捐赠变量，公司捐赠金额除以销售收入金额的自然对数
解释变量	
Gap	高管薪酬差距变量，前三高管薪酬平均数与高管薪酬平均数之比
NADD	不领薪股东委派董事虚拟变量，若董事会中有不领薪股东委派董事取1，否则为0
NADR	不领薪股东委派董事比例变量，不从上市公司领薪的股东委派董事占全部董事比例
控制变量	
Size	资产规模变量，期末总资产的自然对数
Lev	资产负债率变量，负债总额除以期末总资产的比例
Growth	成长性变量，销售收入增长百分比
ROA	业绩变量，净利润除以期末总资产的比例
EmpN	员工规模变量，员工总人数自然对数
Age	公司年龄变量，公司从上市年度起计算的存续年度的自然对数
TobinQ	托宾 Q 变量，公司市场价值账面价值的比例
IndepR	独立董事比率变量，独立董事占全部董事的比例
BSize	董事会规模变量，董事会人数的自然对数
CEOD	两职兼任变量，若董事会和总经理由一人担任取1，否则为0

三、研究模型

本章首先考察了高管权力与公司捐赠之间的关系，建立以下回归模型：

$$Don = \alpha + \beta_1 Gap + \beta_2 Size + \beta_3 Lev + \beta_4 Growth + \beta_5 ROA + + \beta_6 EmpN + \beta_7 Age + \beta_8 Tobin\ Q + \beta_9 IndepR + \beta_{10} Bsize + \beta_{11} CEOD + Year\ Fixed\ Effect + Industry\ Fixed\ Effect + \varepsilon \quad (1)$$

接下来考察了控股股东委派董事是否能够减少由于高管代理问题引发的公司捐赠行为。在模型（1）的基础上，加入控股股东委派董事变量 NADD

和 NADR，以及与高管权力变量的交互项 NADD × Gap 和 NADR × Gap，回归模型如下：

$$
\begin{aligned}
Don = {} & \alpha + \beta_1 Gap + \beta_2 NADD(NADR) + \beta_3 Gap \times NADD(NADR) + \\
& \beta_4 Size + \beta_5 Lev + \beta_6 Growth + \beta_7 ROA + \beta_8 EmpN + \beta_9 Age + \\
& \beta_{10} Tobin\ Q + \beta_{11} IndepR + \beta_{12} Bsize + \beta_{13} CEOD + \\
& Year\ Fixed\ Effect + Industry\ Fixed\ Effect + \varepsilon \qquad (2)
\end{aligned}
$$

此外，为了控制年度和行业固定效应，模型中加入年度虚拟变量和行业虚拟变量进行控制。具体的变量定义见表 9 - 1。由于样本是由不同公司在不同的年度组成的混合数据（Pool Data），给定公司的年度观察值不满足独立性要求，这会导致回归结果的统计显著性被高估。为了纠正这个统计问题，我们使用对每个公司进行“聚类”（Cluster）的方法来调整系数估计值的标准误（Petersen，2009）。

第四节　实证结果与分析

一、描述性统计

表 9 - 2 报告了本文主要变量的描述性统计结果。可以发现，公司捐赠变量 Don 的均值（中位数）为 - 17. 373（ - 17. 312），公司高管薪酬差距 Gap 的均值（中位数）为 2. 276（2. 181）。平均而言，样本公司中，有 68. 4% 的公司董事会中有股东委派董事，股东委派董事占董事会总人数的比为 19. 8% 。公司规模 Size 的均值（中位数）为 22. 849（22. 682），成长性 Growth 的均值（中位数）为 0. 266（0. 188），业绩 ROA 均值（中位数）为 0. 063（0. 051）。公司的人员总数均值为 8. 340。公司平均上市年龄 Age 为 2. 047，董事会中有 36. 9% 的独立董事，12. 4% 的董事长同时兼任公司 CEO。

表 9-2 描述性统计

变量	样本数	均值	标准差	最小值	25%	中位数	75%	最大值
Donation	1159	682.606	1651.117	1.200	40.540	143.000	500.000	10545.000
Don	1159	-17.373	1.842	-22.181	-18.551	-17.312	-16.088	-13.260
Gap	1159	2.276	0.504	1.413	1.901	2.181	2.597	4.000
ADD	1159	0.684	0.465	0.000	0.000	1.000	1.000	1.000
ADR	1159	0.198	0.178	0.000	0.000	0.182	0.333	0.556
Size	1159	22.849	1.425	20.303	21.753	22.682	23.690	26.818
Growth	1159	0.266	0.462	-0.435	0.045	0.188	0.368	3.241
ROA	1159	0.063	0.055	-0.073	0.027	0.051	0.092	0.264
EmpN	1159	8.340	1.533	4.263	7.330	8.309	9.270	12.395
Age	1159	2.047	0.742	0.000	1.792	2.303	2.565	2.944
TobinQ	1159	1.655	0.948	0.827	1.052	1.327	1.856	5.985
Lev	1159	0.518	0.185	0.067	0.389	0.538	0.662	0.849
IndepR	1159	0.369	0.058	0.286	0.333	0.333	0.375	0.571
BSize	1159	2.247	0.202	1.609	2.197	2.197	2.398	2.708
CEOD	1159	0.124	0.330	0.000	0.000	0.000	0.000	1.000

表 9-3 提供了主要变量的 Pearson 相关系数。可以发现，公司高管权力变量 Gap 与公司捐赠 Don 的相关系数为 0.191，在 5% 的显著性水平下显著。这意味着公司内部高管薪酬差距越大，公司权力越大，公司捐赠越多。股东委派董事变量 NADD、NADR 与公司捐赠 Don 的相关系数分别为 -0.167 和 -0.171，均在 5% 的显著水平下显著。结果表明股东委派董事与公司捐赠负相关。此外，公司业绩变量 ROA、托宾 Q 变量 TobinQ 以及两职兼任变量 CEOD 与公司捐赠正相关，公司规模变量 Size、资产负债率变量 Lev、员工总人数变量 EmpN、公司上市年龄变量 Age、董事会规模变量 BSize 与公司捐赠显著负相关，其他变量与公司捐赠则不相关。

表 9-3 相关系数矩阵

	Don	Gap	NADD	NADR	Size	Growth	ROA	Lev	EmpN	Age	TobinQ	IndepR	Don	Gap
Don	1.000													
Gap	0.191*	1.000												
NADD	-0.167*	-0.252*	1.000											
NADR	-0.171*	-0.302*	0.754*	1.000										
Size	-0.359*	-0.113*	0.050	0.129*	1.000									
Growth	-0.007	0.042	-0.007	-0.016	0.077*	1.000								
ROA	0.219*	0.162*	-0.049	-0.060*	-0.112*	0.247*	1.000							
Lev	-0.304*	-0.084*	0.011	0.025	0.441*	0.115*	-0.442*	1.000						
EmpN	-0.258*	-0.057	0.060*	0.100*	0.674*	0.013	0.009	0.199*	1.000					
Age	-0.153*	0.020	0.124*	0.106*	0.075*	-0.001	-0.069*	0.176*	-0.016	1.000				
TobinQ	0.184*	0.089*	0.005	-0.051	-0.360*	-0.030	0.445*	-0.367*	-0.151*	0.006	1.000			
IndepR	-0.031	0.014	-0.158*	-0.195*	0.137*	0.033	-0.003	0.016	0.135*	-0.067*	0.035	1.000		
BSize	-0.083*	0.158*	0.125*	0.128*	0.269*	0.042	-0.005	0.107*	0.256*	0.058*	-0.113*	-0.274*	1.000	
CEOD	0.122*	0.109*	-0.116*	-0.157*	-0.168*	0.025	0.108*	-0.144*	-0.068*	-0.127*	0.164*	0.056	-0.136*	1.000

注：*表示在5%的显著性水平下显著。

二、回归结果

1. 高管权力与公司捐赠

表9-4报告了公司内部高管权力对公司捐赠的影响。在没有加入公司董事会控制变量的条件下，第（1）列给出了高管权力对公司捐赠的经验证据。可以发现，Gap的回归系数为0.490，在1%（t=4.33）的水平下显著为正，这表明高管权力越大，公司捐赠越多。在只控制公司董事会变量时，第（2）列报告了高管权力对公司捐赠的影响。可以发现，Gap的回归系数为0.667，在1%（t=5.41）的水平下显著为正，与第（1）列的回归结果基本一致。在加入所有控制变量之后，第（3）列中Gap的回归系数0.484，在1%（t=4.23）的水平下显著为正。综合上述结果可知，公司内部高管权力越大，公司的捐赠额越多。由此可见，公司高管试图通过捐赠行为来牟取私利（例如建立良好的声誉等），公司捐赠是公司高管代理问题的一种表现形式。

表9-4 高管薪酬差距与公司捐赠回归结果

	被解释变量：Don		
	(1)	(2)	(3)
Gap	0.490***	0.667***	0.484***
	(4.33)	(5.41)	(4.23)
Size	-0.134**		-0.125**
	(-2.17)		(-2.00)
Growth	-0.074		-0.082
	(-0.70)		(-0.77)
ROA	2.951**		3.000**
	(2.46)		(2.50)
Lev	-0.986**		-0.969**
	(-2.57)		(-2.53)
EmpN	-0.114**		-0.116**
	(-2.34)		(-2.33)

续表

	被解释变量：Don		
	(1)	(2)	(3)
Age	-0.238***		-0.219***
	(-3.29)		(-2.97)
TobinQ	0.253***		0.239***
	(3.06)		(2.92)
IndepR		-0.982	0.571
		(-0.85)	(0.56)
BSize		-1.007***	-0.137
		(-3.25)	(-0.44)
CEOD		0.590***	0.255
		(3.31)	(1.51)
截距	-12.986***	-15.204***	-13.123***
	(-10.89)	(-16.50)	(-9.90)
年度	控制	控制	控制
行业	控制	控制	控制
N	1159	1159	1159
Adj. R-sq	0.326	0.222	0.327
F	43.891	53.775	35.545

注：所有回归都使用异方差调整和公司聚类（Cluster）调整得到稳健性标准误，括号内给出调整后的 t 值。*、**、***分别表示在 10%、5%、1%的显著性水平下显著（双尾检验）。

2. 控股股东委派董事的影响

一旦股东认识到公司内部过度薪酬差距是高管权力的代理成本，就会引入相应的治理机制以缓解这类代理问题。为了保证董事能够有效代表公司大股东利益对公司高管实施监督，一种常见的方式是大股东直接委派人员到公司担任董事职务。这意味着股东委派董事能够代表股东利益实施监督职能，并且针对公司高管代理问题引发的薪酬差距现象发挥相应的治理作用，从而减少高管牟取过高薪酬的机会主义行为。因此，接着我们考察了控股股东委派董事的监督作用。表 9-5 第（1）列和（2）列分别给出了是否有不领薪控股股东委派董事和不领薪控股股东委派董事比率对高管机会主义行为的约束的回归结果。由第（1）列结果可知，交互项 NADD × Gap 的回归系数为 -0.352，在5%（t = -1.72）的水平下显著为负。结果表明相比没有不领薪控股股东委派董事的公司，有不领薪控股股东委派董事的公司中高管权力对公司捐赠的影响较小。在第（2）列中，交互项 NADR × Gap 的回归系数为 -1.409，在5%（t = -2.27）的水平下显著为负。结果表明不领薪控股股东委派董事可以显著减少由于高管权力而导致的公司捐赠。综合上述结果可知，控股股东委派董事作为一种内部治理机制，能够有效缓解高管的机会主义行为，降低由于高管权力产生的公司捐赠。

表9-5　不领薪委派董事与高管薪酬差距对公司捐赠交互结果

	被解释变量：Don	
	(1)	(2)
Gap	0.571***	0.582***
	(3.71)	(4.14)
NADD	0.370	
	(0.74)	
NADD × Gap	-0.352*	
	(-1.72)	
NADR		2.065
		(1.49)
NADR × Gap		-1.409**
		(-2.27)
Size	-0.126**	-0.114*
	(-2.05)	(-1.84)
Growth	-0.069	-0.076
	(-0.64)	(-0.70)
ROA	2.757**	2.820**
	(2.34)	(2.40)
Lev	-1.011***	-1.023***
	(-2.62)	(-2.64)
EmpN	-0.104**	-0.105**

续表

	被解释变量：Don	
	(1)	(2)
	(-2.12)	(-2.13)
Age	-0.187 **	-0.192 ***
	(-2.57)	(-2.68)
TobinQ	0.265 ***	0.254 ***
	(3.34)	(3.12)
IndepR	0.286	0.220
	(0.29)	(0.22)
BSize	-0.035	-0.058
	(-0.11)	(-0.19)
CEOD	0.211	0.207
	(1.29)	(1.26)
截距	-13.311 ***	-13.573 ***
	(-10.20)	(-10.32)
年度	控制	控制
行业	控制	控制
N	1159	1159
Adj. R - sq	0.340	0.338
F	33.271	32.185

注：所有回归都使用异方差调整和公司聚类（Cluster）调整得到稳健性标准误，括号内给出调整后的 t 值。*、**、***分别表示在 10%、5%、1% 的显著性水平下显著（双尾检验）。

第五节　本章小结

慈善捐赠是公司履行社会责任的一种主要方式。然而，如果公司治理较弱，慈善捐赠很可能作为公司高管牟取私人收益的手段，从而产生高昂的代理成本。因此，有必要考察公司内部高管权力如何影响公司捐赠，以及缓解公司捐赠中高管代理问题的有效治理机制。

使用2008~2011年中国披露公司捐赠数据的A股上市公司为研究样本，本章首先考察了高管权力对公司捐赠的影响，结果表明，平均而言高管权力对公司捐赠有一定的正向影响。这意味着高管权力越大，公司捐赠越大，高管很可能通过捐赠行为而获取私利。然后，本章引入控股股东委派董事，考察这一治理机制对高管代理问题的影响。结果表明相比没有控股股东委派董事的公司，有控股股东委派董事的公司中高管权力对公司捐赠的影响较小；控股股东委派董事比率越大，对由于高管权力而导致的公司捐赠的缓解作用越明显。本章的研究结论有助于深入理解中国上市公司捐赠现象，也为股东委派非领薪董事负责监督高管机会主义行为提供了指导建议和参考依据。

参考文献：

[1] Adams, R., Almeida, H. and Ferreira, D. Powerful CEOs and Their Impact on Corporate Performance [J]. Review of Financial Studies, 2005 (18): 1403-1432.

[2] Agrawal, A. and Nasser, T. Blockholders on Boards and CEO Compensation, Turnover and Firm Valuation [R]. Working Paper, 2012.

[3] Bebchuk, L. A., Cremers, M. and Peyer. U. The CEO Pay Slice [J]. Journal of Financial Economics, 2011 (102): 199-221.

[4] Bebchuk, L. A. and Fried, J. Executive Compensation as an Agency Problem [J]. Journal of Economic Perspectives, 2003 (17): 71-92.

[5] Brown, W. O., Helland, E. and Smith, J. K. Corporate Philanthropic Practices [J]. Journal of Corporate Finance, 2006: 855-877.

[6] Chen, E., Gray, S. and Nowland, J. Family Representatives in Family Firms [J]. Corporate Governance: An International Review, 2013 (21): 242-263.

[7] Colpan, A. M. and Yoshikawa, T. Performance Sensitivity of Executive Pay: The Role of Foreign Investors and Affiliated Directors in Japan [J]. Corporate Governance: An International Review, 2012 (20): 547-561.

[8] Fombrun, C., Gardberg, N. and M. Barnett. Opportunity Platforms and Safety Nets: Corporate Citizenship and Reputational Risk [J]. Business and Society Review, 2000 (105): 85 – 106.

[9] Friedman, M. The Social Responsibility of Business is to Increase Profits [J]. New York Times Magazine, 1970 (13): 32 – 33.

[10] Hoitash, U. Should Independent Board Members with Social Ties to Management Disqualify Themselves from Serving on the Board? [J]. Journal of Business Ethics, 2011 (99): 399 – 423.

[11] Navarro, P. Why do Corporations Give to Charity? [J]. Journal of Business, 1988 (61): 65 – 93.

[12] Petersen, M. A. Estimating Standard Errors in Finance Panel Data Sets: Comparing Approaches [J]. Review of Financial Studies, 2009 (22): 435 – 480.

[13] Porter, M. E. and Kramer, M. R. The Competitive Advantage of Corporate Philanthropy [J]. Harvard Business Review, 2002 (80): 56 – 68.

[14] Seifert, B., Morris S. A. and Bartkus, B. R. Having, Giving, and Getting: Slack Resources, Corporate Philanthropy, and Firm Financial Performance [J]. Business and Society, 2004 (43): 135 – 161.

[15] Wang, H., Choi, J. and Li, J. Too Little or Too Much? Untangling the Relationship Between Corporate Philanthropy and Firm Financial Performance [J]. Organization Science, 2008 (19): 143 – 159.

[16] Yeh, Y. H., Lee, T. S. and Woidtke, T. Family Control and Corporate Governance: Evidence for Taiwan [J]. International Review of Finance, 2001 (2): 21 – 48.

[17] Yeh, Y. H. and Tracie, W. Commitment or Entrenchment? Controlling Shareholders and Board Composition [J]. Journal of Banking and Finance, 2005 (29): 1857 – 1885

[18] 黄辉. 高管薪酬的外部不公平、内部差距与企业绩效 [J]. 经济科学, 2012 (7): 81 – 92.

[19] 山立威, 甘犁, 郑涛. 公司捐款与经济动机——汶川地震后中国

上市公司捐款的实证研究［J］. 经济研究，2008（11）：51－61

［20］王端旭，潘奇. 企业慈善捐赠带来价值回报吗——以利益相关者满足程度为调节变量的上市公司实证研究［J］. 中国工业经济，2011（7）：118－128.